Titel auch als E-Book erhältlich

Über die Autorin:

Meral Al-Mer wurde in Mönchengladbach geboren, seit 2001 lebt und arbeitet sie als Musikerin, Schauspielerin und Journalistin in Berlin. Sie erhielt diverse Auszeichnungen für ihre journalistische Arbeit, unter anderem eine Nominierung für den Civis Preis, die besondere Anerkennung für herausragende Leistungen im Rahmen des Victor-Klemperer-Wettbewerbs sowie den Axel-Springer-Preis für junge Journalisten. 2010 wurde Meral durch die erste Staffel der Musik-Castingshow X Factor einem breiten Publikum bekannt. Die große Reise ihres Lebens dokumentiert sie auch auf ihrem Blog. *http:al-mer.blogspot.de*

Meral Al-Mer
mit Beate Rygiert

NICHT OHNE MEINE MUTTER

Mein Vater entführte mich, als ich ein Jahr alt war.
Die Geschichte meiner Befreiung

BASTEI LÜBBE TASCHENBUCH
Band 60706

1. + 2. Auflage: April 2013

Dieser Titel ist auch als E-Book erschienen.

Bastei Lübbe Taschenbuch in der Bastei Lübbe GmbH & Co. KG

Originalausgabe

Copyright © 2013 by Bastei Lübbe GmbH & Co. KG, Köln
Lektorat: Susanne Haffner
Textredaktion: Dr. Ulrike Strerath-Bolz, Friedberg
Titelbild: © Laura Jost, Berlin
Umschlaggestaltung: Tanja Østlyngen
Satz: hanseatenSatz-bremen, Bremen
Gesetzt aus der Adobe Garamond Pro
Druck und Verarbeitung: CPI – Ebner & Spiegel, Ulm
Printed in Germany
ISBN 978-3-404-60706-8

Sie finden uns im Internet unter
www.luebbe.de
Bitte beachten Sie auch: www.lesejury.de

Der Preis dieses Bandes versteht sich einschließlich
der gesetzlichen Mehrwertsteuer.

Für Saliha & Meral

Für Meral & Mourad

Für Mourad & Hamid

Für Hamid & Elke

Für Elke & Melissa

INHALT

Prolog – Licht und Schatten 9

Kapitel 1: Hamids Träume 15

Kapitel 2: Familienurlaub der besonderen Art 24

Kapitel 3: Ohne meine Mutter 30

Kapitel 4: Mutter Nummer drei 43

Kapitel 5: Der syrische Bruder 57

Kapitel 6: Der Traum von einer ganz normalen Familie 71

Kapitel 7: Die vielen Gesichter meines Vaters 82

Kapitel 8: Vom Mädchen zur Frau – ein Vater sieht rot 98

Kapitel 9: Die Nebenfrau 112

Kapitel 10: »Kennst du die Angst …« 119

Kapitel 11: Sommer 1995 133

Kapitel 12: »Willst du sterben?« 143

Kapitel 13: Gefangen 154

Kapitel 14: »... dann bin ich es!« 171

Kapitel 15: Eine Familie fliegt in die Luft 185

Kapitel 16: Tanz auf den Scherben 193

Kapitel 17: Auf Schleuderkurs 204

Kapitel 18: In der Klapse 220

Kapitel 19: Die Anzeige 232

Kapitel 20: Der Prozess 241

Kapitel 21: Die Melancholie des Sieges 252

Kapitel 22: Neue Ufer 263

Kapitel 23: Abschied von Elke 272

Kapitel 24: »Schöne Grüße von deiner Mutter!« 279

Kapitel 25: Die Reise 289

Kapitel 26: Meine Mutter, die Wüstenkönigin 298

Kapitel 27: Der Segen 308

Epilog 314

PROLOG

Licht und Schatten

Meral!«

Ich stehe vor einer Lehmhütte im tiefsten Anatolien, nicht weit von der syrisch-türkischen Grenze entfernt. Dies ist die Heimat meiner Eltern. Ich bin zwölf Jahre alt und schaue zu meinem Vater Hamid hinüber, so wie ich es immer tue, so wie ich es gelernt habe, denn keine Entscheidung in meinem Leben darf ich ohne seine Erlaubnis treffen.

»Meral! Komm herein, Meral!«

In den Augen meines Vaters entdecke ich Angst, und das ist höchst ungewöhnlich. Ich sehe ihm an, dass er mir gerne verbieten würde, diese Hütte zu betreten. Aber er wagt es nicht. Schon allein das ist eine kleine Sensation. Was soll ich tun? Seinem unausgesprochenen Wunsch gehorchen oder die magische Schwelle übertreten?

»Mädchen! Worauf wartest du?«

Ich drücke die Tür auf und gehe hinein. Es dauert einen Moment, bis sich meine Augen an das Halbdunkel gewöhnt haben. Dann erkenne ich eine unfassbar dicke Frau, die wie eine riesige Kugel auf ihrem Sitzfleisch ruht. Ihr Haar leuchtet hennarot. Sie winkt mich zu sich heran und lächelt mit golden blinkenden Zähnen. Diese Frau, die aussieht wie eine orientalische Hexe, ist die Schwester meiner Großmutter, eine der vielen Tanten meines Vaters. Ich habe meine Oma Halima sehr geliebt, erst vor Kurzem ist sie gestorben.

»Komm her«, sagt die rothaarige Großtante mit den goldenen Zähnen. »Lass dich anschauen.«

Sie mustert mich mit ihren lebhaften schwarzen Augen. Ich halte ihrem Blick stand und lächle zurück.

»Ich hab etwas für dich«, sagt sie, »etwas, das schon lange in unserer Familie von Mädchen zu Mädchen weitergegeben wird. Deine Oma wollte, dass du das jetzt bekommst.«

Sie streckt den Arm aus und greift nach einem kleinen Stoffbeutel. Zwei Steine schüttelt sie heraus; einer ist orange, der andere grün.

»Hier«, sagt sie und legt mir die Steine in die Hand. »Die gehören jetzt dir. Trag sie bei dir. Und wenn du einmal eine Tochter hast, dann gib sie an sie weiter.«

Diese Steine trug ich immer bei mir, bis mir eines Abends während eines Auftritts der orangefarbene, den ich besonders liebte, aus der Manteltasche hüpfte und unter der Bühne des Berliner Clubs verschwand. Ich suchte verzweifelt und kehrte am nächsten Tag noch einmal zurück – vergebens. Der Stein hatte beschlossen, mich zu verlassen. Da begriff ich, dass meine Geschichte noch nicht zu Ende ist. Ich verstand, dass mein Leben eine Art Reise ist oder besser gesagt, auf eine bestimmte Reise hinsteuert: auf die Reise hin zu meiner Mutter.

Denn fast dreißig Jahre meines Lebens musste ich ohne meine Mutter zurechtkommen. Die Hälfte dieser Zeit war bestimmt durch die immer übermächtiger werdende Gegenwart meines Vaters und die Abwesenheit meiner leiblichen Mutter. Nicht etwa, weil sie tot war, sondern weil ich ihr entrissen wurde, im Alter von sechzehn Monaten.

Seit dem Tag, an dem ich meinen orangefarbenen Glücksstein verlor, schrieb ich Szenen meines Lebens nieder, wie einzelne Perlen, die noch nicht auf eine Schnur gereiht worden sind. Zunächst einfach für mich selbst, um meine Geschichte besser zu verstehen. Denn ich wollte herausfinden, was zwischen mir und meinem Vater geschah, den ich über alles liebte, so sehr, dass ich es fast nicht geschafft hätte, mich vor ihm in Sicherheit zu bringen. Das Aufschreiben half mir, klarer zu sehen und zu erkennen, wie in diesen Geschichten, in denen es um die Selbstbestimmung von Frauen mit türkischem oder arabischem Hintergrund geht, und die sich alle im Kern sehr ähneln, ein Ereignis zum anderen fügt, bis am Ende eine Katastrophe unausweichlich scheint.

Als ich einen meiner Onkel fragte, ob er mir mehr über die rothaarige Großtante mit den goldenen Zähnen erzählen könnte, sagte er: »Bist du verrückt? Steine von dieser Hexe? Wirf sie weg! Verbrenn sie! Sie sind der Grund, dass dein Leben so ist, wie es ist.«

Aber das glaube ich nicht. Ich glaube ganz fest daran, dass die wirklich Guten in dieser Geschichte die Frauen sind. Sie sind es, die Liebe verschenken, auch wenn sie immer das meiste Leid ertragen müssen: Schläge, Misshandlungen, Ungerechtigkeit und viel zu oft den Verlust ihrer Kinder.

Manchmal sehe ich sie vor mir, die lange Reihe meiner Ahninnen, die aus Syrien stammen und Töchter eines stolzen Nomadenstammes sind. Lebenskluge und starke Frauen, und doch konnte sich keine davor schützen, geschlagen und gedemütigt zu werden. So wie meine Oma Halima, die Schwester jener »Hexe« mit den Steinen, die kurz nach ihrer Heirat von meinem Großvater kopfüber an der Decke aufgehängt und ausgepeitscht wurde. Sie hatte eine große Narbe im Gesicht, und wenn ich sie fragte: »Oma, wo hast du die her?«, dann antwortete sie: »Da hat mich ein Esel getreten.« Nur dass der Esel mein Großvater war, der einen Aschenbecher nach ihr geworfen hatte.

Wie konnten diese Frauen, ohne die ich nicht hier wäre und deren Gene ich in mir trage, dieses Leid ertragen, ohne dagegen aufzubegehren? Ich kenne die Antwort nicht. Ich weiß nur eines: Dass ich diesen Kreislauf durchbrechen muss, ja, schon lange durchbrochen habe, und damit auch das Tabu der Unantastbarkeit väterlicher Gewalt. Dagegen stand ich auf und zog vor Gericht. Ich bekam Recht – und bezahlte einen hohen Preis dafür. Jahrelang fürchtete ich um mein Leben. Noch heute werde ich von meiner Familie mehr oder weniger geächtet. Und doch weiß ich, dass es richtig war, es zu tun. Aus einer muslimischen Familie stammend führe ich heute das Leben einer unabhängigen, selbstbestimmten, modernen Frau.

Es war einmal eine andere Frau, die dies versuchte: Hatun Sürücü, die sich Aynur nannte – Mondlicht. Sie wollte nichts anderes, als so zu leben, wie sie es sich wünschte. Frei sein. Selbst über sich entscheiden. Glücklich sein, so wie sie sich Glück vorstellte. Ihre Familie ließ es nicht zu. Drei Kugeln in ihrem Kopf bereiteten ihrem Leben im Alter von dreiundzwanzig Jahren ein Ende. Das war 2005, und wenn die Schüsse auch von einem ihrer Brüder abgefeuert wurden, so war es doch ihre gesamte Familie, die hinter dieser Tat stand. Es war der erste Ehrenmord in Deutschland, der so genannt wurde, doch Hatun war beileibe nicht die erste Frau, die ihn erlitt. Wie viele Frauen sind vor Hatun Aynur von ihren Familien hingerichtet worden? Tausende? Abertausende?

Hatun war ungefähr so alt wie ich. Als ich mich mit ihrem Schicksal befasste, war ich von den Parallelen zwischen ihrem und meinem Leben so betroffen, dass ich tagelang nur noch weinen konnte. Noch heute kommen mir die Tränen, wenn ich auch nur an sie denke.

Hatun musste sterben. Dass ich noch lebe, ist alles andere als selbstverständlich. Ich wurde so schwer misshandelt, dass ein Schlag mehr, ein etwas stärkerer Würgegriff, einer der vielen Treppenstürze mich leicht hätte töten können. Wie oft fühlte ich den kalten Lauf einer geladenen Pistole an meiner Schläfe und hörte die Frage: »Willst du sterben?«

Ja, damals habe ich ihn mir oft gewünscht, meinen Tod. Ich

wollte lieber aufrecht sterben als auf Knien leben. Es gab Zeiten, da war das Leben eine Strafe. Heute lebe ich gern, und ich bin froh, dass ich, im Gegensatz zu Hatun, berichten kann, dass es auch für eine türkisch-arabische Frau ein Leben nach der Familie gibt.

Und so begann ich, mich mehr und mehr meinen Erinnerungen zu stellen, so schmerzhaft sie auch sind. Woran ich mich nicht mehr erinnerte, versuchte ich zu rekonstruieren. Ich begann, Kontakte zu knüpfen und Fragen zu stellen. Und nachdem ich all die traumatischen Erlebnisse noch einmal durchlitten hatte, wagte ich es, mich auch an die schönen Dinge zu erinnern. Denn dies soll kein Buch der Abrechnung werden, keine Geschichte in Schwarz und Weiß, denn kein Mensch hat nur böse Seiten. Wo Schatten sind, da ist auch ganz viel Licht. So wie bei meinem Vater, den ich als Kind mehr liebte als alles andere auf der Welt. Auch wenn er für seine Familie immer mehr zum Monster wurde, so war er doch auch der hilfsbereite, weltgewandte, schillernd charmante und inspirierende Vater, um den mich alle Freundinnen beneideten.

Ich möchte verstehen, wie es dazu kommt, dass Männer wie mein Vater es für nötig halten, wehrlose Kinder und Frauen zu misshandeln. Nur das, was wir verstehen, können wir versuchen zu verändern.

Und schließlich begann ich, eine Reise vorzubereiten, auf die ich mich freue und vor der ich mich gleichzeitig mehr fürchte als vor allem anderen: die Reise zu Saliha, der Frau, die mich geboren hat.

1

Hamids Träume

Als ich Anfang der achtziger Jahre in Mönchengladbach-Rheydt zur Welt kam, war die Ehe meiner Eltern bereits die reinste Katastrophe. Eine Fotografie zeigt meine Mutter im Krankenhausbett, eine Schönheit im orientalischen Prinzessinnennachthemd, ihr wunderschönes Gesicht von dunklem Haar in weichen Wellen umrahmt. Es nützte ihr nichts. Mein Vater wollte keine Kinder, doch Saliha, die hoffte, dass Nachwuchs ihn sanfter stimmen würde, hatte die Pille heimlich abgesetzt. Statt eines Sohnes kam ich, doch mein Vater wurde alles andere als sanfter. Kaum war sie wieder zu Hause, prügelte er Saliha die Treppe zu ihrer gemeinsamen Wohnung unter dem Dach im Haus des Familienclans hinauf und wieder hinunter, weil sie es nicht einmal geschafft hatte, einen Sohn zu gebären – so erzählten es später die Nachbarn.

Oder stimmt das gar nicht? Hat mich Hamid vom ersten Moment an geliebt und in seine Arme geschlossen, tagelang herumgetragen und allen stolz gezeigt? Warum sonst hätte er darauf bestanden, dass ich bei ihm blieb? In dieser Geschichte gibt es so viele Wahrheiten, dass es schwer ist herauszufinden, was tatsächlich geschah.

Mein Vater Hamid Al-Mer und mindestens sechs seiner Geschwister wurden in der Türkei geboren, in einem Dorf in der Nähe von Antakya, nicht weit von der türkisch-syrischen Grenze entfernt. Dieses Gebiet gehörte ursprünglich zu Syrien, und erst in den Sechzigerjahren ging es per Volksentscheid an die Türkei.

Darum sprechen die Älteren in meiner Familie sowohl Arabisch als auch Türkisch.

Mein Großvater Abit Al-Mer stammte aus Syrien, aus der Nähe von Aleppo. Als seine Eltern starben, nahm ihn die Familie meiner Großmutter auf, die auf der heute türkischen Seite wohnte. Mit sechzehn heiratete er Halima, seine dreizehnjährige Großcousine, mit der er aufgewachsen war, und Halima gebar ihm Kind um Kind. Die Gegend um Antakya war in den Sechziger- und Siebzigerjahren bitterarm, und darum entschloss sich mein Großvater, als Gastarbeiter nach Deutschland zu gehen.

Nach einigen Zwischenstationen landete er in Hückelhoven bei Mönchengladbach, wo er Arbeit im Steinkohlebergbau fand. Später holte er seine Familie nach, und damit die Söhne gleich mitarbeiten konnten, wurden sie für älter ausgegeben, als sie tatsächlich waren. Während meine Oma Halima noch weiteren Kindern das Leben schenkte – insgesamt neun –, verfolgte mein Großvater den Plan, so schnell wie möglich viel Geld zu verdienen, um dann mit diesem Startkapital wieder zurück in die Heimat zu gehen.

Mein Vater Hamid war der älteste Sohn des Al-Mer-Clans, und oft erzählte er mir, wie froh er gewesen war, dem armseligen Leben in Anatolien zu entfliehen. Seit ich denken kann, hing bei uns im Wohnzimmer die Reproduktion eines Gemäldes, das zwei zerlumpte Bettlerjungen zeigt, die sich gemeinsam am Boden sitzend über eine Melone hermachen.

»Die beiden erinnern mich an meinen Bruder und mich«, sagte er oft, »als wir einmal eine Melone fanden.«

Von diesem Bild hat er sich bis heute nicht getrennt, so als müsste er sich stets rückversichern, woher er eigentlich kommt, und welchem Schicksal er entronnen ist.

Das Schicksal, das ihn in Hückelhoven erwartete, war allerdings alles andere als das, was er sich für sein Leben erträumt hatte. Was genau das war, darüber sprach er nie. Mein Vater

Hamid war äußerst intelligent, und mit einer entsprechenden Schulbildung hätte er viel mehr aus seinem Leben machen können. Er lernte rasch akzentfrei Deutsch, und alles, was neu und unbekannt für ihn war, sog er in sich auf wie ein Schwamm. Mit seinem tiefschwarz glänzenden, kleingelockten Haar, das ihm wie eine Gloriole um den Kopf stand, seinem athletischen Körper und den markanten Augenbrauen, die mit seiner Nase ein entschiedenes Y zu bilden schienen, war er ein attraktiver junger Mann, eine Mischung aus Bob Marley und Tom Selleck. Er besaß einen umwerfenden Charme, sprühte nur so vor Ideen und originellen Einfällen, und die Frauen fühlten sich zu ihm hingezogen. Ja, zu dem Leben, das er sich wohl erträumte, gehörten auch Frauen, am liebsten deutsche, blonde, und stets hatte er mindestens eine solche Freundin. Und das, obwohl er seit seiner Kindheit mit Saliha verlobt war, seiner Großcousine im fernen Dorf in der Nähe von Antakya.

Was er sich mit Sicherheit nicht erträumt hatte, das war sein überaus strenger und gewalttätiger Vater, zu dem er ein schwieriges Verhältnis hatte und der mit eiserner Hand versuchte, sein Leben zu reglementieren. Opa Abit hielt nicht nur seine Töchter unter Kontrolle, er entschied auch, mit wem seine Söhne Umgang haben durften. Nach Hause konnten sie die Freunde ohnehin nicht mitbringen, und Ausgehen war nicht erlaubt. Über jeden seiner Schritte musste mein Vater Rechenschaft ablegen. Alle fürchteten sich vor Opa Abit; er hing über den Geschwistern wie eine dunkle Wolke.

Bei Zuwiderhandeln – und mein Vater fügte sich diesem strengen Regiment mit Sicherheit nicht – misshandelte Opa Abit seine Kinder. Einmal verprügelte er meinen Vater mit dem Schürhaken dermaßen, dass er heute noch Narben am Kopf davon hat, eine besonders dicke hinter dem Ohr. Um der Tortur zu entgehen, sprang Hamid sogar aus dem Fenster im zweiten Stock in den Garten, so groß war seine Angst. Wie seine Brüder musste er seinen Lohn am Monatsende abgeben und konnte froh sein, wenn er ein Taschengeld erhielt.

Heute glaube ich, dass Hamid nie die Anerkennung von seinem Vater erhielt, die ein junger Mann braucht, um ein gesundes Selbstbewusstsein zu entwickeln. Mein Großvater war ein eigenartig kühler und ernster Mensch, und als ich ein einziges Mal für ein Familienfoto auf seinem Schoß sitzen musste, fühlte ich mich unbehaglich – so als säße ich auf einem schrecklich unbequemen Stuhl. Mein Opa war dünn, fast knöchern, trug stets Jeans, karierte Hemden und eine Schiebermütze.

Ich kann mich nicht erinnern, dass mein Großvater auch nur ein einziges Mal das Wort an mich richtete, und doch beobachtete ich ihn bei meinen Besuchen oft stundenlang. Wie alle Männer in meiner Familie achtete auch Abit Al-Mer stets auf sein Äußeres. Er saß auf dem Sofa und feilte sich die Nägel, schnitt sich mit der Nagelschere den Schnurrbart zurecht oder entfernte sich die Haare, die ihm aus der Nase und den Ohren wuchsen. Oft sah ich ihm zu, wie er sich mit einem Zigarettenstopfer aus orangefarbenem Kunststoff Zigaretten machte, manchmal durfte ich dabei sogar helfen. Wenn er auf dem Sofa lag und ein Schläfchen machte, mussten wir alle mucksmäuschenstill sein, damit er ja nicht gestört wurde.

Nein, mein Opa Abit war nicht der Vater, der Sinn für die Träume und Wünsche seines Ältesten hatte, zu denen auch eigenes Geld und natürlich coole Autos gehörten. Dennoch schaffte es Hamid, gemeinsam mit seinem Schwager, Onkel Youssef, den ich immer im Stillen »Mickey Mouse« nannte, weil er einen tätowierten großen Punkt auf der Nasenspitze hatte, einen neuen, lukrativeren Nebenerwerb aufzutun: die Überführung von gebrauchten deutschen Autos nach Saudi-Arabien.

In coolen Autos quer durch Europa, durch die gesamte Türkei, vorbei an Antakya und den staubigen Dörfern, in denen die arme Verwandtschaft nach wie vor Ziegen hielt, Tabak anbaute und in Lehmhütten wohnte, durch Syrien und den Libanon hinunter auf die arabische Halbinsel – das war ganz nach Hamids Geschmack.

Ich sehe die beiden vor mir in – sagen wir – einem hellgrünen Opel-Rekord, dem Alltag, dem Bergbau und vor allem dem strengen Opa Abit entflohen: Youssef am Steuer fährt viel zu schnell eine Landstraße entlang, irgendwo zwischen der türkischen Grenze und der syrischen Stadt Aleppo. Der heiße Asphalt schimmert, als sei er flüssig geworden. Pinkfarbener Oleander am Straßenrand rauscht an ihnen vorüber. Hamid schält Orangen und wirft die Schalen aus dem Autofenster. Aus den Boxen schallt laute Musik.

Hamid zündet einen Joint an und zieht an ihm, reicht ihn seinem Schwager. Er blinzelt in die Sonne und zieht aus der Brusttasche seines Hemds ein Foto hervor. Es zeigt eine hübsche Blondine, Hamids aktuelle Freundin. Youssef schaut kurz darauf, seufzt und sagt: »Alter, mit dir würde ich gerne tauschen!«

Hamid grinst breit und versteht seinen Schwager absichtlich falsch. »Tauschen? Aber gerne. Fahr rechts ran, Kumpel, dann fahr ich eine Weile.«

Youssef schnappt sich das Foto. Etwas flattert aus dem Fenster davon.

»Ey, du Arschloch«, schreit mein Vater in jähem Zorn und boxt seinen Schwager hart gegen die Schulter. »Halt sofort an! Hol das Foto zurück, du verfickte Strafe Gottes!«

Youssef fährt rechts ran und bringt den Wagen zum Stehen. Er lacht gutmütig über Hamids Zorn. Wie ein Zauberer zieht Youssef das Foto wieder hervor. Er hat etwas anderes aus dem Fenster flattern lassen, und der smarte Hamid ist darauf hereingefallen. Der schnappt sich das Foto, lacht grimmig und versetzt seinem Schwager mit der flachen Hand einen leichten Schlag auf den Hinterkopf.

Sie tauschen die Plätze, jetzt sitzt Hamid am Steuer. Es wird Abend, und die beiden nähern sich einer Kleinstadt. Da sind Händler am Straßenrand, die ihre Obst- und Gemüsestände zusammenpacken, auf Karren laden und in Richtung Stadt schieben. Hamid legt eine neue Musikkassette ein, die wehmütige Stimme der arabischen Sängerin Feyruz erfüllt den Wagen.

Plötzlich ein dumpfer Knall. Holzkarrenteile spritzen rechts und links am Wagen vorbei. Melonen zerplatzen auf der Windschutzscheibe. Hamid hält fluchend an. Als sie aussteigen, werden sie von wütenden Menschen angegriffen. Während aus dem Wagen immer noch die Stimme von Feyruz ertönt, bricht draußen ein wahrer Tumult los: Hamid hat nicht nur einen Händlerkarren geschrottet und eine Wagenladung Früchte verdorben. Der Junge, der den Karren schob, liegt bewusstlos in seinem Blut zwischen dem Obst. Hamid ist ihm über beide Beine gefahren. Sie sehen nicht besser aus als die zermatschten Früchte ringsum.

Dem Jungen müssen beide Beine amputiert werden. Hamids coole Reise endet im Gefängnis. Dort lässt er sich zwei Buchstaben und einen deutschen Adler auf den Arm tätowieren: H für Hamid und S für Saliha. Opa Abit bezahlt eine hohe Kautionsgebühr, damit Hamid vorzeitig entlassen wird. Und dann? Wieder gibt es zwei Versionen darüber, wie die Geschichte weitergeht, die unterschiedlicher nicht sein könnten.

Salihas Familie erzählt sie folgendermaßen: Kaum aus dem Gefängnis entlassen, lungerte Hamid Tag und Nacht vor Salihas Haus herum. Ihr Vater hat ihm gesagt, er solle sich eine andere Braut suchen, seine Tochter sei ihm für einen Verbrecher wie ihn, den man aus dem Gefängnis holen müsse, zu schade. Das wollte Hamid aber nicht hinnehmen. Lauthals forderte er Tag für Tag, man solle Saliha herausgeben. Sind sie nicht verlobt? Hat er sich nicht ihre beiden Anfangsbuchstaben auf den Arm tätowieren lassen? Zeigt der deutsche Adler nicht klar und deutlich, dass er gedenkt, Saliha mit nach Deutschland zu nehmen und ihr dort ein schönes Leben zu bieten?

Schließlich, so mein Großvater, Salihas Vater, gab er nach. Die ganze Sache wurde einfach zu peinlich, da fügte er sich lieber. Und bewies Hamid mit seinem Verhalten nicht, wie ernst es ihm mit Saliha war? Also gut, die Hochzeit wurde gefeiert. Ein ganzes Kilo Goldschmuck musste Hamid Saliha zum Brautgeschenk machen. Das ist dort, wo meine Familie herkommt, so üblich und als Absicherung der jungen Frau gedacht, für den Fall, dass etwas schieflaufen sollte mit der Ehe. Die beiden wurden Mann und Frau, und Saliha packte ihre Sachen und kam mit nach Mönchengladbach.

»Nein, nein, nein«, beteuerte Hamid später und mit ihm der gesamte Al-Mer-Clan. »Die Sache war vollkommen anders!« Sein Vater habe ihn erpresst, damals, als er im Gefängnis saß. S stand keinesfalls für Saliha, sondern für Sabine, seine damalige deutsche Freundin. Doch Opa Abit sei zu ihm gekommen und habe ihm angeboten, die Kaution zu bezahlen. Dazu sei er bereit, aber nur unter der Bedingung, dass er endlich sein Versprechen einlöse, Saliha zu heiraten und mit nach Deutschland zu nehmen, so wie es seit Langem ausgemacht war.

»Was hätte ich tun sollen«, fragte Hamid und warf theatralisch die Arme in die Luft. »Wollte ich etwa im Gefängnis verfaulen?« Und so heiratete er Saliha, auch wenn er, wie er behauptete, dazu nicht die geringste Lust hatte. »Sie war ein Mädchen vom Dorf. Sie konnte weder schreiben noch lesen. Was in aller Welt sollte ich mit einer solchen Frau anfangen?«

Großvater Abit war es gelungen, in der Hermann-Löns-Straße in Mönchengladbach-Rheydt zwei Etagen in einem großen Haus zu mieten, in dem die gesamte Familie Al-Mer »Platz« hatte. Das ist natürlich übertrieben, denn wirklich richtig Platz hatte man dort nicht: Es gab ein Schlafzimmer für die Eltern und ein Kinderzimmer, das sich sechs der Kinder bis zu ihrem siebzehnten oder achtzehnten Lebensjahr teilten. Mittelpunkt der Wohnung war die Küche, in der sich auch die einzige Dusche befand, sodass man alle anderen erst rausscheuchen musste, wollte man sich in Ruhe waschen. Ganz oben unter dem Dach war stets eine kleine Wohnung für frisch verheiratete Paare reserviert, bis sie eine eigene Wohnung gefunden hatten. Und hier zogen Hamid und Saliha nach ihrer Hochzeit ein.

Ob sie je eine Phase hatten, in der sie miteinander glücklich waren? Ich weiß es nicht. Saliha war temperamentvoll und hatte ihren eigenen Kopf; sie widersprach Hamid, und das konnte er auf den Tod nicht leiden. Sie weigerte sich, ihr Kopftuch abzulegen und moderne, westliche Kleider anzuziehen. Sie lernte nur das Nötigste auf Deutsch, konnte beim Bäcker »fünf Mohnbrötchen, bitte« sagen, weil Hamid Mohnbrötchen für sein Leben gern aß, und »lecker« oder »schön«. Ansonsten saß sie vor dem Fernseher und sah romantische Schnulzen im türkischen Satellitenfernsehen. Das erzählt jedenfalls Hamid, und dass sie, wenn er abends müde von der Arbeit kam, sich nicht zu ihm ins Bett legen wollte, sondern in Tränen aufgelöst diese schrecklichen Filme anschaute.

Und dann, wie gesagt, kam ich auf die Welt. Doch statt besser, wie Saliha es sich erhofft hatte, wurde alles nur noch schlimmer. Tante Suheila schlug vor, mich Meral zu nennen, das heißt Rehkitz. Sie erzählte mir später, dass ich unglaublich schnell laufen lernte, vielleicht weil meine Eltern unaufhörlich miteinander stritten. Dann machte ich mich davon, kletterte Stufe um Stufe hinunter zu Oma Halima, wo immer jemand war, der mich auf den Schoß nahm und mir etwas Süßes in den Mund stopfte: Trost und Liebesersatz in zuckriger Form. Und so wurde ich zu einem dicken Kind. Statt wie ein Rehkitz sah ich damals eher aus wie ein kleiner Bär.

Hamid hatte nie aufgehört, deutsche Freundinnen zu haben.

Um den Zeitpunkt meiner Geburt lernte er Kornelia kennen, die schräg gegenüber wohnte, einen Sohn in meinem Alter hatte und sich gerade von ihrem Ehemann getrennt hatte, weil er sie ständig schlug. Hamid besuchte sie oft. Mich nahm er mit, und während die beiden zusammen waren, spielte ich mit Mark, ihrem Sohn.

Ob Saliha davon wusste? Eine Frau weiß genau, wann ihr Mann fremdgeht, davon bin ich fest überzeugt. Außerdem glaube ich kaum, dass Hamid sich die Mühe machte, seine Affäre geheim zu halten. Machte sie ihm Szenen? Oder strafte sie ihn mit Nichtbeachtung, mit der ganzen Wucht ihrer Verachtung?

Eines Morgens, nachdem sie Hamid Mohnbrötchen geholt und das typische türkisch-arabische Frühstück aus Oliven, Schafskäse, Joghurt, Gurkenscheiben und Tomatenstücken serviert hatte, gerieten Hamid und Saliha aus irgendeinem Grund wieder derart in Streit, dass er ihr die Gabel, mit der er gerade eine Olive aufspießen wollte, in die Schulter rammte. Oder war das vor meiner Geburt? Mal wurde es so erzählt, dann wieder anders. Sicher scheint nur, dass die Gabel tief in Salihas Schulter landete.

»Dein Großvater ist schlimm«, vertraute mir Oma Halima einmal an. »Aber glaube mir eines: Dein Vater ist noch viel, viel schlimmer.« Ich protestierte, denn ich liebte meinen Vater abgöttisch.

2

Familienurlaub der besonderen Art

Zieh nicht so die Mundwinkel nach unten«, herrschte mich Jahre später mein Vater oft an, »glotz mich nicht so an, so vorwurfsvoll. Mein Gott, wenn du so schaust, dann siehst du aus wie deine Mutter. Sooo ...« Und er zog eine fürchterliche Grimasse, die Mundwinkel wie ein Hufeisen nach unten gezogen. »Grässlich!«

Welche Träume hatte Saliha? Was wünschte sie sich vom Leben? Weinte sie deshalb so viel vor dem Fernsehapparat, weil sie ihre eigenen Wünsche und Träume dort widergespiegelt sah? Oder weinte sie einfach so, aus Rührung, und machte sich über ihre eigenen Wünsche gar keine Gedanken?

Ich war gerade acht Monate alt, als Saliha erneut schwanger wurde. Auch dieses Mal stimmte diese Neuigkeit meinen Vater nicht gnädig, ganz im Gegenteil. Und dann, im Mai 1982, kam er auf eine Idee, wie nur er sie haben konnte. Er beschloss, dass wir »alle zusammen« in die Heimat reisen würden, um mich, sein erstes Kind, der Verwandtschaft vorzustellen. Saliha, im siebten Monat schwanger, war begeistert. Zum ersten Mal seit ihrer Heirat würde sie ihre Familie wiedersehen. Bis sie erfuhr, was Hamid mit »alle zusammen« tatsächlich meinte: seine Geliebte Kornelia würde bei diesem Familienurlaub mit von der Partie sein.

Füge ich die Bruchstücke, die mir später erzählt wurden, zusammen, dann stelle ich mir diese Reise so vor: Meine Mutter, die mich noch stillte, und ich saßen im Heck des Wagens, Hamid am Steuer und Kornelia auf dem Beifahrersitz. »Während der gesamten Fahrt«, beschwerte sich Kornelia später, »hat diese Frau versucht, mich umzubringen.«

Saliha spuckte ihrer Nebenbuhlerin Wasser ins Genick, zog sie am wasserstoffblonden, dauergewellten Haar, fuhr ihr mit den Fingernägeln ins Gesicht. Die ganze lange Fahrt über, die uns durch Österreich, Italien, das damalige Jugoslawien und Bulgarien und schließlich quer durch die Türkei bis an die türkisch-syrische Grenze führte, fast viertausend Kilometer und rund fünfzig Stunden lang, herrschte Krieg in Hamids PKW. Wie viele Male hielt er an und zerrte Saliha aus dem Wagen, um sie grün und blau zu schlagen? Wie oft ließ er sie dort einfach am staubigen Straßenrand liegen, fuhr los, im Schritttempo, um im Rückspiegel zu beobachten, wie sie sich aufrappelte, hinter dem Wagen herlief, ihn fast erreichte, um dann erneut Gas zu geben und ein paar Meter weiterzufahren, es zu genießen, wie sie sich mühsam voranschleppte, nach ihrem Kind rief: »Meral! Meral! Du Hundesohn, gib mir mein Kind!« Dieses Spiel setzte er so lange fort, bis sie nicht mehr konnte, um dann gnädig zu warten, bis sie mit letzter Kraft die Autotür erreichte. Die riss sie auf und kletterte zu ihrem kleinen Mädchen auf die Rückbank, zu mir, die ich schreiend und weinend auf dem Kunstleder gekniet hatte und mit angstvoll aufgerissenen Augen, den Schnuller im Mund, durch die Heckscheibe zusehen musste, wie meine Mutter immer wieder im Niemandsland der Landstraßen zurückgelassen wurde, in den Schmutz fiel, sich aufrappelte, und unter Blut und Tränen nach mir rief.

»Es war die Hölle«, sagte Kornelia später.

Warum um alles in der Welt war sie mitgefahren?

Was genau geschieht, als sie Salihas Heimatdorf erreichen? Wieder gehen die Erzählungen auseinander. Stellt Hamid völlig ohne Skrupel Kornelia als seine Zweitfrau vor? Auch Salihas Vater hatte mehrere Frauen, warum also nicht? Es war typisch für meinen Vater, dass man ihm so ziemlich alles abkaufte, einfach weil er so überzeugend charmant und unschuldig auftreten konnte.

»Ach so, das ist also Kornelia? Willkommen.« Gastfreundschaft ist ein hohes Gut dort, wo wir alle herkommen.

Und irgendwann, früher oder später, sagt Hamid zu Saliha: »Ich geh mal eben meine Verwandten besuchen, sie wollen unsere Tochter sehen. Wir sind bald wieder zurück.«

Saliha nickt. Warum auch nicht? Meine Kleider, auch meine Puppe, alles bleibt bei ihr. Mein Vater will mich ja ein paar Stunden später wieder zurückbringen. Schließlich werde ich noch gestillt.

Hamid nimmt mich meiner Mutter vom Arm. Gemeinsam mit Kornelia besuchen wir tatsächlich irgendwelche Verwandten; noch heute habe ich Fotos davon, die in einer Art Garage oder Stall aufgenommen wurden. Auf ihnen sieht man Kornelia, mit verschwollenen Augen scheint sie sich hinter Onkel Momo verstecken zu wollen. Man sieht auch das Heck von Hamids Wagen und mich, wie ich mich auf dem Schoß dieser fremden Verwandten winde. Wann fahren wir zurück zur Mama?

Aber Saliha wird umsonst auf mich warten. Die nächsten dreißig Jahre wird sie warten. Denn ihr Mann fährt mit mir und seiner deutschen Geliebten einfach nach Hause, zurück nach Deutschland. Saliha lässt er im Haus ihrer Eltern hochschwanger zurück.

War für Kornelia die Reise in die Türkei die Hölle, so war es für mich die Heimfahrt. Ein Foto zeigt mich nur mit einer Windel bekleidet verloren am Straßenrand irgendwo zwischen Mutterland und Vaterland hocken, den gelben Schnuller fest zwischen den Zähnen. »Du hast die ganze Fahrt über nur gebrüllt«, erzählte mir mein Vater später, mit einem tiefen Vorwurf in der Stimme, so als wäre es normal, ein Stillkind seiner Mutter wegzunehmen und fünfzig Stunden lang mit ihm auf der klebrigen Kunstlederrückbank ohne Kindersitz durch die Gluthitze zu fahren. Meine Mutter fehlte mir – und ich schrie. Ich war hungrig nach ihrer Milch – und ich schrie. Sie gaben mir nicht genug zu trinken – und ich schrie. Irgendwo in Jugoslawien baute mein Vater einen Unfall – und ich schrie mir die Seele aus dem Leib. Irgendwann hörte ich auf damit, hatte keine Kraft mehr dazu. Dehydriert, mit Tränen und Rotz verschmiert, landete ich schließlich auf Oma Halimas Schoß.

»Das arme Kind«, sagte sie. Das sollte sie noch oft wiederholen in den folgenden Jahren, und meine drei Tanten Amina, Suheila und Yildiz machten es ihr nach. »Das arme, arme Kind. Vermisst sie ihre Mutter nicht?«

Nein, ich vermisste sie nicht. Denn ich konnte mich an all das nicht mehr erinnern. Wie weggewischt sind die ersten Monate meines Lebens, und meine Mutter Saliha verschwand im dichten Nebel des Vergessens, bis es für mich so war, als hätte es sie nie gegeben. Nur in den wenigen abfälligen Bemerkungen meines Vaters tauchte ihr Zerrbild hin und wieder auf, selten genug. Ich fragte nicht nach ihr. Meine Mutter war dumm und aufsässig, klammerte sich an ihr Kopftuch und zog die Mundwinkel nach unten.

»Nein«, antwortete ich, wenn die Tanten wieder ihr Mitleidsgejammer begannen. »Meine deutsche Mama ist meine Mama.«

Von da an war ich »das arme, verlorene Kind«. Bis Oma Halima ihren Töchtern Schweigen befahl. Lange wusste ich nicht, was sie eigentlich meinten. Wieso sollte ich verloren sein? Bis ich verstand: Von einer deutschen Mutter erzogen, war ich für die Kultur, für das geistige und religiöse Erbe meiner Vorfahren verloren. »Sie spricht ja nicht mal richtig Türkisch.«

Nein, das tat ich nicht. Mein Vater wollte es so. Ich sollte genauso aufwachsen wie die deutschen Kinder in unserer Nachbarschaft, so wie auch er das staubige Dorf mit seinen Ziegen und Analphabeten und »Kopftuchweibern« ein für alle Mal hinter sich lassen wollte. Seine Träume sahen anders aus als die seines Vaters.

Der veranstaltete ein Riesentheater, als Hamid ohne Saliha aus dem Urlaub nach Hause kam. Die Familienehre stand auf dem Spiel, schließlich war man verwandt, wenn auch um einige Ecken. »Pass gut auf meine Tochter auf«, hatte sein Cousin bei der Hochzeit gesagt, und er, Abit Al-Mer, hatte sein Wort gegeben. Dafür, was Hamid Saliha angetan hatte, gab es keine Entschuldigung.

»Du holst sie zurück!«, schrie Großvater Abit meinen Vater an.

Doch der Alte hatte keine Macht mehr über seinen ältesten Sohn. Der weigerte sich einfach. Zog mit dieser deutschen Schlampe zusammen. Scherte sich einen Dreck um Familie und Tradition. Und der Gipfel war: Er weigerte sich, Saliha ihren Goldschmuck auszuhändigen. Ein ganzes Kilo in Gold, Salihas Brautgeld und Absicherung für den Fall, der jetzt eingetreten war. Sie hatte ihren Brautschatz in Deutschland zurückgelassen, ohne Argwohn zu schöpfen; so einen Reichtum nimmt man schließlich nicht mit auf eine Reise.

»Nö, wieso«, sagte Hamid. »Hab ich das nicht alles selbst bezahlt?« Und dabei blieb es.

Oder war es anders? War es meine geliebte Oma Halima, die auf dem Gold saß wie der leibhaftige Drache aus dem Märchen, wie es Salihas Familie später behaupten sollte? Tatsache ist, Saliha war das schlimmste Schicksal zugestoßen, das einer arabischen Frau überhaupt passieren kann: Hochschwanger saß sie wieder bei ihrer Familie, ohne ihren Goldschmuck, ohne ihre Tochter, verlassen von ihrem Mann. Es gab andere Fälle, da wurde eine solche Tochter von der eigenen Familie verstoßen. Saliha blieb dieses Schicksal erspart, denn sie hatte einen gütigen Vater, der auch zu ihr stand, als die Hyänen in der Familie forderten, das Kind in ihrem Bauch abzutreiben. Der ihr half und seine schützende Hand über sie hielt. Der sie zurücknahm und für sie sorgte, für sie und ihren Sohn, den sie zwei Monate später gebar. Sie wollte ihn Baris nennen, das heißt »Frieden«. Doch ihr Vater sagte: »Für Frieden ist es noch zu früh.«

Und so erhielt der Kleine den Namen Mourad, »Wunsch«. Welchen brennenden Wunsch meine Mutter in ihrem Herzen hegte, welcher Wunsch sie mitunter bis an den Rand des Wahnsinns trieb, davon ahnte ich lange nichts.

»Sie könnte ja nach mir suchen«, dachte ich, als ich älter wurde. »Aber wahrscheinlich hat sie mich längst vergessen.«

3

Ohne meine Mutter

Als Hamid keine Vernunft annehmen wollte und sich weigerte, Saliha zurückzuholen, tat Großvater Abit das Äußerste, was er als Familienoberhaupt tun konnte: Er verstieß seinen ältesten Sohn.

Normalerweise ist dies für einen Türken wie für einen Araber das Schlimmste, was ihm zustoßen kann, denn ein Leben außerhalb der Familie ist schlichtweg nicht denkbar.

Ob Hamid darunter litt? Wenn dem so war, dann zeigte er es nicht. Er suchte sich gemeinsam mit Kornelia eine eigene Wohnung und zog mit uns nach Mönchengladbach-Rheydt in eine düstere Dreizimmer-Altbauwohnung in der Brucknerallee. Bedeutete das nicht endlich Freiheit? Denn bietet die Großfamilie einerseits Schutz und Rückhalt, so ist sie andererseits auch eine gnadenlose Kontrollinstanz. Jeder ist jederzeit über alle Schritte genauestens informiert, ein Privatleben ist so gut wie unmöglich.

Doch damit war jetzt Schluss. Als aufgeschlossener, moderner Mann, denn als solcher sah er sich, gründete er mit Kornelia eine interkulturelle Patchworkfamilie. Und ich erhielt in Mark einen Bruder, mit dem ich das Kinderzimmer teilte. In dieser Zeit setzen meine ersten Erinnerungen ein, zerbrechlich und isoliert, wie Szenen, die aus dem Zusammenhang eines Filmes gerissen wurden.

Da ist das Gefühl von Geborgenheit, wenn ich auf dem Schoß meines Vaters sitze und mich an seinen Bauch lehne. Während er sich mit anderen Erwachsenen unterhält, streichelt er ganz zart meine Finger. Ich bin eingehüllt in seine Wärme, atme seinen Duft, eine Mischung aus seinem eigenen Körpergeruch, dem Rasierwasser, das er immer benutzt, und seinen Zigaretten – wo immer er geht, überall hängt dieser Vaterduft in der Luft, vertraut und tröstlich.

Hamid kannte sich mit kleinen Kindern gut aus, er wusste genau, wie man sie halten muss; es machte ihm nichts aus, uns die Windeln zu wechseln oder die Nase zu putzen.

Ich liebte es, mit ihm ganz allein zu sein, obwohl das selten genug vorkam. Dann schmierte er mir ein Brot oder kochte Tee für mich. Oder er half mir, meine Strumpfhose anzuziehen. Dazu kniete er sich vor mich hin und raffte die Strumpfhose bis zur Socke zusammen. Ich stand auf einem Bein, hielt mich an seiner Schulter fest und sah hinunter auf sein dichtes, glänzendes Lockenhaar, das ich von ihm geerbt habe. Manchmal fasste ich es auch vorsichtig an; ich berührte es so gern.

Wenn er »in die Stadt« ging, wie er es nannte, nahm er mich oft mit. Zuvor allerdings machte er sich zurecht. Wie alle Männer in meiner Familie, war auch mein Vater sehr eitel und stets gepflegt. Wenn er mit seiner Toilette fertig war, ging es los. Im Auto drehte er die Musik auf und sang laut mit; das liebte ich besonders. Oder er rauchte, kurbelte das Fenster runter und legte den linken Arm dort lässig ab. Manchmal musste er hupen und sich fürchterlich aufregen, wenn er fand, dass einer nicht richtig fuhr. Es kam auch oft vor, dass wir anhielten, weil jemand am Straßenrand eine Panne hatte. Während mein Vater ausstieg und fragte, ob er helfen könnte, sah ich vom Auto aus zu, wie er mal den Werkzeugkasten, das Starterkabel oder auch mal einen Kanister aus dem Auto holte und den Pannenwagen wieder flottmachte.

Dann verabschiedete er sich höflich, und ich werde nie die glücklichen, erleichterten Gesichter dieser Menschen vergessen.

»Ich weiß gar nicht, wie ich Ihnen danken soll«, sagten sie oft.

»Kein Problem«, antwortete mein Vater und war schon wieder bei mir am Auto. »Hab ich gern gemacht.« Und ich war unendlich stolz auf meinen schönen, hilfsbereiten und geschickten Vater, dem nichts zu schwierig war.

Wenn wir dort angekommen waren, wo wir hinwollten, rief ich oft: »Dort, Papa, da vorne ist ein Parkplatz!«, und bewunderte, wie sicher und flott er den Wagen rückwärts in die Parklücke steuerte.

Wir stiegen aus, und mein Vater ging noch einmal um den Wagen herum, trat mit dem Fuß gegen einen Reifen. Das machte er auch bei fremden Autos, wenn er sich die ansah, und ich dachte mir: »Damit prüft er das Auto, ob auch alles mit ihm in Ordnung ist.«

Dann nahm er meine Hand, und wir gingen »in der Stadt spazieren«. Wir flanierten durch die Einkaufsmeile, und ich hielt seine Hand so lange fest, bis sich zwischen unseren Handflächen ein warmer, feuchter Film gebildet hatte und sie auseinanderflutschten.

»Das ist meine Tochter Meral«, stellte er mich stolz Bekannten oder Arbeitskollegen vor und stupste mich an, damit ich ihnen die Hand gab. Oft gingen wir Eis essen, das heißt: Ich bekam einen Eisbecher, und er nahm einen Kaffee, saß da, rauchte und betrachtete die anderen Menschen.

Ich war vielleicht vier oder fünf Jahre alt, als er mich zu einem Konzert von OPUS mitnahm. Ich saß auf seinen Schultern, und wir sangen: »Live is life/Na na na na na ...« Das war ein riesiger Spaß:

When we all give the power
We all give the best
Every minute of an hour
Don't think about the rest ...

Meinem Vater ging es an diesem Abend richtig gut, das konnte ich bei jeder seiner Bewegungen deutlich spüren, die sich auf mich übertrugen, und auch ich war ein winziges Bündel aus Glückseligkeit. Es war mir, als würden wir zu einem einzigen Wesen verschmelzen, und ich wünschte, ich könnte immer dort oben bleiben, meine Hände in seiner Mähne vergraben, und mit ihm gemeinsam singen.

Es war tatsächlich oft die Musik, die uns miteinander verband. Ich kann mich noch gut daran erinnern, wie er mit mir am St. Martins-Tag von Tür zu Tür ging und neben mir stand, wenn ich die Lieder sang und hoffte, mit Süßigkeiten belohnt zu werden.

In meinem Leben ohne Mutter schien mein Vater irgendwann jeden Raum einzunehmen. Er war wie die Sonne, die manchmal wunderbar strahlte und in deren Licht die Dinge wie verzaubert erschienen. Aber es gab auch Tage, an denen sich Wolken vor diese Vatersonne schoben und tödliche Unwetter verursachten. Am schlimmsten aber waren die Tage, wenn die warme Vatersonne sich in einen zornigen Feuerball verwandelte. Ich konnte nie wissen, wann und warum sich die Stimmung veränderte. Dennoch gab ich mir die größte Mühe, ein gutes Kind zu sein, denn im Grund meines Herzens dachte ich, dass ich nur einfach lieb sein und all das tun müsste, was sich mein Vater von mir wünschte, dann wäre alles gut. Es sollte lange dauern, bis ich verstand, dass es nicht an mir lag.

Ein wichtiger Gradmesser der väterlichen Liebe waren die Gutenachtküsse. Ich war süchtig nach ihnen. Bekam ich einen, dann war es ein guter Tag gewesen. Kornelia machte Mark und mich für die Nacht zurecht, und dann durften wir nochmal zu meinem Vater ins Wohnzimmer. Da saß oder lag er auf dem Sofa.

»Iyi geceler«, sagte ich. »Gute Nacht, Papa.«

Er nahm mich in den Arm und kitzelte mich, bis ich lachte,

und sagte: »Tebqa-älä-cher, mein Mädchen, schlaf schön.« Ich atmete noch einmal ganz tief seinen Duft ein, so als könnte ich meinen Papa damit in mich aufsaugen, und dann bekam ich ein lautes Küsschen. An diesen Abenden war ich glücklich und schlief schnell ein.

Auch Kornelias ganz eigenen Geruch mochte ich gerne: eine Mischung aus Camel-Zigaretten, Nivea-Creme und Wrigleys Doublemint-Kaugummi, mit dem sie diesen typischen Mundgeruch übertönen wollte, den starke Kaffeetrinker und Raucher nun mal haben. Kornelia sah immer ein bisschen krank aus; sie war stets blass und viel zu dünn. Ihre grünlich-blauen Augen umrandete sie mit Kajal. Eigentlich war Kornelia brünett, aber sie färbte sich ihr Haar blond und trug eine Dauerwelle, wie es in den Achtzigerjahren modern war. Kornelia war lieb zu mir; sie machte keinen Unterschied zwischen mir und Mark, nahm uns gleichermaßen in den Arm und kuschelte mit uns. Das brauchte ich wie die Luft zum Atmen, und wann immer es möglich war, saß ich bei irgendwem auf dem Schoß, schmiegte mich an, konnte gar nicht genug menschliche Wärme bekommen.

Schöne Erinnerungen habe ich auch an die Besuche bei Kornelias Eltern. Ihr Vater war Kirchenwart und konnte wunderbar Orgel spielen, obwohl ihm ein Daumen fehlte. Ihre Wohnung lag direkt neben dem Kirchenraum, man musste nur eine Tür öffnen, und schon war man in der Kirche. Marks Opa bastelte viele schöne Dinge für uns, ich erinnere mich noch an eine Lokomotive aus Holz, mit der wir gerne spielten.

Auf Mark, meinen neuen Bruder, musste ich ständig aufpassen, denn obwohl er ein halbes Jahr älter war als ich, passierte ihm dauernd etwas. Ich liebte Mark und erzählte jedem, der es hören wollte, dass ich ihn später einmal heiraten würde.

Hamid und Kornelia arbeiteten im Schichtdienst, und darum waren wir oft allein in dieser Wohnung mit dem moosgrünen Teppichboden, der Wohnzimmerschrankwand »Eiche rustikal« und der braun-beigen Polstergarnitur. Wenn unsere Eltern Nachtschicht hatten, dann schliefen sie tagsüber und wir mussten leise sein. An solchen langweiligen, stillen Nachmittagen kletterte ich aus meinem grünen Holzgitterbettchen mit dem Bambi-Aufkleber und sah Mark beim Schlafen zu. Viele Male stand ich an seinem weißen Kinderbett und lehnte ihm ganz sacht ein Auto an die Hand.

Wenn Mark wach war, dann baute er leider jede Menge Mist. Einmal trank er alle Reste aus, die in den Gläsern vom Abend zuvor auf dem Couchtisch stehen geblieben waren, und musste mit einer Alkoholvergiftung ins Krankenhaus gebracht werden. Ein anderes Mal nahm er mein geliebtes Monchichi und zündete es an. Ich sehe noch heute vor mir, wie das Kunststoffgesicht des Spielzeugäffchens brutzelte und zerschmolz, bis Mark erschrak und das brennende Ding in sein Bett warf, das natürlich sofort Feuer fing. Diese Art von Unsinn sorgte dafür, dass Mark viel mehr Prügel abkriegte als ich. Mir tat das mehr weh, als wenn ich selbst geschlagen wurde; ich litt ganz fürchterlich mit ihm und hätte ihn so gerne beschützt. Irgendwann begann er zu stottern und entwickelte Tics. Mein Vater lachte darüber, dass Mark zusammenzuckte, wenn er eine bestimmte Handbewegung machte. Oft schlug mein Vater Mark auf den Hinterkopf, einfach so. Das mochte ich gar nicht.

Und dann erinnere ich aus ihrem Zusammenhang gelöste Szenen, in denen sich schwarze Wolken vor die Vatersonne geschoben hatten, sodass er fast nicht mehr zu erkennen war. Eines Tages zum Beispiel setzte man uns aufs Töpfchen und ließ uns allein. Im Fernseher lief Walt Disneys animierte Version des »Zauberlehrlings«. »Hat der alte Hexenmeister sich doch einmal fortbegeben …« Später hatte ich oft Albträume, in denen diese Zauberlehrlings-Mickey-Mouse ihr Unwesen trieb. Nachdem wir unser Geschäft gemacht hatten und niemand da war, uns die Hintern abzuwischen und die Höschen hochzuziehen, fingen wir an, den Inhalt aus den Pötten zu nehmen und überall zu verschmieren. Als mein Vater nach Hause kam, gab es ein böses Erwachen. Wir hatten ganze Arbeit geleistet, die Wände und der weiße Schrank im Kinderzimmer waren braun verschmiert, es stank zum Himmel, die Scheiße war kaum unter unseren Fingernägeln herauszubürsten. Mein Vater packte uns am Schlafittchen und schleppte uns unter wüstem Schimpfen unter die Dusche, wo er uns abbrauste und gleichzeitig verprügelte, sodass wir in der Badewanne immer wieder ausrutschten, hinfielen und die Köpfe anschlugen, Wasser schluckten, blind vom Schaum in den Augen, den Geschmack von Blut vermischt mit Wasser und »dusch das« im Mund.

Ein anderes Mal nahm uns mein Vater mit zum Einkaufen in ein Einkaufszentrum, an dessen Ausgang ein kleines Karussell in Form einer Lokomotive stand. Wir beobachteten, wie eine Omi ihren Enkel da hinaufhob und liefen hin, um uns das aus nächster Nähe anzusehen und meinem Vater, der an der Kasse in einer langen Schlange warten musste, erwartungsvolle Blicke zuzuwerfen. Ganz klar, wir wollten auch mit der Lokomotive fahren. Es dauerte ewig, bis mein Vater an der Kasse fertig war; es gab eine Diskussion mit der Kassiererin, vielleicht hatte er nicht genug Geld dabei. Als er endlich zu uns kam, erkannte ich – zu spät – seine wütende Miene. Grimmig riss er sich mit den Zähnen kleine Hautfetzen von seinen Lippen, packte uns rechts und links an den Händen, dass sie knackten, und zerrte uns nach Hause.

»Ausziehen und hinlegen!«, befahl er uns, kaum dass wir in der Wohnung waren.

Wir hatten fürchterliche Angst, denn wir wussten, dass etwas Schreckliches passieren würde. Mein Vater ließ keinen Zweifel daran, dass er uns bestrafen würde. Wofür, davon hatten wir keine Ahnung. Uns war klar, dass wir seinen Zorn besser nicht noch schüren sollten, und wir kamen seinen Anweisungen so schnell wie möglich nach. Inzwischen hatte er eine Wäscheleine geholt und begann sie quer über den Flur zu spannen. Hier sollten wir uns nebeneinander auf den Rücken legen. Von der Taille abwärts nackt, mussten wir unsere Beine anheben und auf die Schnur legen, und er umwickelte jeden unserer Füße nochmals mit der Wäscheleine, die er dann an beiden Seiten des Flurs fixierte. So lagen wir hilflos wie zwei kleine Käfer auf dem Rücken, die Beine hochgebunden.

Wir wehrten uns nicht, das taten wir nie, denn wir wussten, dass es dann noch viel schlimmer kommen würde. Mein Vater rauchte und schimpfte, dann nahm er einen Stock aus einer großen Zimmerpflanze, einem Ficus Benjamini, und begann mit aller Kraft auf unsere Hintern und Fußsohlen einzuschlagen. Jeder Hieb verursachte einen entsetzlich brennenden Schmerz, bis ich irgendwann gar nichts mehr fühlte. Im Hintergrund rumorte Kornelia, und so klein wir auch waren, wussten wir doch, dass es besser für sie war, sie hielt sich raus.

Mein Vater schlug und schlug, und als er endlich von uns abließ und uns losband, setzte der Schmerz wieder ein. Wir konnten weder sitzen noch gehen. Po und Fußsohlen waren angeschwollen, und an einigen Stellen war die Haut aufgeplatzt. Kornelia ließ uns ein heißes Bad ein, aber das machte alles nur noch schlimmer. Unsere Wunden brannten wie Feuer, und wir wussten nicht, wie wir in der Wanne sitzen sollten. Uns war es nur möglich zu knien, ohne den Po abzulegen. Noch Tage danach konnte ich weder stehen noch gehen. Meine angeschwollenen Füße passten ohnehin in keinen Schuh.

Wie froh war ich, wenn sich die Wolken verzogen hatten, der Sturm vorüber war und mein Vater wieder lieb zu mir war. Ich musste ja etwas falsch gemacht haben, sonst hätte er mich niemals so streng bestraft. Und doch schien es auch ihm leidzutun, und es kam häufig vor, dass ich nach einer solchen Bestrafung ein schönes Geschenk erhielt. Manchmal entschuldigte sich mein Vater auch bei mir, sogar unter Tränen. Später allerdings tat er das nicht mehr.

Nach der Sache mit dem brennenden Monchichi wagten es unsere Patchwork-Eltern nicht mehr, uns allzu lange allein zu lassen. Stattdessen nahm mein Vater uns nun täglich mit zur Arbeit – das heißt: auf den Firmenparkplatz.

Bevor er zur Arbeit ging und uns im Auto zurückließ, zog er jedes Mal unsere Kleider zurecht, denn oft war es bitterkalt.

»Mama kommt gleich«, sagte er. »Halbe Stunde. Ich muss jetzt gehen. Schlaft!«

Er drückte uns Schnuller und Milchfläschchen in die Hände, nahm seine Tasche, stieg aus und schloss ab. Stundenlang saßen Mark und ich im Auto, Tage und Nächte. Die Gitterstäbe des Zauns um das Fabrikgelände und der Parkplatz haben sich mir für immer ins Gedächtnis eingebrannt. Das Auto wurde zu unserem zweiten, ungeliebten Zuhause. Wir schliefen im Auto, spielten im Auto, fürchteten uns im Auto. Vor allem nachts im Dunklen oder in der Anonymität eines Parkhauses, wenn unsere Eltern ausgingen oder Freunde trafen und uns derweil im Auto ließen, hatte ich schreckliche Angst. Noch viele Jahre lang sollte ich immer denselben Albtraum haben: Es ist Nacht. Ich sitze zusammen mit Mark in einem PKW. Der beginnt zu rollen, doch ich kann ihn nicht stoppen …

Der Geruch der Kunstledersitze, der Klang von zuschlagenden Autotüren und das plötzliche Aufblenden von Scheinwerfern sollten mich noch bis ins Erwachsenenalter in Panik versetzen, meinen Herzschlag beschleunigen und mir den Schweiß auf die Stirn treiben. Das ist der Grund, warum ich bis heute keinen Führerschein habe, auch wenn es mir inzwischen nichts mehr ausmacht, mich zu jemandem ins Auto zu setzen.

Damals war ich jedes Mal unendlich erleichtert, wenn mein Vater oder Kornelia kam, um uns aus dem Auto zu holen. Wie ein Äffchen klammerte ich mich an meinen Papa, und alle Angst war vergessen. In seiner Gegenwart war alles gut – vorausgesetzt, die Wolken blieben fern.

Doch die Zeit mit Kornelia neigte sich ihrem Ende entgegen, es gab immer häufiger Streit zwischen den beiden. Und mein Vater tat die seltsamsten Dinge ...

Eines Nachts wecken mich Geräusche aus dem Wohnzimmer. Ich stehe auf und gehe nachsehen, was los ist. Da sitzt ein nackter Junge, vielleicht fünfzehn Jahre alt, an unsere Heizung gefesselt. Und dann erkenne ich ihn, es ist einer meiner Onkel, ein Bruder meines Vaters, mein Onkel Mostafa.

Mein Papa lehnt über dem Sofa, er stützt sein Luftgewehr auf der Rückenlehne ab und beschießt seinen Bruder mit den kleinen Pfeilen, die er in einer leeren Pulmoll-Dose aufbewahrt. Eigentlich sind sie für Vögel bestimmt, sie sind rot, gelb und grün. In dem Moment, in dem ich das Wohnzimmer betrete, wendet der Junge, der mein Onkel ist, seinen Kopf zu mir und unsere Blicke treffen sich. Es ist ein intensiver Blick und ich kann darin seine Verzweiflung, den verletzten Stolz und die Empörung erkennen. Die Demütigung, die sein großer Bruder ihm antut.

»Bitte, Bruder«, höre ich ihn sagen, »ich habe wirklich keine Autoradios gestohlen.«

Doch mein Vater hört nicht, sondern schießt weiter ...

Mein Onkel war damals ein in der Szene bekannter Graffiti-Sprayer, was von seiner Familie allerdings niemand wusste. In dieser Nacht hatte mein Vater ihn in der Stadt mit seiner gesamten Ausrüstung angetroffen und sofort den Schluss gezogen, mein Onkel müsse ein Autoknacker und Radiodieb sein. Die Sache mit den Pfeilen sollte eine Bestrafung für den Jungen sein, die er nicht so schnell vergessen würde. Er hatte recht damit, mein Onkel vergaß diese demütigende Behandlung tatsächlich sein Leben lang nicht.

Doch dies ist in jenen Jahren nicht die einzige merkwürdige nächtliche Gewaltszene, die ich miterlebe. Einmal werde ich nachts wach, weil ich Gepolter höre. Ich lausche: Da ist auch leises, unterdrücktes Gewimmer. Ich klettere aus meinem grünen Gitterbett, um nachzusehen, was los ist. Als ich die Tür unseres Kinderzimmers öffne, verstehe ich zunächst nicht, was sich vor meinen Augen abspielt: Von der Flurlampe grell beleuchtet, liegt Kornelia zusammengekrümmt auf dem moosgrünen Teppichboden, während mein Vater auf ihr herumtrampelt. Immer wieder springt er auf ihren zarten Körper. Es ist ein bewegtes Bild wie in einer Endlosschleife, ohne ein Davor oder Danach. Ich weiß, dass irgendwann der Krankenwagen kam und sowohl Kornelia als auch Hamid den Sanitätern erklärten, sie sei die Treppe hinuntergefallen. Später behauptete mein Vater, Kornelia habe mit einem seiner Brüder geflirtet, nur darum habe er sie verprügelt. Bis heute kann ich mir das nicht vorstellen, Kornelia war meinem Vater immer treu ergeben – im Gegensatz zu ihm. Die Sanitäter brachten Kornelia ins Krankenhaus, wo man sie dabehielt, denn sie war schwer verletzt. Hamid hatte ihr mehrere Rippen gebrochen.

Ein paar Tage später nahm er Mark und mich mit ins Krankenhaus. Er hatte einen wunderschönen Blumenstrauß gekauft. Ich kann mich noch gut an die Overalls erinnern, die wir trugen, denn am Tag zuvor hatten wir bei Kornelias Mutter Disney-Figuren darauf gebügelt. Es war Frühling, wir standen auf einer Wiese vor dem Eingang des Krankenhauses, und mein Vater rauchte seine Zigarette zu Ende. Schließlich trat er die Kippe mit dem Absatz aus.

»Wartet hier auf mich«, sagte er und ging ins Krankenhaus.

Inzwischen übten wir Räder zu schlagen, und wahrscheinlich kann ich mich deshalb so gut an diesen Tag erinnern, weil ich es damals zum ersten Mal schaffte – allerdings machte ich mir auch Grasflecken in meinen Overall, die nur schwer wieder rausgingen. Während wir also unten vor dem Krankenhaus Rad schlugen, brachte mein Vater der Frau, die er zwei Tage zuvor krankenhausreif geschlagen hatte, einen bunten Blumenstrauß, gerade so, als hätte sie gerade ein Kind bekommen.

Und dann kam immer öfter, wenn Kornelia arbeiten war, Elke zu Besuch. Sie war gerade zwanzig, hatte kurzes, naturblondes Haar und blaue Augen. Beim ersten Mal brachte sie Alpia-Schokoaufstrich mit, wie ich ihn noch nie zuvor gegessen hatte; käuflich, wie kleine Kinder nun mal sind, waren wir begeistert. Es war schon spät, und Mark und ich saßen mit großen, staunenden Augen am Küchentisch, wo Elke uns Brot toastete und es dick mit dieser köstlichen Schokoladencreme bestrich. Sie kam immer öfter, aber nur, wenn Kornelia nicht da war, und sie kam nicht unseretwegen.

Ich war damals viel zu klein, um wirklich zu verstehen, was vor sich ging. Aber dass Kornelia immer mehr an Kraft und Lebensenergie verlor, das spürte auch ich.

Eines Morgens steht sie nicht auf. Sie ist klatschnass geschwitzt, so als sei sie direkt vom Duschen ins Bett gekrochen, ohne sich abzutrocknen. Ihr Gesicht ist noch weißer als sonst.

»Sollen wir einen Arzt rufen, Mama?«, fragt Mark sie ängstlich.

»Nein«, sagt sie müde. »Ich will keinen Arzt. Ich will nur meine Ruhe, sonst nichts.«

Was danach geschah, das weiß ich nicht mehr. Meine Erinnerung setzt erst einige Tage später wieder ein. Ich sitze im Heck eines grünen R4. Mir ist kalt. Vorne sitzt mein Vater, Elke steigt gerade ein und reicht mir ein weiches, dickes Federkissen, groß genug, dass ich mich damit zudecken kann.

»Sag ihr«, sagt mein Vater leise zu Elke, »dass Kornelia tot ist.«

Elke dreht sich zu mir um und sagt: »Kornelia ist gestorben. Sie hatte eine Blutvergiftung.«

Ich friere immer noch und versuche, mich unter das weiche Kissen zu kuscheln. Meine Mama ist also tot? Was ist eine Blutvergiftung? Alles dreht sich in meinem vierjährigen Kopf.

»Überleg es dir gut«, sagt mein Vater gerade zu Elke. »Du weißt, wie das bei mir laufen muss: An erster Stelle komme ich, dann meine Familie. Und an letzter Stelle kommst du. Bist du sicher, dass du das willst?«

»Ich will es versuchen«, sagt Elke.

»Du musst sagen: Ja, ich will das«, insistiert mein Vater.

»Ja«, sagt Elke, »ich will, dass das mit uns klappt.«

Mein Vater scheint sich zu freuen. Er dreht sich zu mir um und sagt: »Küss deine neue Mutter, Meral.«

4

Mutter Nummer drei

Woran Kornelia starb – ich habe es nie wirklich herausgefunden. Damals hieß es, aus einem Mückenstich sei eine Blutvergiftung geworden. Es gab auch eine andere Version, nach der Kornelia einer Grippeepidemie oder einer Virusinfektion zum Opfer gefallen war. Vielleicht starb sie auch an gebrochenem Herzen. Denn dass ihre ohnehin fragile Gesundheit in den letzten Jahren mit meinem Vater vollends zerrüttet wurde und das letzte bisschen Kraft, das sie noch hatte, aufgezehrt worden war, daran habe ich keinen Zweifel. Woran sie auch immer gestorben war, in jener Nacht im R4 erwartete mein Vater, dass ich meine »neue Mutter« küsste. Und das tat ich, wenn auch nicht aus vollem Herzen. Zu sehr beschäftigte mich der plötzliche Verlust von Kornelia, meiner Mama.

Ich fühlte bei Elke von Anfang an nicht die Zuneigung und Wärme, die Kornelia für mich gehabt hatte. Elke wollte meinen Vater, daran war kein Zweifel, und dieses kleine Wesen da hinten auf dem Rücksitz mit dem krausen Schwarzhaar, das musste sie eben mit in Kauf nehmen.

Ich aber musste nicht nur mit Kornelias Tod fertig werden. Auch mein Bruder Mark war von einem Tag auf den anderen verschwunden. Ich weiß nicht, ob ich nach ihm fragte – Tatsache ist, dass niemand mir sagte, wo er geblieben war.

Dann sah ich ihn eines Tages auf der Straße unter unserem Haus. Wir waren gerade umgezogen und es herrschte eine fröhliche, gelöste Stimmung in der neuen Wohnung. Die Fenster waren geöffnet, und ich lehnte mich weit hinaus. Da entdeckte ich auf einmal meinen Bruder Mark dort unten, den ich seit Kornelias Tod nicht mehr gesehen hatte und nach dem ich mich schrecklich sehnte. Den Mann, der ihn an der Hand hielt, kannte ich nicht – wahrscheinlich war er sein Vater. In diesem Moment ging mein Papa auf die beiden zu und sprach mit dem fremden Mann.

»Maaarki«, schrie ich, außer mir vor Freude, winkte und lehnte mich so weit aus dem Fenster, wie ich nur konnte. »Huhuuuu! Maaaark!«

Alle sahen hoch zu mir. Mark winkte zurück und sagte etwas, das ich nicht verstehen konnte. Mein Vater warf mir einen raschen Blick zu, verabschiedete sich hastig von dem fremden Mann und ging mit großen Schritten auf unser Haus zu. Noch ahnte ich das Unheil nicht, das gleich über mich hereinbrechen sollte.

Wenig später war mein Vater hinter mir, packte mich und versetzte mir ansatzlos brutale Schläge.

»Willst du sterben?«, schrie er mich an. »Willst du aus dem Fenster fallen? Das kannst du haben. Hier!«

Und damit hob er mich hoch, umfasste meine Fußgelenke und hielt mich kopfüber aus dem Fenster. Ich schrie. Unter mir schwankte die Straße.

»Willst du sterben?«, hörte ich meinen Vater brüllen – ich ahnte damals nicht, wie oft er mir diese Frage noch stellen würde. Ich hing über dem Abgrund, und Todesangst erfüllte mich.

»Willst du sterben?«, brüllte mein Vater.

»Nein«, wimmerte ich, atemlos und kaum hörbar. »Nein, nicht sterben. Nicht sterben …«

Nach einer Ewigkeit holte mich mein Vater wieder ins Zimmer und ließ mich los. Meine Knie knickten weg. Mir war schlecht, das Zimmer schien sich um mich zu drehen. Als ich es wieder wagte, aus dem Fenster zu sehen, war Mark verschwunden.

Am nächsten Tag tat meinem Vater leid, was er mit mir gemacht hatte. Er entschuldigte sich bei mir, und ich umarmte ihn, froh, dass er mir nicht mehr böse war. Er schenkte mir sogar ein rotes Fahrrad, und ich war überglücklich. Freude und Erleichterung schoben sich über die ausgestandene Todesangst und überdeckten den Schmerz, den ich wegen des Verlusts meines Bruders fühlte.

Wenig später brachte mein Vater eine verletzte Taube mit nach Hause. In der Badewanne baute er ihr ein provisorisches Nest, bis ihr gebrochener Flügel wieder verheilt war. Elke fand das »so süß von ihm«, und die beiden kümmerten sich liebevoll um den Vogel.

Eines Tages gerieten sie allerdings in einen ganz fürchterlichen Streit. Er ist mir aus zwei Gründen in Erinnerung geblieben: Zum einen war es der einzige »gleichberechtigte« Streit zwischen den beiden, an den ich mich erinnern kann, in dem sie alle beide einander wütend anschrien, ohne dass mein Vater gewalttätig wurde. Er schlug Elke nicht, stattdessen packte er seinen Koffer. Und ausgerechnet zu mir, die ich hilflos zwischen den beiden stand mit meinen fünf Jahren, sagte er: »So. Papa geht jetzt und kommt nie wieder.«

Ich brach in Tränen aus. Mein Vater war alles, was ich hatte auf dieser Welt. Elke war nicht meine richtige Mutter, und auch bei meiner Großmutter war ich nicht wirklich zu Hause. Und jetzt wollte er mich verlassen? Weinend und flehend stand ich im Flur und versuchte, mich an dem Koffer vorbeizudrücken, um meinen Vater mit meinen Ärmchen zu umschlingen und ihn am Weggehen zu hindern. Ich erinnere mich an diese tiefe Verzweiflung noch so, als wäre es gestern erst gewesen: die wahnsinnige Angst, vaterlos in einen Abgrund zu stürzen. Schließlich fing auch Elke an zu heulen, und am Ende weinte auch mein Vater. Er blieb, doch mein Urvertrauen in seine verlässliche Gegenwart war erschüttert.

Es gab in diesem einen Jahr 1985 viel Neues, was ich zu verdauen hatte. Man kann sagen, mein Leben wurde um- und umgekrempelt. Ich hatte außer Kornelia und Mark auch dessen Großeltern verloren, und sie fehlten mir sehr. Dafür bekam ich neue, oder anders gesagt: Sie bekamen mich. Denn Elkes Eltern musste man erst schonend beibringen, dass der neue Lebensgefährte ihrer Tochter sie bereits vor Jahren zu Großeltern gemacht hatte. Ein halbes Jahr lang verschwiegen Elke und Hamid meine Existenz den beiden gegenüber. Erst später erfuhr ich, dass Elkes Eltern ihrer Tochter und ihrem neuen Lebensgefährten geholfen hatten, die neue Wohnung zu finden und sie zu renovieren. Dabei hatten sie sich gewundert, dass das junge Paar unbedingt ein Kinderzimmer einrichten wollte, mit passender Tapete und allem. »Ihr seid doch verrückt«, sagten sie. »Elke ist noch so jung, das hat doch noch Zeit.« Sie wussten nicht, dass es ein kleines Mädchen namens Meral gab, das in dieses Zimmer einzog. Um ihren Eltern die Nachricht »schonend« beizubringen, dachte sich Elke gemeinsam mit meinem Vater eine besondere Überraschung aus. Ich erinnere mich noch sehr gut an dieses erste Zusammentreffen mit meinen neuen Großeltern, eine Szene, die sich tief in meine Erinnerungen eingeprägt hat: Wir fahren im Auto nach Holland, denn hier haben Elkes Eltern ein Ferienhaus. Papa und Mama lachen miteinander, halten sich an den Händen und sind glücklich, und ich bin es auch. Draußen ist es schon dunkel. Ich halte vorsichtig einen Blumenstrauß in der Hand; keine der schönen Blüten soll verletzt werden. Um die Stielenden hat Elke ein Papiertaschentuch gewickelt, damit die Blumen feucht gehalten werden und nicht verwelken. Mir ist feierlich zumute, und ich bin aufgeregt, denn gleich habe ich einen großen Auftritt.

»Hier geht es rechts ab«, sagt Elke, und mein Vater biegt in den kleinen Feldweg ein. Auch Elke ist nervös, ich kann das spüren. »Da, das kleine Haus dort hinten, da ist es.«

Mein Vater parkt den Wagen so, dass man ihn von dem Häuschen aus nicht sehen kann.

»Wiederhol noch mal«, sagt er zu mir. »Was sollst du tun?«

»Ich soll an der Tür von dem Häuschen klopfen.«

»Ja, ja«, gibt mein Vater ungeduldig zurück, »und dann?«

»Dann sag ich ›Blumen für die Oma‹.«

»Genau«, sagt Elke und lacht ein bisschen hysterisch. Mein Vater tätschelt mir die Schulter.

»Na los«, sagt er. »Worauf wartest du?«

Mein Vater und Elke verstecken sich hinter einem Gebüsch. Nun bin ich dran. Ich halte den Blumenstrauß wie einen Schild vor mich und marschiere los. Mein Herz klopft, als ich den Klingelknopf drücke. Es dauert ein paar Sekunden, dann höre ich, wie sich innen Schritte nähern. Die Tür geht auf und vor mir steht ein freundlicher Herr. Er ist erst Mitte vierzig, doch mit seinem weißen Seemannsbart und dem gemütlichen, runden Bauch kommt er mir schon ziemlich alt vor. Er ist mir auf Anhieb sympathisch.

»Blumen für die Oma«, piepse ich und sehe den Mann mit weit aufgerissenen Augen an.

Der schaut verdutzt. »Nanu«, sagt er, »wer bist du denn? Ella«, ruft er dann ins Innere des Häuschens, »komm doch mal. Da ist ein Kind. Ich glaube, die Kleene hat sich verlaufen.«

Ella kommt dazu und schaut genauso überrascht auf mich herunter wie ihr Mann.

»Hast du dich verlaufen?«

»Nö«, sage ich, trete verlegen von einem Bein auf das andere und schiele hilfesuchend hinüber zu dem Gebüsch. Was nun?

»Da drüben«, sagt Ella, »da wohnen auch Deutsche, versuch es doch mal da …«

Und als wäre dies das Stichwort für sie, brechen Hamid und Elke hinter dem Gebüsch hervor. Die Überraschung ist groß.

»Dachte ich es mir doch«, sagt Elkes Vater. »Für dich musste ich also das Kinderzimmer tapezieren. Na, dann kommt erst mal rein.«

An jenem Abend sitze ich noch lange auf dem Schoß von meiner neuen Oma, eingehüllt in ihre Warmherzigkeit und mit dem Geschmack von Süßem auf der Zunge: Es gibt leckeren Karamelpudding. Auch der Opa ist herzlich zu mir, wenn ich auch deutlich spüre, dass er sich Gedanken macht. Immer wieder mustert er meinen Vater, so als sei er sich nicht sicher, ob Hamid wirklich ein guter Partner für seine Tochter ist.

Ella sagt: »Dass ich jetzt schon Oma sein soll … Und was ist, wenn ich gar keine Lust darauf habe? Weißt du was, Kleine, sag einfach Ma zu mir, ja? Das hört sich nicht so schrecklich alt an.«

»Und ich bin Manfred«, fügt Elkes Vater hinzu. Ihn nannte ich Pa.

Während ich auf Ellas Schoß sitze und Pudding löffle, höre ich zu, wie die Erwachsenen über die Zukunft sprechen.

»Jetzt mal im Ernst«, sagt Manfred, »wie stellt ihr euch das denn vor? Der Hamid hat ja nicht mal eine feste Anstellung!«

»Ja, das stimmt«, sagt mein Vater. »Aber ich habe eine Stelle als Busfahrer in Aussicht.«

Es sieht nicht so aus, als beruhigte Manfred diese Auskunft. Er macht sich Sorgen, das kann ich deutlich sehen.

»Ich werde Hamid bei den Prüfungen helfen«, versucht Elke ihn zu beruhigen. »Weißt du, Papa, er ist nur vier Jahre zur Schule gegangen. Die haben keine Schulpflicht da unten.«

Bei der Prüfung haben sie es tatsächlich so gemacht: Elke tat so, als würde auch sie die Prüfung ablegen, und kurz vor der Abgabe tauschte sie mit Hamid die Unterlagen. So wurde mein Vater Busfahrer. »Da lerne ich jeden Tag eine Menge Menschen kennen«, brüstete er sich vor seinen Brüdern. Doch im Grunde war er mit dieser Arbeit grenzenlos unterfordert, und seine Unzufriedenheit bekamen wir zu Hause zu spüren.

Mit Ma und Pa, meinen deutschen Großeltern, begann für mich so etwas wie eine normale Kindheit mit Dingen wie Ostereiersuchen, Ausmalbüchern, Geschichtenvorlesen. Ella meldete mich in einem Kindergarten an, der zwischen unserer Wohnung und der von Elkes Eltern lag.

Doch davor machten wir eine lange und weite Reise. Hamid wollte Elke zeigen, woher er kam, und sie war von allem restlos begeistert. Auf dieser Reise schenkte mir mein Vater mein erstes eigenes Musikinstrument – eine Trommel, eine sogenannte Derbouka, die ich mir auf einem Basar selbst aussuchen durfte. Sie hatte einen leuchtend blauen Korpus aus gebranntem Ton und war mit Ziegenhaut bespannt. Ich liebte diese Trommel sehr und bewahrte sie lange auf. Erst vor Kurzem habe ich mich schweren Herzens dazu entschlossen, sie zu entsorgen. Sie hatte bereits nach dieser ersten Reise einen feinen Riss in ihrem Korpus, zu dem im Laufe der Jahre noch viele weitere hinzukamen.

Ansonsten habe ich nur noch vage Erinnerungen an die Reise, hauptsächlich aus den Fotos genährt, die mein Vater damals machte. Wir kamen bis nach Damaskus, und Elke wollte jede einzelne Moschee von innen sehen. Meine Mutter allerdings besuchten wir nicht.

Elke war nicht der zärtliche Muttertyp, wie Kornelia es gewesen war. Sie wuschelte mir schon mal über den Kopf, aber die Anhänglichkeit, die ich ihr entgegenbrachte, war ihr meist zu viel. Ich erinnere mich noch gut, wie sehr ich mich auf den Kindergarten freute, und als wir von unserer Reise zurück waren – ich kam eine Woche später als die anderen »neuen« Kinder –, da rannte ich zu unserer Kindergärtnerin, die ich sehr mochte, und sprang sie ansatzlos einfach an. Ich schlang Arme und Beine um sie, und sie erlaubte das auch, im Gegensatz zu Elke.

Ich ging gerne hin. Nur wenn es zu Streitereien unter uns Kindern kam, waren die Erzieherinnen über meine Art und Weise schockiert, mit Konflikten umzugehen. Ich kann mich noch gut an einen Zwischenfall mit einem kleinen Jungen erinnern:

Dieser kleine Kerl schlägt mir doch tatsächlich mit einer Stange auf den Kopf. Ich bin empört.

»Du von Gott gefickte kleine Schlampe!«, brülle ich ihn an, ohne den geringsten Schimmer zu haben, was das überhaupt bedeutet. »Mein Papa bringt dich um!«

So etwas hat der Junge noch nie erlebt, augenblicklich fängt er an zu heulen. Als er sieht, dass die Kindergärtnerin zu uns herüberkommt, wirft er schnell den Stock in eine Ecke, mit dem er mich geschlagen hat.

»Was ist denn hier los?«, fragt die Erzieherin. »Meral! *Was* hast du eben gesagt? Ich glaube, ich traue meinen Ohren nicht.«

»Der Wichser hat mir den Stock auf meinen Kopf gehauen!«, schreie ich außer mir vor Zorn.

»Ist ja gar nicht wahr«, behauptet der Junge. »Die lügt doch!«

Das bringt mich völlig in Rage.

»Wohl! *Der* lügt! Das sag ich meinem Vater und der erwürgt dich, du Arsch!«

Ich fühle mich in vollem Recht. Doch da sagt die Kindergärtnerin etwas, was mein Gefühl für Recht und Ordnung, so wie ich es zu Hause gelernt habe, völlig über den Haufen wirft: »Wer am lautesten schreit, dem glaubt man nicht.«

Ich bin völlig baff, als ich das höre. Wie kommt sie nur auf so eine Idee?

»Aber das stimmt wirklich!«, versuche ich sie zu überzeugen.

Doch die Kindergärtnerin, die sonst immer so nett zu mir ist, beachtet mich gar nicht mehr. Sie nimmt den Jungen, der das alles verursacht hat, an der Hand und führt ihn zu einem weit entfernten Spieltisch, trocknet mit einem Taschentuch liebevoll seine Tränen. Dann verteilt sie Gummibärchen an alle Kinder. Nur mich übersieht sie, so als wäre ich gar nicht da. Einsam und ratlos stehe ich in meiner Ecke und reibe mir die Beule an meinem Kopf.

Es ist nicht einfach für mich, in dieser verwirrenden Welt das Richtige zu tun. Es fällt mir schwer, zu lernen, dass das, was mein Vater sagt und tut, offenbar noch lange nicht auch mir erlaubt ist. Um mir das beizubringen, greift mein Vater zu drastischen Mitteln. Wie an jenem Abend, als er mit Elke den Rechtsanwalt in der Kanzlei unter uns aufsucht und mich mitnimmt. Was der Anlass für diesen Besuch war, das weiß ich nicht mehr.

Gummibärchen spielen auch bei einem Zwischenfall eine Rolle, der für mich traumatischer nicht sein könnte. Die Gummibärchen sind in einer Glasschale auf dem Schreibtisch des Anwalts, und ich darf mir welche aussuchen. Die ganze Zeit halte ich mich an einer Falte in der Jeans meines Vaters fest; mein Vertrauen zu ihm ist grenzenlos, und in dieser fremden Umgebung erscheint es mir das Sicherste, mich an ihn zu halten.

Der Rechtsanwalt mustert uns neugierig. »Du siehst deiner Mama aber gar nicht ähnlich«, sagt er zu mir.

»Das ist auch nicht meine echte Mama«, erkläre ich ihm bereitwillig. »Meine echte Mama ist in Syrien. Danach hatte ich noch eine andere Mama, aber die ist leider gestorben, und ich hatte auch einen Bruder, der heißt Mark, den wollte ich heiraten, aber der ist jetzt auch nicht mehr da, obwohl der nicht gestorben ist. Ich habe auch ganz viele Onkels, das sind die Brüder von meinem Papa und wir sagen Amo statt Onkel, denn das ist Arabisch, und meine neue Oma hat mich im Kindergarten angemeldet, in der Regentenstraße, Frau Bergmann ist meine Kindergärtnerin, die sagt, wenn du zu viel Fernseher guckst, dann bekommst du viereckige Augen. Deshalb höre ich jetzt viel lieber Bibi Blocksberg, die kleine Hexe und …«

In diesem Augenblick trat mir mein Vater auf den Fuß. Das tat weh.

»Aua!«, schreie ich auf und füge erklärend hinzu: »Mein Vater hat mir gerade auf den Fuß getreten.« Ich ziehe meinen Fuß ein Stück zurück, überzeugt davon, dass das ein Versehen war. Noch immer halte ich die Falte in seiner Jeans ganz fest.

»Du hattest ja schon ein bewegtes Leben«, sagt der Rechtsanwalt und schmunzelt.

Bevor ich Luft holen kann, um ihm noch mehr zu erzählen, steht mein Vater brüsk auf.

»Entschuldigen Sie«, sagt er zu dem Rechtsanwalt. »Wir kommen lieber ein anderes Mal wieder«, und zieht mich an der Hand ziemlich grob hinaus.

Schon im Treppenhaus gibt er mir ein paar gesalzene Ohrfeigen, dass mir die Ohren klingeln. Doch mein Vater ist noch nicht fertig, für ihn fängt das Ganze erst richtig an.

»Du geschwätzige kleine Schlampe!«, schreit er mich an. »Kannst dein Maul nicht halten, was? Dafür schneide ich dir jetzt die Zunge ab!« Und so zerrt er mich die Treppe hinauf zu unserer Wohnung.

Noch ungezählte weitere Male wird es so sein wie jetzt. Mein Vater schimpft und droht mir Schreckliches an, während er nach dem Hausschlüssel sucht und die Tür öffnet. Ich bin dazu verdammt, dicht hinter ihm zu bleiben und ihm in unsere Wohnung zu folgen, die jetzt zur Folterkammer für mich wird, wie er mir versichert, und ich glaube ihm jedes Wort. Dieses Mal wird er mir die Zunge abschneiden, er hat ein für alle Mal genug von meiner Geschwätzigkeit.

Ich stehe im Flur, stocksteif vor Angst. Mein Vater geht mit schnellen Schritten, deren harter, hektischer Klang auf dem Fußboden mich in Panik versetzt und vor denen ich mich mein halbes Leben lang fürchten werde, in die Küche, schaltet das Neonlicht an, reißt eine Schublade auf und holt das große schwarze Messer heraus. Ich versuche davonzulaufen, renne hektisch den Flur entlang Richtung Wohnzimmer und wieder zurück, wie ein kleines Tier auf der Suche nach einem sicheren Versteck. Mit drei großen Erwachsenenschritten ist mein Vater bei mir und fängt mich ein.

»Steh sofort auf!«, befiehlt er mir. Ich gehorche. Ich weiß, dass Ungehorsam jetzt alles nur noch schlimmer machen wird.

»Nein, Hamid, was hast du vor?«, schreit Elke und wirft sich zwischen uns. »Lass sie los. Sie ist doch noch ein Kind.«

Sie stellt sich vor mich hin, schützt mich mit ihrem Körper. Mein Gesicht klemmt nun zwischen der Wand des Flurs und ihrem Gesäß fest, das sie fest gegen mich drückt, und mir bleibt nichts anderes übrig, als ihren Geruch durch den Jeansstoff einzuatmen. Der Druck gegen meinen Kopf tut weh, doch da ist ein tröstliches Gefühl von Schutz. Elke beschützt mich, mein Vater kann mir nichts tun, solange sie da steht. Doch schon wischt ein harter, brutaler Schlag meines Vaters diesen Schutz beiseite, Elke knallt mit voller Wucht auf den Boden, und ich bin ihm wieder ausgeliefert.

Ich lasse mich auf den Flurboden fallen, versuche, mein kleines Gesicht, vor allem Mund und Zunge, schützend zu verbergen, wäre so gerne eine Schildkröte, die ihren Kopf unter den Panzer ziehen könnte, unerreichbar für das große schwarze Messer. Doch ich bin keine Schildkröte, und mein Vater zerrt mich hoch.

»Schau mir in die Augen! Und jetzt: Raus mit deiner Zunge«, brüllt er und geht vor mir in die Hocke, klemmt mich zwischen seine Knie. Da ist sie wieder, die Falte in seiner Jeans, an der ich mich vorhin noch vertrauensvoll festhielt. Jetzt bin ich es, die festgehalten wird wie in einem Schraubstock.

»Her mit deiner Zunge!«

Panisch starre ich auf das große schwarze Messer. Ich weiß nicht, woher er auf einmal das Papiertuch in der anderen Hand hat. Ich muss an das Spiel denken, das wir manchmal machen: Ein Leckerbissen liegt auf so einem Papierwischtuch, und ich muss versuchen, ihn mit der Zunge wegzuschnappen, ehe es meinem Vater gelingt, meine Zunge mit dem Tuch zu packen. Aber heute ist er nicht zum Spielen aufgelegt, und ich kann auch keine Süßigkeit sehen. Heute ist es blutiger Ernst, und mein Vater zwingt meinen Kiefer auf, packt meine Zunge mit dem Papierküchentuch und zieht sie weit, weit heraus. Das tut weh, doch noch größer ist meine Angst. Das große schwarze Messer nähert sich meinem Gesicht.

»Jetzt schneide ich sie dir ab«, sagt mein Vater, und seine schwarzen Augen glühen. Ich schreie und winsele, versuche mich zu wehren, doch seine Knie lassen mir keinen Spielraum, und meine Zunge sitzt fest zwischen seinen Fingern. Mein Vater, der sich in ein Ungeheuer verwandelt hat, fuchtelt mit dem Küchenmesser herum, schon setzt er es an. Ich schreie wie am Spieß.

Ich weiß nicht, was ihn dazu bringt, das Messer zu senken und meine Zunge loszulassen. Stattdessen wird seine Hand zu einer Kralle, und die bohrt sich tief in die Kuhle zwischen meinen Schlüsselbeinen, direkt unter der Kehle.

»Misch dich nie, nie mehr in die Angelegenheiten zwischen mir und meiner Tochter, Elke!«, sagt er leise und böse. »Ich kenne sie besser als du. Sie kann ihre Klappe nicht halten, verstehst du? Das muss sie lernen. Sonst schneide ich ihr die Zunge ab, das schwöre ich bei Gott.«

Er hakt seinen Finger dort ein, in die zarte Kuhle, wo sich meine Schlüsselbeine treffen, und zieht mich ganz nah zu sich heran.

Nur wenige Zentimeter trennen sein Gesicht von meinem. Voller Hass schaut er mir in die Augen.

»Wenn du das noch einmal machst, Meral, dann tu ich es. Ich schneide sie dir ab, deine verdammte Zunge. Haben wir uns verstanden?! Du redest nur, wenn du gefragt wirst und ich es erlaube. *Hast du das verstanden?*«

Mein Kopf nickt mechanisch und hört gar nicht mehr auf.

»Hast du verstanden?! Antworte!«

»Ja, Papa! Entschuldige, Papa! Entschuldigung, Papa! Entschuldigung, Papa! Entschuldigung, Entschuldigung ...«

Er versetzt mir eine Ohrfeige. Und damit ist der Albtraum für dieses Mal zu Ende. Der Schock allerdings sitzt tief. Noch heute kann ich den Schmerz abrufen an der Stelle im Hals, wo meine Zunge angewachsen ist. Noch heute fühle ich, wie seine harten Finger sich in die Kuhle über meinem Brustbein bohren. Und noch heute weiß ich, wie sich die Angst anfühlt, die mich damals bis in die letzte Pore erfüllte.

Die Sache mit dem Messer an meiner Zunge hat mich lange Zeit verfolgt. Sie führte viele Jahre später sogar dazu, dass ich mich im Alter von siebzehn Jahren von einem Jungen verprügeln ließ: Ich fuhr mit einem Bus. Es ging mir gut und ich sang aus vollem Halse »Let the sunshine in« aus dem Musical Hair. Da war dieser Junge, der mir zurief, ich solle aufhören. Aber ich sang weiter.

Ich fand, ich hatte lange genug getan, was andere sagten, hatte mir lange genug den Mund verbieten lassen. Das war nun vorbei. Ich fühlte mich frei. Mein Vater konnte mir nichts mehr antun, und von diesem Jungen dort würde ich mir erst recht nicht den Mund verbieten lassen. Der Typ drohte mir alles Mögliche an, und als er tatsächlich sagte, er werde mir meine verdammte Zunge abschneiden, da legte ich erst richtig los. Am Ende verprügelte er mich, doch ich hörte noch immer nicht auf zu singen. Ich dachte an jenen chilenischen Widerstandssänger, der auch noch weitersang, als ihn die Junta mit Gewehren bedrohte. So wie er sang ich um mein Leben, sang um meine Freiheit, und auch für das kleine Mädchen, das ich einmal gewesen war mit der unfassbaren Angst, ihm würde tatsächlich die Zunge abgeschnitten. Dieser Junge ahnte ja nicht, was hinter mir lag. Er ahnte nicht, dass es mehr brauchte, um mich zum Schweigen zu bringen, als ein Paar Fäuste und körperliche Überlegenheit. Damals hatte ich die Stärke in mir entdeckt, mit der es mir gelungen war, meine Kindheit ohne meine Mutter und mit meinem Vater zu überleben. Ich sang auch noch, als der Junge von mir abließ. Im Grunde habe ich bis heute damit nicht aufgehört.

5

Der syrische Bruder

Ich stehe im Flur und versuche zu erkennen, was im Wohnzimmer vor sich geht. Man hat es mir nicht ausdrücklich gesagt, aber so viel habe ich verstanden: Sie wollen mich nicht dabei haben. Also drücke ich mich hier herum, um herauszufinden, was dort passiert.

Hamid und Elke heiraten, das ist es, was vor sich geht. Sie heiraten auf »unsere« Weise, nämlich vor Allah und dem Hodscha. Zuvor nimmt Elke unseren Glauben an. Sie muss nur auf Arabisch sagen: »Ich bezeuge, dass es keinen Gott außer Allah gibt und Mohammed sein Diener und Gesandter ist«, und schon ist sie Muslima. Darum hat sie sich schön zurechtgemacht und trägt ausnahmsweise ein Kopftuch über ihrem streichholzkurzen blonden Haar.

Obwohl mein Vater kein praktizierender Muslim war, nahm Elke die Sache sehr ernst. Sie versuchte, die komplizierten Rituale der Waschungen und der Gebete zu erlernen, und auf unseren Reisen war sie es, die jede Moschee besuchen wollte. Meinen Vater dagegen sah ich nicht ein einziges Mal die Gebete verrichten. Er hielt auch den Ramadan nicht ein, und ich kann mich nicht erinnern, dass er je in eine Moschee ging, außer, um sie mit Elke zusammen zu besichtigen. Er besaß eine Ausgabe des Korans, die er zu seltenen Anlässen ehrfürchtig und wie ein zerbrechliches Heiligtum aus dem Schrank holte, nachdem er sich mit großem Tamtam die Hände gewaschen hatte. Wir durften das Buch nie anfassen. Er sei ein moderner Mann, so sagte er immer wieder, und er wollte auf keinen Fall, dass seine Frau ein

Kopftuch trägt. Doch wenn es darauf ankam, dann war ihm die Tradition wichtig. So zum Beispiel, als er und Elke heirateten, und später, als ich älter wurde.

Doch an jenem Tag, als ich vom Flur aus ins Wohnzimmer spähte, ahnte ich das noch nicht. Ich war fünf Jahre alt und beobachtete, wie mein Vater und Elke dort im halbdunklen, mit Kerzen erleuchteten Wohnzimmer vor dem Hodscha knieten. Ich konnte nicht verstehen, was da drin gesprochen wurde. Eine feierliche Stimmung ging von den dreien aus, aber dann war es auch schon vorbei.

An diesem Tag, der sie zur Muslima und zu Hamids Frau machte, erhielt Elke auch einen neuen Namen: »Emel«, das heißt »Wunsch«, »Hoffnung« oder »Ziel«. Aber alle nannten sie weiterhin Elke.

Welchen Wunsch hatte Elke? Sie liebte meinen Vater so sehr, dass sie bereit war, Grenzen zu überschreiten und vieles, was ihr bis dahin wichtig gewesen war, hinter sich zu lassen, um zu ihm zu gehören. Sie nahm mich als ihre Tochter an und versuchte, mir eine gute Mutter zu sein. War es einerseits mein Vater, der als Immigrant in Deutschland Fuß zu fassen versuchte, so versuchte sie als junge Deutsche in einer türkisch-arabischen Familie Fuß zu fassen. Freiwillig stellte sie ihre Rechte hinter die ihres Mannes, ganz so, wie Hamid es ihr in jener Nacht in ihrem R4, wenige Tage nachdem Kornelia gestorben war, zur Bedingung gemacht hatte. »Zuallererst komme ich. Dann meine Familie. Und ganz am Schluss du.« Elke sagte Ja dazu. »Warum?«, sollte ich mich in den Jahren danach immer wieder fragen. »Was tut sie nur bei uns? Sie könnte es so schön haben.« Doch was auch immer es war, etwas fesselte sie an meinen Vater. Vielleicht war es Liebe.

Eines Tages machte mein Vater eine lange Reise. Er musste seinen Militärdienst in der Türkei antreten. Um dieses Ärgernis zu verkürzen, hatte er eine Menge Geld bezahlt, mehrere tausend D-Mark, um nicht die vollen zwei Jahre ableisten zu müssen. Doch die fünf Monate konnte er nicht umgehen. Oma Halima schüttete eine Schüssel Wasser hinter ihm her, als er fuhr, und rief weinend: »Möge deine Rückkehr so sicher sein wie der Regen, mein Sohn.«

Auch Elke und ich weinten. Ich machte mir Sorgen um meinen Vater. Eines Abends bekam ich beim Zubettgehen mit, dass sich Elke gemeinsam mit einer Freundin den Film *Nicht ohne meine Tochter* über die Geschichte der Betty Mahmoody ansehen wollte. Dieser Filmtitel setzte meine Phantasie in Bewegung, denn, so viel hatte ich mitbekommen, es ging um eine amerikanische Mutter, die sich von ihrem arabischen Ehemann trennen wollte, dies aber »nicht ohne ihre Tochter« tun wollte. Bei mir war es umgekehrt gewesen: Meine Mutter hatte mich bei der Trennung hergegeben. Nun wollte ich gerne den Film mit ansehen, doch Elke war der Meinung, ich sei noch zu klein dafür. Und so lag ich heimlich wach in meinem Bett und sah durch den offenen Türschlitz meines Zimmers den Film trotzdem mit an – bis ich mittendrin einschlief und einen schrecklichen Albtraum hatte.

In diesem Traum wurde mein Vater von Riesenmonstern bedroht, neben denen er ganz klein geschrumpft aussah. Ich wollte ihn unbedingt vor diesen Monstern retten. Und tatsächlich gelang es mir, sie in die Flucht zu schlagen, indem ich sie mit großen roten Gewürzdosen bewarf, so wie Kornelia sie in ihrer Küche stehen hatte.

Ja, ich vermisste meinen Vater. Doch ich wusste auch: Fünf Monate ohne ihn bedeuteten fünf Monate ohne seine Wutanfälle und Schläge. Wir machten es uns schön in dieser vaterlosen Zeit, verbrachten viel Zeit mit Ma und Pa und besuchten Elkes Schwester Ute, eine liebenswerte Lesbe, die seit vielen Jahren mit ihrer Lebensgefährtin und jeder Menge Katzen zusammenlebte. An Weihnachten rasierte sich Ute einen Weihnachtsbaum in ihre Haare und färbte ihn blau, was ich sehr lustig fand. Ich erinnere mich noch gut an einen unserer Besuche dort. Da waren ganz viele Studentinnen, die komische Sachen sagten wie zum Beispiel: »Sag mal, ist deine Schwester eine Hete?«, und damit Elke meinten, die sich darüber köstlich amüsierte und mir erklärte, was das heißt. Für mich war die Liebe zwischen Frauen gar nichts Ungewöhnliches, schließlich schmuste auch ich genauso gern mit Frauen wie mit Männern, das machte für mich keinen Unterschied. Doch wenig später sollte mein Vater uns aufs Strengste verbieten, je wieder Kontakt zu Elkes Schwester aufzunehmen. Das war nach einem Streit, in dem Elke ihm erklärt hatte, dass sie es ihm nicht erzählen würde, sollte ich einmal lesbisch werden – Grund genug für einen Mann wie meinen Vater, um völlig auszurasten. Tatsächlich hielt sich Elke an das Verbot; neun volle Jahre sah sie ihre Schwester nicht wieder, und erst als alles in Trümmern lag, nahm sie den Kontakt wieder auf.

Für mich wurden die fünf Monate Militärzeit meines Vaters zu einer Phase, in der ich wechselweise bei meinen Großeltern war, bei den Eltern meines Vaters und bei Ma und Pa. Die Welten hätten unterschiedlicher nicht sein können: Wenn ich bei Elkes Eltern war, ging ich oft mit Ella und ihren Freundinnen in die Sauna. Oder zum Wäschemangeln, was ich sehr mochte. Ich liebte den Geruch nach frischer, heißer Wäsche und genoss die warme Luft in diesen Läden. Da war ich dann der einzige dunkle Lockenkopf unter lauter blonden Frauen. Ich half Elke im Haushalt und lernte, wie man Kartoffeln schält; wir besuchten Freizeitparks, ich malte viele Bilder mit Wasserfarbe, sang und begann mich wie ein ganz normales Kind zu fühlen, sorglos und unbeschwert. Oft lief ich in jenem Sommer mit meinen Freunden aus der Nachbarschaft barfuß durch die Straßen, stieg mit ihnen in Schrebergärten ein und kletterte dort auf den Bäumen herum, benahm mich wie ein »echtes Cingenes-Mädchen«, wie Oma Halima oft scherzhaft-tadelnd sagte.

Auch Elke verbrachte damals viel Zeit bei Oma Halima und lernte erst jetzt so richtig jedes einzelne Mitglied unserer Familie kennen. Da saßen wir also zusammen im Wohnzimmer, kochten gemeinsam, tranken süßen Tee aus kleinen Gläsern und aßen selbstgemachte Pommes vom Blech oder klebriges Künefe, und mitten unter uns Schwarzschöpfen fühlte sich die blonde Elke mit den streichholzkurzen Haaren pudelwohl. Wenn mein Opa Abit nicht da war, herrschte meist eine fröhliche, gelöste Stimmung; überhaupt gab es eigentlich nur dann Streit, wenn die Männer auftauchten. Oma verteidigte mich stets, wenn meine jüngeren Onkel frech zu mir waren – Burhan, der jüngste Bruder meines Vaters, war ja nur drei Jahre älter als ich.

Ein Abend hat sich mir besonders eingeprägt: Ich schlief bei meiner Oma, und als wir zu Bett gingen, legte sie einfach so ihre Kleider ab. Zum ersten Mal in meinem Leben sah ich bewusst den nackten Körper einer erwachsenen Frau. Dann zog mich Oma Halima zu sich ins Bett und drückte mich wie ein Muttertier fest an sich. Instinktiv ahnte sie wohl, dass ich so viel Nähe sonst nicht bekam. An diesem Abend streichelte und wiegte sie mich in den Schlaf. Bis heute gehört dies zu den kostbarsten Erlebnissen in meinem Leben, rar wie eine Perle, die ich tief in mir bewahre. Mir war damals bewusst, dass mir Oma Halima an jenem Abend eine Extraportion Zärtlichkeit zukommen ließ. Und wenn ich später allein und verzweifelt, misshandelt und voller Schmerzen in meinem Bett lag, rief ich mir diese Wärme und Nähe in Erinnerung, bis ich Trost in ihr fand, ruhig wurde und einschlafen konnte.

In diesen Monaten, während mein Vater in der Türkei war, schwoll die »Das arme Kind«-Litanei meiner Tanten mehr und mehr an. Warum, das wusste ich nicht. Hatte keine Ahnung, warum sie mir immer wieder diese langen, tiefen Blicke zuwarfen, begleitet von Seufzern. Warum manchmal das Gespräch verstummte, wenn ich in die Küche mit dem großen Sofa und der eingebauten Dusche kam. Was wusste ich schon von dem, was sich in der fernen »Heimat« abspielte, die für mich keine Heimat war, sondern ein Ort, wohin man tagelang mit dem Auto fahren musste, um dort seine Ferien zu verbringen?

Wie es so ist bei Familiengeschichten, gibt es zu jedem Ereignis so viele Versionen wie Erzähler. Erst vor Kurzem erfuhr ich, dass mein Vater während seiner Militärzeit die Wochenenden bei Saliha verbrachte, seinen Sohn kennenlernte und sich bekochen und verwöhnen ließ, ohne dass ihm ein männlicher Verwandter meiner Mutter den Dolch ins Herz rammte, was durchaus im Bereich der Möglichkeit gelegen hätte. Stattdessen nährte Saliha wieder Hoffnung in ihrem Herzen. Hoffnung, dass sie auch mich wiedersehen könnte. Hoffnung, dass Hamid sie mit zurück nach Deutschland nähme. Hoffnung, dass alles gut würde.

Es passt zu meinem Vater, dass er sich die Zeit während des lästigen Militärdienstes wenigstens am Wochenende ein wenig verwöhnen ließ. Hoffnungsvolle Frauen kochen gut, waschen einem bereitwillig die Wäsche und sind stets mit einem frischen Glas Tee zur Hand. Im fünften Monat, als Saliha bereits überlegte, was sie nach Deutschland mitnehmen müsste, zerstörte er dieses Traumgebilde. Er werde nicht sie, wohl aber seinen Sohn mitnehmen.

Was nun folgte, war ein erbitterter Kampf. Saliha hatte ihre Tochter verloren, um keinen Preis wollte sie sich auch noch von ihrem Sohn trennen. Ihre Familie sah das anders. Saliha war noch jung, erst Anfang zwanzig. Trotz der Scheidung würde man einen guten Mann für sie finden, doch einfacher war dies ohne ein Kind aus erster Ehe. Außerdem gehören in der islamischen Gesellschaft die Kinder dem Vater, bei Trennungen bleiben sie stets bei ihm. Vor allem einen Sohn konnte eine getrennt lebende Mutter nicht für sich beanspruchen. Und so begann Saliha verzweifelt mit Hamid zu feilschen.

»Nimm mich mit«, bat sie ihn. »Du kannst dein Leben führen und so viele Frauen haben, wie du nur willst. Alles, was ich brauche, ist ein kleines Häuschen und meine Kinder. Du kannst sie jederzeit sehen. Bitte, lass mich meine Kinder selbst großziehen!«

Aber das kam für Hamid nicht in Frage. Er wollte seinen Sohn, zu Hause hatte er schon eine Frau, die auch ein zweites Kind großziehen würde. Saliha brauchte er nicht, sie war eine Querulantin und würde ihm nichts als Ärger bereiten und unnötige Kosten verursachen. Wieso sollte er zwei Haushalte finanzieren?

Schließlich einigte man sich darauf, dass Mourad bis zu seinem fünften Lebensjahr bei seiner Mutter bleiben sollte. Dann würde Hamid kommen und ihn nach Deutschland holen.

Zwei weitere Jahre mit ihrem Sohn hatte Saliha herausgehandelt. Ich kann mir sehr gut vorstellen, wie sie von nun an ihren Jungen mit anderen Augen ansah. Sie sah die Zeit verrinnen, während er am Brunnen mit den anderen Dorfkindern spielte. Sie sah ihn von sich weggleiten, wenn er die Ziegen seines Großvaters versorgen half. Sie verwöhnte ihn mehr, als sie selbst gut fand. Mitunter riss sie ihn an sich und presste ihn fest an ihre Brust, bis er sich quengelnd befreite und davonlief, um die Hühner zu jagen. Und abends, wenn alle bereits auf ihren Matten lagen und auch Mourad neben ihr mit gleichmäßigen Atemzügen schlief, lag sie wach und sah bereits den Tag kommen, an dem Hamid ihn mitnehmen würde. Oder ihre Gedanken wanderten in die Vergangenheit und spielten ihr, wie in einem schlecht geschnittenen Film, all die Szenen vor, die möglicherweise dazu geführt hatten, dass Hamid sie verstoßen hatte. Und wenn ihre Augen bereits brannten vor Müdigkeit und sie sich von einer Seite auf die andere warf, dann stiegen Bilder von ihrer kleinen Tochter Meral in ihr auf, von mir, wie sie mich gestillt und geherzt hatte, das kleine Rehkitz mit dem gelben Schnuller im

Mund, das Kleinkind, das ich schon längst nicht mehr war. Und wieder schmerzten ihre Brüste wie damals, als ich so jäh von ihr weggerissen worden war: Brüste voller Milch, die für mich bestimmt war, nun aber völlig unnütz und vergeudet.

Von alldem wusste ich nichts, nicht nur damals, sondern all die Jahre lang, in denen ich mir – selten genug – die Frage erlaubte, warum meine Mutter mich so leichten Herzens aufgegeben hatte, warum sie nicht nach mir suchte und um mich kämpfte. Ich wusste ja noch nicht einmal, dass ich einen Bruder hatte, als mein Vater vom Militärdienst zurück nach Deutschland kam und von mir und Elke am Flughafen abgeholt wurde. Ich sah zu, wie Elke theatralisch losrannte, kaum dass sie Hamids Lockenkopf in der Menge der Ankommenden erblickt hatte, dabei ihre Handtasche verlor und ihrem Geliebten in die Arme fiel, und hatte keine Ahnung von dem Schmerz meiner richtigen Mutter. Ich sammelte Elkes Handtasche auf und wartete, bis sich mein Vater meiner besann. Die rote Rose, die wir mitgebracht hatten, hätte ich ihm gerne gegeben. Oder doch wenigstens gemeinsam mit Elke. Doch mir wurde klar, dass ich nun wieder hintanstehen würde: in Elkes Aufmerksamkeit, die jetzt wieder ausschließlich auf meinen Vater ausgerichtet war, und in der Liebe meines Vaters, die in erster Linie Elke zu gelten schien.

Mein Vater, den ich mehr liebte als sonst jemanden auf der Welt, war wieder zurück. Er brachte Geschenke mit, sein die Wohnung ausfüllendes Lachen, seinen Vaterduft und die knallenden Gutenachtküsse, seine verrückten Ideen und Einfälle, die aus einem ganz normalen Tag ein unvergessliches Erlebnis machen konnten. Aber auch das Funkeln in seinen Augen, das einen Tobsuchtsanfall ankündigte, auch das brachte er wieder mit. Sein »Es muss so laufen, wie ich es sage« galt nicht nur für Elke, es galt auch für mich. Und wenn ich mich nicht daran hielt, fiel ich aus dem Fenster oder verlor meine Zunge, mit Sicherheit aber brauchte ich die nächsten Tage kühlende Kompressen für schmerzende blaue Flecken.

Die Zeit verging, ich wuchs und wurde älter, und vieles blieb für mich rätselhaft. Es schien, als hätte ich mehrere Merals in mir: Meine Fröhlichkeit, die Begeisterungsfähigkeit und die gute Laune, die ich meistens versprühte, waren allgemein beliebt. Ganz anders sah es mit meinem Zorn aus: »Du Fotze!«, beschimpfte ich einmal so laut ich nur konnte immer wieder einen Jungen, mit dem ich unten im Hof spielte, bis mein Vater das Fenster aufriss und mir befahl heraufzukommen.

»Weißt du eigentlich, was das heißt?«, fragte er mit diesem gefährlichen Glitzern in den Augen unter den dichten Brauen, die mit seiner Nase ein Y bildeten.

Ich weiß nicht mehr, was ich antwortete, ich erinnere mich nur noch an die Verwirrung, die sich in meinen Zorn über den Jungen mischte. Schrie nicht mein Vater diesen Ausdruck, wenn er wütend war? Warum durfte ich ihn nicht benutzen? Mein Vater war mir Leit- und Vorbild, was also war nicht in Ordnung mit diesem Wort? Und warum wandten sich alle so entsetzt von mir ab und behandelten mich, als sei ich die Schuldige, wenn ich meinem gerechten Zorn lautstark Stimme verlieh?

Keine Schimpfwörter brauchte ich allerdings, wenn ich zur musikalischen Früherziehung gehen durfte. Dort lernten wir Flötespielen und mit Klöppeln auf Instrumente mit hölzernen und metallenen Stäbchen zu schlagen, die wunderbare Namen wie »Xylophon« und »Glockenspiel« trugen. Wir lernten deutsche Volkslieder singen, wie:

Mutter, da steht ein Freier vor der Tür,
Tirili, tirila, tiri dum dum dum,
Mutter, da steht ein Freier vor der Tür,
Halleluja!

Frag ihn, wie viel Geld er hat,
Tirili, tirila, tiri dum dum dum,
Frag ihn, wie viel Geld er hat,
Halleluja!

Tausend Dukaten und noch mehr,
Tirili, tirila, tiri dum dum dum,
Tausend Dukaten und noch mehr,
Halleluja!

Frag ihn, was er trinken will,
Tirili, tirila, tiri dum dum dum,
Frag ihn, was er trinken will,
Halleluja!

Tee mit weißen Pünktchen drin,
Tirili, tirila, tiri dum dum dum ...

Und während die kleinen Mädchen mit deutschen Eltern fragten: »Häääh? Freier? Was soll das denn heißen?«, war für mich die Geschichte völlig klar. Oft genug hatte ich es in der Wohnküche von Oma Halima mit angehört, wenn es damit losging, dass eine meiner Tanten heiraten sollte.

»Das ist so wie bei uns«, erklärte ich meinen verblüfften Mitsängerinnen und dem noch erstaunteren Musiklehrer. »Da muss einer, der dich heiraten will, auch erst sagen, wie viel Geld er hat. Und dann kann er kommen und kriegt Tee, und dabei bespricht man das Ganze.«

»Und die weißen Pünktchen im Tee?«, wollte ein Mädchen wissen und zog ihre Sommersprossennase kraus.

»Keine Ahnung«, antwortete ich und erinnerte mich an den schwarzen Tee, den ich mit Elkes Eltern in Holland getrunken hatte, »vielleicht kommt da Milch rein, oder Sahne. Ja genau!

Daran kann der Freier erkennen, ob die Braut eine gute Partie ist oder nicht. Wenn die Mutter kein Geld für Sahne hat, dann ...«

Doch da stimmte unser Musiklehrer ein anderes Lied an, und ich dachte an meinen Vater, und wie er mir fast die Zunge abgeschnitten hätte, weil ich zu viel gequatscht hatte. Singen war ohnehin viel schöner als Reden.

Eines Tages erzählte mir Elke, sie sei schwanger.

»Dann bekomme ich also einen Bruder?«, fragte ich hingerissen.

»Oder eine Schwester?«

Ich freute mich unbändig! Seit Mark aus meinem Leben verschwunden war, sehnte ich mich so sehr nach einem Geschwisterchen.

Alles an Elkes Schwangerschaft interessierte mich. Ja, man kann sagen, ich war mit ihr schwanger. Zu sehen, wie ihr Bauch langsam wuchs, faszinierte mich. Ich massierte ihren anschwellenden Leib täglich mit Frei-Öl ein, damit sie keine Schwangerschaftsstreifen bekam, was sie ungeheuer genoss. Ich ging mit zu den Untersuchungen beim Frauenarzt und ließ mir von ihr erzählen, was in den Ratgeberbüchern stand, die sie nun stapelweise verschlang. Wir wohnten in einer Dachwohnung ohne Aufzug, und einmal bereitete ich Elke eine Überraschung: Während sie ihren Mittagsschlaf hielt, brachte ich die schwere Kiste mit Mineralwasser von ganz unten bis zu uns ins Dachgeschoss: Dazu trug ich jede Flasche einzeln hinauf und am Ende auch die leere Kiste, dreizehnmal stieg ich die vielen Stockwerke hinunter und wieder hinauf, bis am Ende alles oben war. Da freute Elke sich, und ich war glücklich. Auch meinen Vater stimmte »unsere« Schwangerschaft sanft; das werdende Kind in Elkes Bauch hatte die Macht, uns glückliche Zeiten zu schenken.

Es war im Dezember 1987, ich war sechs Jahre alt und würde

im Februar sieben werden, als mein Vater wieder einmal zu einer Reise in die Türkei aufbrach.

»Wenn ich zurückkomme«, sagte er mir, »dann bringe ich deinen Bruder mit.«

Meinen Bruder? Ich hatte einen Bruder? In dieser Nacht konnte ich nicht einschlafen. Der Gedanke an einen zwei Jahre jüngeren Bruder ließ mein Herz vor Freude hüpfen.

»Wieso will meine richtige Mutter meinen Bruder nicht mehr?«, fragte ich am anderen Morgen Elke. Mein Vater war schon fort.

Elke ließ sich mit ihrer Antwort Zeit. »Für eine Frau in der Türkei«, sagte sie schließlich, »ist es einfacher, wieder neu zu heiraten, wenn sie kein Kind hat, verstehst du?«

Ich nickte. Ja, das mit dem Freier, der vor der Tür steht. Wenn im Tee keine Pünktchen sind und auch noch ein kleiner Junge im Haus herumrennt, dann ist das wahrscheinlich nicht so günstig. Trotzdem. Es tat mir leid für meinen Bruder, dass er von seiner Mama fortmusste. Und ich nahm mir vor, ganz besonders lieb zu ihm zu sein.

»Und wo wird er schlafen«, fragte ich weiter. »Bei mir im Zimmer?«

»Fürs Erste wohl schon«, meinte Elke und warf mir einen schnellen Blick zu.

»Oh«, beruhigte ich sie, »das ist in Ordnung. Er kann gerne bei mir schlafen.«

Ich überlegte ein bisschen, dann fragte ich: »Wie heißt mein Bruder eigentlich?«

»Mourad«, sagte Elke und legte eine Hand auf ihren Bauch.

»Mourad«, sprach ich leise nach. Ich freute mich auf meinen Bruder. Ich würde gut auf ihn aufpassen, so wie ich es mit Mark gemacht hatte.

Währenddessen spielte sich in dem türkischen Dorf nahe der syrischen Grenze, in dem meine Mutter lebte, ein Drama ab. Mourad wollte nicht von seiner Mama weg. Ihre Tränen stürzten ihn in große Verzweiflung. Er konnte sich nicht vorstellen, irgendwo anders zu leben als in dem winzigen strohgedeckten Häuschen mit dem festgestampften Erdboden. Dies war seine Welt, hier war er zu Hause. Der Brunnen im Garten, der alte Baum mit seinen riesigen Ästen darüber, die Schaukel, die an einem Ast hing, die Ziegen und die Hühner, die Katze und der Esel seines Onkels – all das sollte er nie wiedersehen?

Noch verwirrender waren die Reaktionen der Erwachsenen. Seine Mutter weinte und klammerte sich an ihn. Seine Tanten wehklagten, als sollte er sterben. Das ganze Dorf war gegen diesen fremden Vater aufgebracht, der nun kommen würde, um ihn zu verschleppen wie ein böser Dschinn. Sogar sein Großvater, der sonst so ruhig und besonnen war, so gütig und weise, der tobte gegen diesen Vater, der jeden Moment erwartet wurde, um ihn nach Deutschland zu holen.

»Hier«, sagte der Großvater und drückte ihm ein großes Küchenmesser in die Hand. »Wenn er gleich kommt, dann bring ihn um, den Ehrlosen.«

Und dann war er auf einmal da. Mit einem Auto war er gekommen, um ihn zu holen. Kam auf ihn zu, Schritt für Schritt, und da stand der kleine Mourad, fünf Jahre alt, das riesige Messer in der Hand. Ein Mann sollte er sein und die Ehre seiner Mutter rächen, aber er war doch nur ein Kind, und ein tiefes Schluchzen erfasste und schüttelte ihn, mit hochgezogenen Schultern und steif abgespreizten Ärmchen, wie ein Vögelchen, das fliegen soll und es noch nicht kann, stand er da und erwartete das Unvermeidliche. Das große Küchenmesser fiel zu Boden, und Mourad wurde auf- und hochgehoben, über die Vaterschulter geworfen, und so sehr er auch schrie und mit den Beinen strampelte, mit seinen kleinen Fäusten gegen den Vaterrücken trommelte, es nützte ihm nichts. So sah er sein bisheriges Leben entschwinden, auf dem Kopf gestellt, schwankend, sah, wie sich die Vaterfersen vorwärtsbewegten, bis er nichts mehr sehen konnte, weil ihm das Wasser aus Augen, Mund und Nase lief.

Mein Vater nahm Mourad mit auf den Basar, um Geschenke einzukaufen. Mourad bekam einen Ball. Und dann bestiegen sie das Flugzeug, das ihn in das fremde Land bringen sollte.

Von dem großen Kummer meines Bruders ahnte ich nichts. Ich war neugierig und aufgeregt, stand am Fenster und wartete, dass er endlich kam. Und dann war er da, braungebrannt, verheult, rotzverschmiert und todmüde. Mourad, der noch nie Schuhe an seinen Füßen getragen hatte, kam in ein kaltes Land voller Schnee und Eis. Als er die vielen Treppenstufen zu unserer Dachwohnung hochsteigen sollte, versagten ihm die Kräfte: Häuser, die mehr als eine Etage hatten, waren ihm unbekannt, noch nie in seinem Leben hatte er so viele Treppen hochsteigen müssen. Als er mich sah, blickte er mich an wie ein Ertrinkender. Seine Mutter hatte ihm immer wieder eingeschärft: »Dort, wo du hinkommst, wartet deine große Schwester auf dich. Sie gehört zu dir, ihr zwei müsst zusammenhalten.«

Noch am selben Abend gingen wir die nötigsten Dinge für Mourad einkaufen: Zahnbürste, Schlafanzug, und was er sonst noch brauchte. Im Supermarkt sollte er sich aus einem riesigen Regal mit Süßigkeiten etwas aussuchen. Angesichts des überwältigenden Angebots brach mein Bruder in Tränen aus. Das war alles zu viel für ihn. Mir wurde klar, in Mourad hatte ich wieder jemanden, den ich lieben und beschützen konnte. Ich ergriff seine Hand und drückte sie fest. Mourad schniefte, wischte sich mit der Faust die Tränen ab und blinzelte ins Neonlicht des Supermarkts. Nach einer Ewigkeit entschied er sich für eine Tüte »Daim«. Da wusste ich, er war bei uns angekommen. Von nun an war ich nicht mehr allein.

6

Der Traum von einer ganz normalen Familie

Es war großartig, wieder einen Bruder zu haben. Gerne zeigte ich Mourad in seinen ersten Tagen bei uns, wie das Leben hier funktionierte. Ich hätte mir vorher nie im Traum vorstellen können, was man alles nicht kennt, wenn man in einem kleinen türkischen Dorf an der Grenze zu Syrien aufgewachsen ist: Mourad wusste zum Beispiel nicht, wie man bei uns eine Toilette benutzt, und wollte zuerst auf die Klobrille steigen. Er sprach ein Kauderwelsch aus Arabisch mit ein paar Fetzen Türkisch, doch lernte er schnell die deutsche Sprache. Sein erstes deutsches Wort war »Pampelmuse«.

»Sei du bloß froh«, funkelte mich mein Vater hin und wieder drohend an, »dass ich dich dort rausgeholt habe. Stell dir vor, du müsstest in diesem Dreck leben! Ich hätte dich ja auch bei deiner Mutter lassen können. Dann würde man jetzt schon Ausschau nach einem Ehemann für dich halten. Du weißt gar nicht, wie gut du es hast, dass du hier bei mir leben darfst.«

Kurz nach Mourads Ankunft feierten wir Weihnachten, und auch das war für ihn neu. Ich zeigte ihm alles, was ich kannte, und erklärte ihm, was ich wusste. Geduldig beantwortete ich seine vielen Fragen. Mourad war ein liebes und süßes Kind. Er kam in den Kindergarten und gewöhnte sich gut ein, nicht ein einziges Mal fragte er nach seiner Mama. Ganz ähnlich wie ich, brauchte mein Bruder viel Zärtlichkeit. Wenn Elke uns etwas kochte, stand er gern hinter ihr, lehnte sich an sie und umfing ihre Beine mit den Armen.

Ende Januar war es dann so weit: Elke musste ins Krankenhaus, das Kind kam auf die Welt. Als wir sie alle zusammen besuchten, spürte ich genau, dass etwas nicht stimmte, dafür hatte ich von klein auf einen Sensor entwickelt: Die Blumen, die mein Vater mitgebracht hatte, lagen irgendwo, keiner machte Anstalten, sie in eine Vase zu tun. Mein Vater zankte mit Elke, und zwar um das Geschlecht des Kindes. Es war ein Mädchen, und das war für meinen Vater Anlass, enttäuscht zu sein.

Doch es war nun einmal nicht zu ändern, und so nannten sie das Baby Melissa. Und Meli, wie wir sie bis heute nennen, war wirklich ein unglaublich süßes Baby. So oft es Elke mir erlaubte, nahm ich sie auf den Arm und trug sie herum, und auch Mourad liebte es, mit der Kleinen zu schmusen. Wie sehr das Geschlecht des Kindes Thema war, zeigt auch folgende Geschichte: Wir standen um den Wickeltisch herum und sahen zu, wie Meli frische Windeln erhielt. Da fragte mein Bruder in aller Unschuld: »Wird es denn jetzt noch ein Junge?«

Nein, Meli war ein Mädchen und blieb es, und nach kurzer Zeit hatte sich auch mein Vater damit abgefunden. Wie wir alle, verliebte auch er sich in die Kleine, und ganz untypisch für einen arabischen Mann, machte es ihm gar nichts aus, sie zu wickeln und zu baden. Bis vor Kurzem war Meli die Prinzessin in unserer Familie.

Für uns alle war die Zeit der Schwangerschaft und der ersten Monate nach Melis Geburt wahrscheinlich die glücklichste Phase in unserem Familienleben, denn mein Vater war sanft gestimmt und schlug uns nicht so oft. So ein Neugeborenes bringt eine besondere Schwingung mit, die sich auf uns alle übertrug. Im April 1988 heirateten Hamid und Elke standesamtlich. Und wenn sich die beiden an diesem Tag auch heftig stritten, weil Hamid Elkes Hosenanzug, ihre kurz geschnittenen Haare und ihre Schminke nicht gefielen, so war dies doch ein klares Bekenntnis, ein Ja zu seiner neuen Familie.

An diesem Abend saßen wir zum ersten und letzten Mal alle

gemeinsam im Restaurant Anadolu, wo meine Familie gerne hinging: Großvater Abit, der sich trotz der Verstoßung seines ältesten Sohnes überreden ließ, sich zu dieser Gelegenheit wieder an einen Tisch mit ihm zu setzen, Oma Halima, Ma und Pa, Elke und Hamid, alle Geschwister meines Vaters und sogar Elkes lesbische Schwester samt ihrer Freundin, alle Kinder – einfach alle. Bei dieser Gelegenheit sagte Opa Abit zu Pa, er sei ein »Kapitalist«, worüber Ma noch Jahre später stellvertretend für Pa empört sein sollte. Was mein Opa sagen wollte – und er sagte ja sonst nie etwas – war, dass Pa viel Geld hatte und Chef einer deutschen Firma war, also meinte er es als Kompliment. Damals wusste er noch nicht, dass dieser »Kapitalist«, also ein »Mann mit Kapital«, in den folgenden Jahren allen seinen Schwiegersöhnen und einem Großteil seiner Söhne gute Stellen verschaffen und so dafür sorgen würde, dass sie sich an einen privilegierten Lebensstandard gewöhnen konnten. Mein Onkel Mostafa hat heute sogar die Stellung inne, die damals Pa hatte: Er ist Abteilungsleiter in einer großen Düsseldorfer Firma.

Nun waren unsere Eltern also auch nach deutschem Recht verheiratet. Und doch gab es immer wieder kleine Situationen, in denen die Trennung zwischen Mourad und mir als den Kindern aus Hamids erster Ehe und der »neuen«, jungen Familie deutlich wurde. Elke wachte eifersüchtig darüber, Meli für sich zu haben. Sie erlaubte mir nicht, den Kinderwagen zu schieben, noch nicht einmal meine Hand durfte ich an den Griff legen, wenn Elke ihn schob. »Diese Zeit vergeht viel zu schnell«, erklärte sie, »und das will ich ganz auskosten.« Wie sie das sagte und dabei meine Hand wegschob, verletzte mich damals sehr, denn ich fühlte mich ausgeschlossen. Dabei liebte ich Meli doch auch!

Ein anderes Mal hatte Elke Meli auf dem Arm, und Mourad und ich lehnten uns an sie, eigentlich waren wir andauernd in der Nähe der beiden. Da fragte ich, was Kinder in diesem Alter halt so fragen: »Mama, hast du uns eigentlich alle gleich lieb?«

»Na ja«, gab Elke zur Antwort, »ich habe euch alle lieb. Aber Meli ist mein eigenes Kind, und darum liebe ich sie natürlich mehr als euch.«

Ich fühlte, wie sich der Schmerz in Mourads Herz bohrte, sah, wie ihm die Kinnlade herunterfiel und seine Augen groß und feucht wurden. Es tat mir unendlich leid für ihn zu sehen, wie er tapfer nickte und leise sagte: »Oh, ja ... ach so ... na ja. Das kann ich schon verstehen. Die Meli hast du also lieber ...«

Elke war einfach ein durch und durch aufrichtiger Mensch, ehrlich bis über die Schmerzgrenze. Doch schon damals, im Alter von sieben Jahren, fühlte ich, dass man so etwas nicht machen kann. Dass man so etwas zu einem Fünfjährigen, der gerade seiner Mutter weggenommen wurde, einfach nicht sagen darf, und wenn es auch noch so wahr ist. An mich selbst dachte ich in dem Moment überhaupt nicht. Bei solchen Gelegenheiten war in mir alles taub; in meinem Hals bildete sich ein dicker Kloß, und der Raum um mein Herz fühlte sich hohl an. Umso mehr schlossen Mourad und ich uns einander an.

Mein Bruder entwickelte sich zu einem richtigen Fußballtalent, und schon bald spielte er in der A-Jugend des Vereins Borussia Mönchengladbach. Dort fand er einen bunt gemischten Freundeskreis und lernte im Nu die deutsche Sprache. Andere türkische oder arabische Kinder außer unseren Verwandten kannten wir eigentlich gar nicht. Und auch in dem Viertel, in dem wir wohnten, waren wir die einzigen Ausländer.

Im Sommer nach Melis Geburt zogen wir in ein Reihenhaus. Wieder war alles neu für mich: eine neue Schule, neue Nachbarn, neue Freunde. Das nahm ich gern in Kauf, hatten wir doch jetzt viel mehr Platz als in der Dachwohnung und sogar einen Garten zum Spielen. Gleich hinter den Reihenhäusern begannen Wiesen mit Koppeln, auf denen Pferde grasten; etwas weiter entfernt gab es Ziegen. Wegen denen gab es einmal großen Ärger: Es war an einem warmen Sommerabend. Ich hatte schon gebadet, trug mein Nachthemd und sollte eigentlich ins Bett. Stattdessen lief ich noch einmal kurz hinaus und fütterte die Ziegen. Als ich zurückkam, überraschte mich mein Vater. Er machte ein Riesentheater.

»Du kannst doch nicht einfach weglaufen!«, schrie er mich an.
»Ich hab doch nur die Ziegen gefüttert«, erklärte ich ihm.
»Im Nachthemd! Wenn dich da einer mitnimmt ...«

Ich verstand seine Sorge nicht. Wieso sollte mich einer mitnehmen? Erklären konnte oder wollte mein Vater mir nicht, warum er so aufgebracht war, und wie so oft, wenn meinem Vater die Worte ausgingen, schlug er zu. Es setzte ein paar Schläge auf den Po. Und ich verstand immer noch nicht, warum ich am frühen Abend vor dem Schlafengehen nicht noch rasch die Ziegen füttern durfte.

Die ersten beiden Sommer im neuen Reihenhaus waren trotzdem wunderschön. So wie unser Garten aussah, so stand es auch um unsere Familie: Damals blühten in unserem Vorgarten fett die Dahlien, hinten gab es einen Gemüsegarten, Möhren, die wir aus der Erde zupften und sofort aufaßen, Stangenbohnen, die in den Himmel wuchsen. Drei Schaukeln, eine für jedes Kind.

Ich durfte Haustiere halten: einen Hamster und ein Kaninchen. Eines Tages fiel die Katze das Kaninchen an, und mein Vater sagte, nun müsse er es töten. Dazu ging er in den Keller, was ich ganz schön gruselig fand. Auch mit meinem Hamster, den ich sehr liebte, nahm es kein gutes Ende. Manchmal ließ ich den Hamster in der Gästetoilette frei herumlaufen. Normalerweise brachte ich ihn abends zurück in seinen Käfig, doch eines schönen Tages vergaß ich das. Mein Vater fand den Hamster im Klo und ärgerte sich darüber. Er brachte ihn in mein Kinderzimmer.

»Du sorgst nicht richtig für den Hamster«, sagte er. »Darum schmeiße ich ihn jetzt über den Zaun.«

Und das tat er auch, trotz meines Flehens. Der Hamster flog über den Zaun und verschwand für immer. Ich trauerte sehr um ihn.

Und doch – mit meinem Vater war es in jenen ersten Jahren seit Melis Geburt längst nicht so schlimm wie früher. Er schlug uns zwar immer noch, aber nicht so systematisch, seine Bestrafungen waren nicht mehr so schreckenerregend inszeniert. Ich ahnte ja nicht, dass wir nichts als eine Ruhepause durchlebten, eine Phase des relativen Friedens, die wir Meli verdankten.

Auch Ella und Manfred sorgten dafür, dass wir so etwas wie eine richtige Kindheit erleben konnten. Wir verbrachten viel Zeit bei den beiden, und ich genoss das sehr. Ich mochte es, wenn Ella mich auf ihre »altmodische« Weise erzog. Saß ich zum Beispiel am Tisch und stützte meinen Kopf in die Hände, dann fragte sie mich: »Ist dir dein Kopf zu schwer?« Auf ihre Weise brachte sie mich dazu, mich »aufrecht« zu halten, damit ich keinen Rückenschaden bekam. Ich mochte es auch, wenn sie, die den Krieg noch erlebt hatte, den Schokoriegel in der Mitte durchbrach, ehe sie uns je eine Hälfte reichte. Manchmal hob sie sogar Obst auf, das Händler nach einem Markttag weggeworfen hatten, »weil es doch noch gut ist und man die paar schlechten Stellen rausschneiden kann«. Das war mir ehrlich gesagt dann doch ein bisschen peinlich. Schimmel wurde vom Brot abgeschnitten – »das kann man doch noch essen«. Erbsengroße Tupfen Zahnpasta gab es auf die Zahnbürste – »das genügt«. Sie machte Ringelblumensalbe selbst, morgens um sechs wurde gejoggt und anschließend kalt geduscht. Oder man rubbelte sich mit einem rauen Waschlappen ab. Eine weitere Eigenart von Ma war, dass sie grundsätzlich keine Markennamen benutzte. Ein Labello war für sie ein Fettpflegestift, ein Tempo ein Papiertaschentuch, Snickers ein Schokoladenriegel. Da war vieles, was eigentlich auch ein bisschen komisch oder unangenehm war, aber Ella war eben Ella, und ich spürte, dass sie und Manfred bestimmte Werte vertraten, Prinzipien hatten und es gut mit uns meinten. Ich mochte es, Grenzen gezeigt zu bekommen, die ich nachvollziehen konnte und verstand, ich fand es gut, erklärt zu kriegen, wie man sich so benimmt wie die Erwachsenen.

Opa Manfred war etwas lockerer als seine Frau: Wenn wir sie in Holland besuchten, ging er mit uns schon morgens früh zum Hafen, und dort gab es ein Matjesbrötchen. Wenn uns Oma Müsliriegel gab, dann bekam man von Opa heimlich die Kinderriegel zugesteckt. Die Oma brach die Spaghetti in der Mitte durch, »damit man keine Flecken macht«, mit Opa ging man Pfannkuchen essen ins Pfannkuchenhaus. Wenn ich das Wochenende bei Elkes Eltern verbrachte, nahmen sie mich auch mit in die Kirche. Dort lernte ich, die Hände zu falten und zu Gott zu beten. Das tat ich dann zu Hause im Bett vor dem Schlafengehen auch: Ich redete mit Gott wie mit einem guten Freund und fühlte mich aufgehoben und verstanden.

Vielleicht bekam das mein Vater einmal mit, denn eines Tages kam er auf den Gedanken, dass ich statt in den Religionsunterricht an der Schule zum Koran-Unterricht gehen sollte. Der fand im Wechsel mit dem Türkisch-Unterricht statt, und ich hatte nichts dagegen. Ich lernte gerne, doch als die Lehrerin uns nur Texte auswendig lernen ließ, während sie sich die Fingernägel lackierte, begann ich den Unterricht zu schwänzen und ging heimlich lieber zur Kirche der Christen. Denn ich hatte erfahren, dass die Kinder dort Theater spielen durften, und das konnte ich mir nicht entgehen lassen. Ohne dass mein Vater davon etwas mitbekam, wurde ich dort mit offenen Armen aufgenommen, spielte mit Leidenschaft mit und bekam sogar die Hauptrolle: Ja, ich als Mädchen und dazu noch Muslima durfte Jesus verkörpern!

Theaterspielen war meine große Leidenschaft, gleich nach der Musik. Ich hatte mein eigenes Puppentheater und schrieb dafür neue Stücke. Das kam in der Schule so gut an, dass ich mit meiner Kasperltheatergruppe durch alle Klassen tourte. Eines Tages erzählte meine Lehrerin meinem Vater von diesem großen Erfolg, und da war er mächtig stolz. Seltsamerweise fragte er nie wieder nach dem Koran-Unterricht und den Türkischstunden; wie so vieles verlief auch diese Initiative im Sande. Und so kam es, dass ich nie richtig Türkisch lernte.

Damals entwickelte ich kindliche Strategien, wie ich ohne großen Widerstand zu erwecken das tun konnte, was ich mir wünschte: Ich erzählte es zu Hause nicht. Glücklicherweise hatte ich damals großartige Lehrerinnen, die mich förderten und meinem Vater nichts verrieten. Damals funktionierte diese Taktik noch, ich war noch ein Kind und die Aufmerksamkeit meines Vaters war nicht so sehr auf mich gerichtet, wie das später der Fall sein sollte.

Immer mehr lebte ich in zwei Welten. Die eine empfand ich als die »wirkliche« Welt, in der ich zur Schule ging, in der Kirche Theater spielte, bei Elkes Eltern eine deutsche Sozialisation erfuhr. In dieser Welt schenkten Ella und Manfred mir ein eigenes Klavier und bezahlten auch den Unterricht.

Und dann war da noch die Welt der Familie meines Vaters, in der die Tanten Kopftücher trugen und sich alle Frauen der Familie regelmäßig in der Wohnküche versammelten, um sich mit einem Gemisch aus Zitronensaft und Zucker die Körperhaare zu entfernen. Das Zentrum dieser Welt war Oma Halima, die ich sehr liebte. Sie erzählte mir Märchen über Märchen, zum Beispiel das mit den Granatäpfeln, von denen kein einziger Kern verloren gehen darf, weil sonst ein Unglück geschieht. Diese wunderbar leuchtend roten Früchte darfst du nicht teilen, weil du sonst nur ein halbes Kind zur Welt bringen wirst. Alles andere aber, das muss unbedingt geteilt werden, vor allem die Süßigkeiten, sonst kommt in der Nacht die Schlange und beißt dich. Und dann blutet dein Herz ...

Meine Oma Halima war die fleißigste Frau, die ich jemals

kennengelernt habe, immer auf den Beinen. Sie hatte zehn Kinder, fünf verschiedene Jobs als Putzhilfe in Privathaushalten und Großküchen, einen durchgeknallten Ehemann – und trotzdem war sie meistens guter Laune, kitzelte mich am Kinn und brachte mich zum Lachen. Eines Tages wollte sie mir zeigen, wie schnell und perfekt sie Besteck abtrocknen konnte: Dazu nahm sie ein Geschirrhandtuch, nahm so viel Besteck, wie sie nur halten konnte in die linke Hand und warf blitzschnell ein Teil nach dem anderen, nachdem sie es poliert hatte, »zack zack zack« in die entsprechende Schublade. Sie war sehr stolz auf diese Fertigkeit und wollte sie mir beibringen, weil sie glaubte, dass mir dies eines Tages sehr nützlich sein könnte, ich aber lachte sie aus und erklärte ihr, dass ich das nicht zu lernen bräuchte, weil ich nie, nie, niemals in meinem Leben einen solchen Job annehmen würde. Ich merkte im selben Moment, wie sehr ich sie damit verletzte und beschämte. Indem ich sie auslachte, stellte ich ja ihr gesamtes Leben in Frage. Noch heute tut es mir weh, wenn ich an diese Situation denke, und tatsächlich mache ich es inzwischen genauso, wie sie es mir gezeigt hat: Auch wenn ich in keiner Großküche arbeite, so trockne ich das Besteck nach ihrer Methode ab, »zack zack zack« werfe ich ein Teil nach dem anderen sauber poliert in die Schublade.

Oma Halima dagegen hat nie jemanden verurteilt. Sie konnte Sachen sagen wie: »Ich weiß nicht, warum wir kein Schweinefleisch essen dürfen, das ist doch auch von Gott.« Auch Elke nahm sie an wie jede andere Schwiegertochter und sagte: »Liebe ist doch das Gleiche, ob wir Deutsche sind oder Türken, Inder oder Afrikaner ...« Sie litt häufig unter Kopfschmerzen, dann band sie sich ihr Kopftuch fester um die Stirn oder schnallte gar noch einen Gürtel darüber. Manchmal sagte sie: »Kinder, Kinder, irgendwann platzt mir noch der Kopf.«

Eines Tages stellte sich heraus, dass sie einen Hirntumor hatte. Sie kam ins Krankenhaus, und von dem Moment an ging es abwärts mit ihr. Mehrfach wurde sie operiert, und nach jeder Operation war sie weniger sie selbst. Oma Halima, das pulsierende Herz der Al-Mer-Familie, wurde zum Pflegefall. Für mich war das ein schrecklicher und befremdlicher Prozess, wie meine Oma, die immer eine solche Wucht gewesen war, diese große, mächtige, starke Frau mit ihrem lauten Organ und schallendem Lachen verfiel. Zuerst gingen ihr die Haare aus, dann wurde sie immer dünner. Als man ihr im Krankenhaus nicht mehr helfen konnte, wurde sie nach Hause entlassen. Da lag sie inmitten ihrer Kinder in einem Pflegebett. Elke und eine andere deutsche Schwiegertochter kümmerten sich viel um sie, der Al-Mer-Clan allerdings zankte sich darum, wer nachts ihre Bettpfanne leeren musste. Alle waren sie genervt, bis sie wieder ins Krankenhaus kam, um dort zu sterben.

Als es vorbei war, kamen wir alle dort zusammen. Ich hielt meinen Bruder an der Hand und sah fassungslos zu, wie meine Verwandten schrien und lauthals weinten, sich die Haare ausrissen und die Gesichter zerkratzten. Ich hatte meine Oma aus tiefstem Herzen geliebt und war unendlich traurig, so traurig, dass ich gar nichts sagen konnte und auch keine Tränen hatte. Dennoch hatte ich das Gefühl, dass keiner meiner Oma in diesem Moment so nah war wie ich, auch ohne Tränen, ohne Geschrei. Ich sah dazu keinen Grund, denn ich wusste genau: Meiner Oma Halima geht es jetzt gut.

Da bemerkte mein Vater, dass ich so ruhig dastand. Er stürzte sich auf mich, packte, schüttelte und schlug mich.

»Meine Mutter ist tot«, schrie er mich zwischen seinen Schlägen an. »Deine Oma ist gestorben! Und du hast nicht einmal eine Träne für sie?«

Er hob mich hoch und warf mich auf die Leiche meiner Oma, drückte mein Gesicht auf das ihre, sodass meine Nase in ihren Mund geriet, und zwang mich, sie zu küssen. Da verstummte das Geschrei und Geheul der anderen. Sie sahen mit großen Augen zu, wie mich mein Vater wie ein Verrückter auf die Leiche seiner Mutter drückte, und allen war klar: »Jetzt dreht der Hamid mal wieder völlig durch.« Aber niemand wagte jemals etwas gegen ihn zu sagen, schließlich war er der älteste Bruder.

Und in dessen Haus – also bei uns daheim – versammelte sich die ganze Sippe im Anschluss an diese schreckliche Szene. Dort ging der Tumult von Neuem los: Diesmal ging es um das Erbe. Denn es stellte sich heraus, dass Oma Halima offenbar jahrelang, vor ihrem Ehemann verborgen, Geld angespart hatte. Jedenfalls fanden sich nach ihrem Tod 50.000 Mark in kleinen Scheinen in einer Kiste unter ihrem Bett. Und so kam es, dass ihre Kinder am Abend ihres Todestages bei uns zu Hause stritten, sich anschrien und prügelten. Jeder wollte den anderen beweisen, dass er derjenige sei, der am meisten trauerte. Ich ging ganz still in mein Zimmer in den ersten Stock. Dort verabschiedete ich mich von meiner Oma und bat sie um Verzeihung dafür, dass ich mich vor ihrer Leiche geekelt hatte. Ich war mir sicher, dass sie mir das nicht übelnahm und dass es ihr dort, wo sie jetzt war, gut ging. Ich fühlte an jenem Abend eine starke Verbindung zu meiner Oma Halima, und das, was sich dort unten im Wohnzimmer abspielte, hatte mit mir und mit ihr nicht das Geringste zu tun.

7

Die vielen Gesichter meines Vaters

Es geschah so allmählich, dass wir es kaum bemerkten. Obwohl ich von klein auf daran gewöhnt war, die feinsten Stimmungsschwankungen meines Vaters wie ein Seismograf aufzufangen, kann ich doch erst heute in der Rückschau erkennen, wie es ganz langsam zu der Katastrophe kommen konnte, die unsere Familie eines Tages in die Luft sprengen sollte. Damals achtete ich auf jene Anzeichen, die sich in der Gegenwart entladen konnten, denn im Grunde ging es stets um das tägliche Überleben, auch wenn ich es damals nicht so hätte formulieren können.

Seit ich denken konnte, rauchte mein Vater Marihuana. Er baute die Cannabis-Pflanzen selbst im Garten an, erntete sie im September und breitete sie auf großen »Tepsis« aus, auf diesen typischen, runden Silbertabletts, auf denen normalerweise der arabische Tee in kleinen Gläsern serviert wird. Auf diesem Tablett sortierte mein Vater die Pflanzenteile, schnitt die Stiele von den Blättern, und dann legte er sie auf Zeitungspapier auf dem Wohnzimmerboden zum Trocknen aus. Wir Kinder sortierten die Samen heraus und sammelten sie in kleinen Filmdöschen.

Ich kann nicht sagen, dass der Genuss von Marihuana meinen Vater aggressiv machte. Vielleicht verstärkte er sogar einen Charakterzug, den wir alle sehr an ihm mochten: seine spontanen und immer überraschenden Einfälle, seinen Humor und seine Phantasie.

Erst als er begann, verschiedene Drogen unkontrolliert zusammen zu konsumieren, wurde es schwierig. Es gab Zeiten, in denen er mehr und mehr Alkohol trank, was er nicht vertrug.

In Kombination mit Marihuana und später mit Kokain wurde mein Vater zur tickenden Zeitbombe. Nur so kann ich mir erklären, wie aus ihm immer mehr das Monster werden konnte, das sich mir bereits gezeigt hatte, als ich noch ein ganz kleines Kind gewesen war, das Ungeheuer, das mir schreckliche Dinge antat: mich an den Füßen aus dem Fenster hielt zum Beispiel, oder mir die Fußsohlen und den Po so lange peitschte, bis sich die Haut zu lösen begann.

Auf der anderen Seite war da dieser Vater, um den mich alle beneideten. Unsere Kindergeburtstage verwandelte er zu unvergesslichen Ereignissen, spielte den Clown und hatte die tollsten Ideen. Meine Freundinnen waren total begeistert von ihm, und auch ihre Mütter waren fasziniert von ihm. Da blieb so manche gerne noch zu einem Glas Rotwein und unterhielt sich angeregt mit meinem Vater, der eine unfehlbare Gabe hatte, sich auf sein Gegenüber und dessen Stimmung einzustellen. Stets hatte er interessanten Gesprächsstoff auf Lager, denn er engagierte sich für alle möglichen politischen und sozialen Initiativen. Eine Zeit lang war er bei den Grünen aktiv, hatte Aufkleber auf dem Auto wie »Stoppt Kindesmisshandlungen!«, sodass mein Bruder und ich uns immer fragten, wie das alles in seinem Kopf zusammenging, wenn er uns mal wieder verprügelt hatte. Er engagierte sich in einem Verein, der ursprünglich als Hilfsorganisation für die Kinder von Tschernobyl gegründet worden war, inzwischen aber Kinder aus allen möglichen Kriegsgegenden zur Erholung und gegebenenfalls ärztlichen Behandlung nach Deutschland einlud. So landeten drei Schwestern aus Aserbaidschan bei uns, um die ich mich dann kümmern musste, einschließlich der Kopfläuse und der Krätze, die sie zusätzlich mitbrachten. Mit solchen Details konnte sich mein Vater nicht abgeben; er war mehr am »großen Ganzen« interessiert. Und darüber diskutierte er mit den Müttern meiner Klassenkameraden, mit Elkes Freundinnen oder mit den Mitstreiterinnen in den

Gruppierungen, für die er sich gerade engagierte. Kein Wunder, dass diese Frauen dem Faszinosum meines Vaters erlagen und mehr oder weniger hemmungslos mit ihm flirteten. Nicht immer konnte mein Vater die Grenzen erkennen, die ihnen dabei selbstverständlich waren. Flirtete eine Frau mit meinem Vater, dann bedeutete das für ihn die Bereitschaft, mit ihm ins Bett zu gehen, so einfach war das für ihn. Und so blieb es nicht aus, dass sich so manche Frau später belästigt oder gar vergewaltigt fühlte.

In jenem Verein »Kinder von Tschernobyl« wurde mein Vater damals übrigens Kassierer. In dieser Eigenschaft sammelte er bei den Nachbarn Geldspenden, und Angelika, die sich mit Elke angefreundet hatte, und viele andere Nachbarn gaben großzügig für diesen guten Zweck. Erst neulich sprach ich mit ihr, und sie erzählte mir, dass sie nie erfahren habe, ob das Geld auch tatsächlich an seinen Bestimmungsort gelangt sei. Ich erinnerte mich, dass sich mein Vater irgendwann mit den anderen Mitgliedern des Vereins überworfen hatte. Es würde mich nicht wundern, wenn er das Geld in die eigene Tasche wandern ließ, so wie er auch regelmäßig unsere Kindersparbücher bei der Bank plünderte, auf die Ma und Pa zu den Festen und Geburtstagen etwas einzahlten, damit wir uns mal etwas Besonderes kaufen konnten, oder einfach nur für neue Möbel in unserem Kinderzimmer. Mal brauchte mein Vater das Geld dringend für eine Autoreparatur, mal für sein Motorrad. Zurück bekamen wir das Geld nie.

Es gibt da noch eine andere Geschichte, bei der mir schon damals als Kind Zweifel an der Ehrlichkeit meines Vaters kamen. Eines Tages fand ich eine Handtasche auf der Straße. Mourad war dabei, und mit klopfenden Herzen öffneten wir sie gemeinsam. In der Tasche befand sich tatsächlich ein Umschlag, auf dem stand: »Miete für September«. Darin waren sage und schreibe 700 Mark, eine für uns unvorstellbar hohe Summe.

Ich muss gestehen, dass ich nicht daran dachte, die Eigentümerin der Tasche zu finden, um das Geld zurückzugeben, sondern dass ich mir gemeinsam mit meinem Bruder ausmalte, was wir mit diesem vielen Geld alles anfangen könnten. Mein Bruder aber war so erfüllt von diesem großartigen Fund, dass er sofort unserem Vater davon erzählte.

Ich wurde ausgeschimpft, und die Tasche wurde mir abgenommen.

»Was machst du jetzt damit?«, wollte ich wissen.

»Ich bringe sie natürlich demjenigen zurück, der sie verloren hat«, sagte mein Vater streng.

Ich schämte mich. Doch die Sache beschäftigte mich noch eine ganze Weile. Ich fragte meinen Vater, wem die Tasche denn gehört hatte, und er zeigte auf ein Haus und sagte: »Der Frau, die dort wohnt.«

Das Ganze ließ mir keine Ruhe. Wenn wir schon das viele Geld nicht behalten konnten, wer weiß, vielleicht spränge doch ein Finderlohn dabei heraus? Also klingelte ich eines Tages mutig an dem Haus. Eine Frau öffnete, sah mich erstaunt an.

»Ich wollte Ihnen nur sagen«, piepste ich, »die Tasche, die mein Vater Ihnen zurückgebracht hat, die habe ich gefunden.«

Ich werde nie den konsternierten und völlig verständnislosen Blick dieser Frau vergessen. Sie wusste von keiner Tasche. Kleinlaut und sehr verwirrt verabschiedete ich mich. Zu gerne hätte ich gewusst, was tatsächlich geschehen war. Doch ich wagte nicht, meinen Vater danach zu fragen.

Da war aber noch ein anderer Zug an meinem Vater, den ich bis heute nur schwer deuten kann. Das Schwierige daran ist, dass er das unterschwellig Sexuelle daran immer wieder mit mir zu vermischen begann, auch als ich noch ganz klein war, bis ich nicht mehr wusste, ob es an mir lag oder an ihm. Es fing damit an, dass mir seltsame Dinge passierten und mein Vater mir nicht glauben wollte, sondern immer öfter behauptete, ich würde mir

»Sachen ausdenken«. Und jedes Mal hatte es mit erwachsenen Männern zu tun.

Die erste dieser Begebenheiten geschah kurz vor Melis Geburt, Mourad lebte bereits bei uns, ich war noch nicht einmal sieben Jahre alt. Mit dem Fach Rechnen hatte ich meine Schwierigkeiten, und die wurden auch nicht besser, als mir Elke einmal einen Bleistift in den Rücken rammte, weil ich von ihr wissen wollte, warum eine bestimmte Aufgabe so und so zu lösen war, und sie damit offenbar nervte. Sie sagte immer: »Meral und Mathematik, das sind zwei weit entfernte Galaxien«, und irgendwann glaubte ich ihr das auch. Und so beschloss ich eines Tages während einer Rechenstunde, dass ich mich lieber kurz aus dem Unterricht ausklinken wollte. Also fragte ich unseren Lehrer, ob ich auf die Toilette dürfte.

Auf dem Mädchenklo stand ein Mann am Waschbecken und machte sich dort zu schaffen. Das ist wohl ein Klempner, dachte ich, und grüßte ihn brav. Ich ging in eine der Kabinen, schloss ab, machte Pipi, putzte mich ab und zog schon die Hose wieder hoch, als der Typ von außen mit einem Pfennigstück die Tür öffnete und mit heruntergelassener Hose hereinstürmte. Er packte mich und wollte mir seinen Pimmel in den Mund stecken.

»Wenn du machst, was ich sage, dann passiert dir nichts«, sagte er, und begann mir ins Gesicht zu pinkeln. Ich schrie, wehrte und wand mich so lange, bis ich mich losreißen und an seinen Beinen vorbei ins Freie stürzen konnte. Ich rannte schreiend zurück ins Klassenzimmer und erzählte alles unserem Lehrer. Der glaubte mir, auch wenn von dem Mann auf dem Klo keine Spur mehr war. Der Lehrer, offenbar von der Situation überfordert, schickte mich nach Hause – allein.

Als ich heimkam, führte mein Vater gerade ein längeres Telefonat. Geduldig wartete ich, bis er fertig war. Dann erzählte ich ihm, was mir passiert war.

Seine Reaktion war für mich fast noch verwirrender als alles andere: Er packte mich, schleppte mich ins Badezimmer, zog mir die Kleider aus und schrubbte meinen Körper mit einem Autoschwamm von oben bis unten ab. Er hörte gar nicht mehr auf damit, bis Elke mit Mourad nach Hause kam.

»Da müssen wir zur Polizei«, sagte sie, als sie die Geschichte hörte.

Dort musste ich in einem Katalog viele Männergesichter anschauen, doch das von dem Typen auf dem Klo war nicht darunter. Mein Vater begann, Witze zu reißen und sich über mich lustig zu machen.

»Ach was«, sagte er auf dem Nachhauseweg. »Das hat die sich doch alles nur ausgedacht.«

Aber ich hatte es mir nicht ausgedacht, ich hatte mich gefürchtet, dort auf der Mädchentoilette, der Mann hatte mir einen riesigen Schrecken eingejagt, und ich war bestürzt, dass mein Vater mir nicht glaubte.

Einige Monate später läutete zu Hause das Telefon, und ich ging ran. Am anderen Ende der Leitung meldete sich ein Mann, der sagte, er sei Onkel Michael, Elkes Cousin. Auf einmal begann er mir etwas von seinem Schwanz zu erzählen und ganz komisch dabei zu stöhnen. Auch das erzählte ich meinen Eltern, doch auch dieses Mal nahm mein Vater mich nicht ernst.

»Das denkst du dir doch aus!«, war seine Standardantwort. »Du mit deiner schmutzigen Phantasie!« Und sorgte so dafür, dass ich mich auch noch schämte.

Und doch war es mein Vater, der Dinge tat, die nicht in Ordnung waren, und ich wusste das. Ich musste wieder an diese seltsame Geschichte denken, als ich fünf Jahre alt war. Damals war ich mitten in der Nacht davon aufgewacht, dass mein Vater mit dem blanken Po auf meinem Gesicht saß. Ich weiß noch, dass ich fürchterlich erschrak und schrie wie am Spieß und überhaupt nicht mehr zu beruhigen war. Als Erklärung sagte mein Vater nur lachend: »Ich hab dir ins Gesicht gepupst, und jetzt hast du überall blaue Punkte!«, was mich natürlich noch mehr aufregte. Als Elke von der Nachtschicht kam und wissen wollte, warum ich so weinte, erzählte er ihr dieselbe Geschichte, und auch sie lachte sich halb kaputt über mich. Doch heute frage ich mich, wie kommt ein Vater dazu, sich mitten in der Nacht nackt auf das Gesicht seiner fünfjährigen Tochter zu setzen? Dass das nicht normal ist, das ist mir inzwischen klar.

Vielleicht war ich wirklich die Einzige, die seine Zerrissenheit und Widersprüchlichkeiten, all seine Extreme wahrnahm. Tatsächlich behandelte mein Vater mich oft als seine Vertraute, breitete seine Probleme vor mir aus, oft bis spät in die Nacht. Dann nahm ich die Stelle ein, die eigentlich Elke hätte ausfüllen müssen, die ihre Augen vor den Affären ihres Mannes konsequent verschloss – ob aus Selbstschutz oder reiner Naivität, das habe ich nie herausfinden können. Ich aber bemerkte alles mit dem Sinn einer Tochter, die von ihrem zweiten Lebensjahr an ausschließlich auf ihren Vater bezogen war, deren Überleben quasi davon abhing, wie es um ihren Vater stand. Und das führte mitunter zu grotesken Situationen.

Ich war ungefähr elf, als mir mein Vater erzählte, er habe eine tolle Frau kennengelernt, deren Sohn taubstumm war. »Und stell dir vor«, erzählte er mir mit leuchtenden Augen, »mir ist gelungen, was kein Arzt und kein Therapeut geschafft hat: Ich habe diesen Jungen zum Sprechen gebracht!«

Da war mir klar, mein Vater hatte wieder einmal eine Affäre am Laufen. Und ich ging in Habachtstellung, weil sie ihm irgendwann wieder um die Ohren fliegen würde, im schlimmsten Fall uns allen.

Eines Abends kam mein Vater völlig aufgelöst nach Hause. Er bat mich, Tee zu kochen, und da wusste ich, dass er ein Problem hatte und sich mir einmal mehr anvertrauen wollte.

»Sag mal, Meral«, begann er und wirkte sehr besorgt, »weißt du, ob Leukämie ansteckend ist?«

»Nein«, sagte ich, denn das hatte ich in der Schule schon gelernt. »Das ist eine Form von Krebs, Blutkrebs, und damit kann man sich nicht anstecken. Warum willst du das denn wissen?«

»Ach weißt du«, begann er, und ich ahnte, dass er mir nun eine Version auftischte, an der nur ungefähr die Hälfte stimmte, »als ich bei dieser Frau mit dem taubstummen Sohn war, da wurde ich auf einmal so müde. Und legte mich auf ihr Sofa. Dann hat sie ganz lieb eine Decke über mich gebreitet, und aus Dankbarkeit habe ich ihr das Haar gestreichelt. Und stell dir vor: mein Armreif verfing sich darin – und auf einmal fällt das ganze Haar auf mich herunter! Das war eine Perücke, verstehst du! Und dann erzählt sie mir diese Geschichte, dass sie Leukämie hat und bei der Behandlung alle Haare verloren hat. Da hab ich einen Schreck gekriegt, wegen der Ansteckungsgefahr …«

Ich musste mir ein Lachen verbeißen, denn ich wusste genau, dass die Situation bestimmt ganz anders gewesen war. Aber ich ließ mir nichts anmerken. »Du brauchst dir keine Sorgen zu machen«, sagte ich, »Leukämie ist nicht ansteckend.«

Wenn ich es mir recht überlege, waren eigentlich von Anfang an neben Elke andere Frauen im Hintergrund. Zuerst war da eine, an deren Name ich mich nicht erinnern kann, denn damals war ich noch sehr klein. Sie schenkte mir eine Nähmaschine, das ist alles, was ich noch weiß. Danach kam eine gewisse Ulrike, die Kindergärtnerin von Beruf war. Sie passte oft auf mich und meine Geschwister auf und war eigentlich immer da, wenn Elke weg war. Dass sie mehr war als unser Kindermädchen, begriff ich eines Tages, als sie mit uns – ohne Elke – am Ijsselmeer in Holland war. Denn dort fiel mir auf, dass mein Vater sie genauso behandelte, wie er mit Elke umging, zum Beispiel haute er ihr auf eine bestimmte, intime Art auf den Hintern. Ulrike war viele Jahre lang so etwas wie die Freundin des Hauses, verbrachte auch mit Elke viel Zeit und war einfach immer da. Bis eines Tages, als ich ungefähr zehn Jahre alt war, eine andere Frau auftauchte: Sandra, eine hübsche Frau mit schulterlangem blondem Haar. Es waren eigentlich immer winzige Szenen, in denen ich verstand, dass diese Frauen mehr waren als unser Kindermädchen oder eine gute Freundin von Elke.

An jenem Sommerabend war Elke nicht da, und eigentlich sollte mein Vater auf uns aufpassen. Stattdessen war er weggegangen, und ich mit meinen zehn Jahren hatte wie eine kleine Mami meine jüngeren Geschwister ins Bett gebracht. Da kam auf einmal mein Vater mit dieser fremden Frau aus dem Sommerregen hereingelaufen, und die beiden lachten wie zwei Jungverliebte. Es war eine seltsame Situation, weil alles so verdreht war: Ich war ganz ernst und erwachsen, und mein Vater und diese fremde Frau benahmen sich wie zwei Frühlingskinder. Die Frau sagte zu mir: »Hallo, ich bin die Sandra. Dein Papa will mir seine Plattensammlung zeigen.« Und dann lachte sie wieder ganz albern.

Da saßen sie also vor der Plattensammlung meines Vaters. Sandra nahm eine Platte nach der anderen in die Hand, drehte sie um und sagte: »Aha« und: »Soso« zu den Erklärungen meines Vaters. Ich nahm den beiden nicht ab, was sie mir da vorspielten, und blieb stur hinter ihnen stehen. Schließlich wurde Sandra verlegen. Mit so einem altklugen kleinen Mädchen, das sich nicht verscheuchen ließ, hatte sie wohl nicht gerechnet.

So ging das ein paar Wochen, ohne dass Elke etwas merkte. Ulrike kam immer seltener. Bis sie eines Tages anrief.

»Weißt du, wo dein Vater ist?«, fragte sie mich.

»Klar«, sagte ich, »der ist bei Sandra.«

Da fing sie an zu heulen und schluchzte: »Gib mir mal deine Mutter.«

Zu ihr sagte sie: »Mach doch mal die Augen auf, Elke! Das kannst du doch nicht mit dir machen lassen!«

»Ja, aber, was ist denn los?«, fragte Elke völlig ahnungslos.

»Wieso soll sich Hamid denn nicht mit Sandra treffen? Du weißt doch, wie er ist.«

Elke kapierte mal wieder gar nichts. Und ich erhielt mit zehn Jahren eine wichtige Lektion darüber, welche Vorstellungen erwachsene Frauen von Solidarität haben. Schließlich hatte Ulrike jahrelang nichts anderes getan als Sandra und die ganze Zeit darauf gewartet, dass sich Hamid von Elke trennen würde. Als ihre Rechnung nicht aufging und Hamid sie durch Sandra ersetzte, fand sie das gar nicht toll. Und auf einmal sollte Elke sich wehren.

Erst vor Kurzem erfuhr ich im Gespräch mit einer früheren Nachbarin, einer engen Freundin von Elke, dass Elke meinem Vater tatsächlich voll und ganz vertraute. »Ja«, gestand sie ihrer Freundin Angelika damals, die unsere Nachbarin war und mir hin und wieder bei den Mathematik-Hausaufgaben half, »er schlägt mich. Aber er ist mir treu wie Gold.« Mein Vater hatte sie offenbar derart eingelullt, dass sie all seine Eskapaden einfach nicht wahrnahm.

Jedenfalls fuhren Sandra und mein Vater kurz darauf ganz offiziell miteinander in Urlaub. Alle waren sich einig, dass man mir das am besten nicht erzählen sollte, warum auch immer. Mein Vater sagte oft, ich hätte »den Teufel in mir und jede Menge schlechte Gedanken«. Einen Tag bevor sie fuhren, habe ich es doch irgendwie herausgekriegt. Und reagierte so, wie es eigentlich Elkes Sache gewesen wäre: Ich machte einen riesigen Aufstand.

»Bist du bescheuert?«, fragte ich Elke. »Du kannst die doch nicht fahren lassen. Die beiden sind nicht einfach nur Freunde, siehst du das denn nicht?«

Aber Elke lachte mich nur aus. Ich sehe uns noch heute nebeneinander in der Haustür stehen, und während Elke ihrem Mann und Sandra nachwinkte und fröhlich »Schöne Ferien!« wünschte, sagte ich zu ihr: »Die werden auf jeden Fall in einem Bett schlafen. Das sind nicht einfach nur Freunde!« Sie aber zuckte nur mit den Schultern: »Ach was!«, meinte sie nur. »Was du nur wieder denkst.«

Ich konnte nicht verstehen, dass sie das so leichtnahm. Ich war nicht eifersüchtig auf die Geliebten meines Vaters, ganz im Gegenteil. Denn oft brachten diese Frauen frischen Wind in unsere Familie oder auch Geschenke und Süßigkeiten für uns Kinder. Ulrike zum Beispiel war ein »Milka Lila Pause«-Fan, was wir wunderbar fanden.

Nein, ich fühlte mich ausgeschlossen aus diesen Verhältnissen. Wie jedes andere Kind in meinem Alter hätte ich mir eine stabilere Familie gewünscht, klare Verhältnisse, einen Papa und eine Mama, die zueinander und zu uns Kindern standen, und zwar zu jedem von uns in gleichem Maße. Stattdessen fuhr mein Vater mit der Nähe und Ferne zu mir ständig Achterbahn: Mal war ich seine Vertraute und teilte seine Geheimnisse, war die »Frau«, die von Anfang an da gewesen war und ihn besser kannte als er sich selbst. Dann wieder schlug und bestrafte er mich übermäßig für kleinste Vergehen und beschuldigte mich, ich hätte eine schmutzige Phantasie. Und dann wieder vergaß er mich völlig, tauchte ab mit seinen Freundinnen und ließ uns im Stich.

Als ich zehn Jahre alt war, hatte ich eine Freundin namens Banu, die ebenfalls türkische Eltern hatte. Sie war so alt wie ich, aber während ich noch ein richtiges Kind war, war Banu ein wildes, frühreifes Ding, und zwischen ihr und meinem Vater herrschte diese seltsame Spannung, wie sie auch oft bei den fremden Frauen entstand, die in Elkes Abwesenheit auf unserem Sofa herumsaßen und Rotwein tranken, über die Scherze meines Vaters lachten und mit den Augen funkelten. Mein Vater behandelte meine kleinen Freundinnen oft genauso wie die erwachsenen Frauen, und mir war nicht wohl dabei.

Eines Abends durfte Banu bei mir übernachten. Banu ist ein seltener, türkischer Name und bedeutet »erhabene, vornehme Frau«. Es war schon spät, Elke war nicht da, und eigentlich sollten wir schlafen gehen. Da hatte mein Vater den Einfall, mich und meine Geschwister zur Eisdiele um die Ecke zu schicken, um Eis zu kaufen.

»Banu kommt aber mit«, sagte ich entschlossen, denn wieder hatte ich diesen komischen Ausdruck in den Augen meines Vaters gesehen.

»Banu bleibt hier«, sagte er ebenso fest.

Wir sahen uns in die Augen, und obwohl ich noch ein Kind war, fand zwischen uns eine Art Kampf statt. Ich sah ihn an und mein Blick sagte: »Ich weiß, was du vorhast, und das ist nicht in Ordnung.« Das machte ihn wütend, und sein Blick antwortete: »Was willst du? Du weißt gar nichts. Du darfst noch nichts wissen. Und wenn du es doch weißt, dann bist du eine kleine Schlampe!«

Ich verlor dieses Blickduell und zog mit Mourad und Meli an der Hand los. Irgendetwas in mir wusste, dass wir uns beeilen mussten; so schnell wie möglich zog ich meine Geschwister hinter mir her. Es war ein schöner Sommerabend, und vor der Eisdiele hatte sich eine längere Schlange gebildet. Ich trat von einem Bein auf das andere. Als wir endlich an der Reihe waren, brauchte Mourad – wie immer – unendlich lange, bis er sich zwischen den einzelnen Geschmacksrichtungen entscheiden konnte. So war das jedes Mal mit ihm, und so ist es auch heute noch: Seit jenem ersten Abend im Supermarkt, als er weinend und völlig überfordert vor dem Regal mit Süßigkeiten stand, braucht er immer sehr lange, bis er weiß, was er wirklich will.

Als wir das Eis endlich hatten, zerrte ich meine Geschwister so schnell wie möglich wieder nach Hause. Ich fand Banu auf meinem Bett, zusammengekrümmt in Embryonalhaltung und völlig verstört.

»Was ist passiert, Banu?«, fragte ich entsetzt.

Zuerst sagte sie gar nichts. Aber dann erzählte sie mir in stockenden Worten, dass mein Vater sie ins Bad gelockt habe.

»Er hat gefragt, ob ich ihm ein Glas Raki ins Bad bringen kann«, sagte Banu, »und das hab ich gemacht. Da hat er mich festgehalten und so komische Sachen gefragt, ob ich ihn liebe und so ... Ja, hab ich gesagt, schon, wie einen Bruder eben. Da hat er mich in die Ecke gedrängt, hat immerzu gesagt, dass er mich liebt, mich am Hals geküsst und angefasst ...«

Als Banu am nächsten Tag nach Hause gegangen war, wollte mein Vater herausfinden, ob sie mir etwas erzählt hatte.

»Ich rede nicht mehr mit dir«, sagte ich in der Küche voller Abscheu zu ihm.

»Aber warum denn nicht?«

»Du weißt genau, warum.«

Mit einem Blick auf Elke sagte mein Vater: »Wir beide haben ein kleines Geheimnis miteinander. Komm mal mit ins Bad.«

Dort fragte ich ihn ganz direkt: »Was ist hier gestern passiert?«

Und er spielte das Unschuldslamm: »Du kleine Schlampe! Was du nur immer für Gedanken hast.«

Und wieder, wie bei der Sache mit dem Mann auf dem Mädchenklo, tat er so, als sei ich diejenige, die verdorben war. Er konnte so schnell die Rollen wechseln, dass einem ganz schwindelig wurde. Vom friedensbewegten guten Kumpel, der sich für die »Gute Sache« engagierte, verwandelte er sich in den südländisch-feurigen Charmeur und wurde von einem Augenblick zum anderen zum Widerling. Kaum waren die Frauen, mit denen er eben noch geflirtet hatte, zur Tür hinaus, konnte er Sachen sagen wie: »Die will doch auch nichts anderes, als mit mir vögeln. Wenn ich wollte, könnte ich die jederzeit flachlegen.« Als sich einmal die Frau eines Sonderschullehrers, der auch als Clown auftrat, von ihm vergewaltigt fühlte, unternahm sie nichts gegen meinen Vater, die Sache war ihr offenbar zu peinlich. Außerdem meinte sie: »Mein Mann, der verkraftet das nicht.«

Für meinen Vater war die Sache klar: »Das wollte die Alte doch nur. Mit ihrem komischen Kerl zu Hause läuft doch schon lange nichts mehr.« Wie man es drehte und wendete, am Ende waren immer die anderen schuld.

So war es auch bei einer Sache, die ich nie vergessen sollte: Eines Tages, ich war damals elf oder zwölf Jahre alt, brachte er mir von einer Reise in die Türkei ein Rosenparfüm mit. Wenn mein Vater vom Urlaub zurückkam, war er stets bester Laune, und wie ein fliegender Kaufmann packte er im Wohnzimmer seine Geschenke für uns aus. Das konnte er richtig gut, er hatte viel Sinn für Schönheit und Luxus und freute sich wie ein Kind an unserer Begeisterung. Das Rosenparfüm war in einem eleganten Flakon, und ich freute mich riesig darüber.

Am nächsten Morgen nach dem Duschen sprühte ich davon an meinen Hals. Ich dachte mir nichts dabei, als ich die Treppe hinunter zum Frühstücken kam. Mein Vater hob schnuppernd den Kopf.

»Du trägst Parfüm? Zur Schule?« An seinem scharfen Ton erkannte ich sofort, dass er nicht scherzte.

Mein erstauntes: »Aber du hast es mir doch geschenkt«, hätte ich mir sparen können. Denn nun begann eine dieser nicht enden wollenden Torturen, mit denen mein Vater mich zu bestrafen pflegte. Er ging in die Küche und holte sich sein Arsenal, mit dem er mich die nächsten Stunden quälen sollte. Dieses Mal stellte er mir mathematische Aufgaben, und wenn ich die Antworten nicht wusste, wurde ich bestraft: »Wie viele Stunden hat ein Jahr?«, begann er.

Ich hatte keine Ahnung, und so befahl mein Vater mir, meine Hände vor mir auf die Tischplatte zu legen. Dann schlug er mir mit dem Fleischklopfer auf die Finger. Und nicht nur einfach so zum Spaß, nein, er schlug richtig zu. Es tat unfassbar weh.

»Zähl von Zehntausend rückwärts!«

Und so ging es weiter, Stunde um Stunde, und meine Hände fühlten sich an wie ein schmerzender Brei. Schließlich besann er sich auf alte Bestrafungsrituale, denen er selbst in der Türkei ausgesetzt gewesen war. Ich musste mich vor ihn hinstellen und die Hände waagerecht ausstrecken. Dann schlug er so lange mit einem Besenstiel auf sie ein, bis der hölzerne Stiel zerbrach.

Danach war es vorbei. »Geh nach oben, duschen! Und dass ich ja von dem Parfüm nichts mehr rieche, wenn du fertig bist. Sonst weißt du ja, was dir blüht.«

So wurde also alles weggeduscht, der Rosenduft, meine Tränen, mein Angstschweiß, das Blut. Elke erklärte mir, dass Frauen Parfüm auflegen, um Männer damit anzumachen. Dass das sozusagen eine sexuell vorbereitende Handlung sei und mein Vater deshalb so ausrastete.

»Das hätte sie mir ja auch vorher erklären können«, dachte ich. Sie war ja schließlich dabei gewesen, als ich mein Geschenk auspackte. Ich hatte mir nichts dabei gedacht. Rosenduft verbinde ich seither mit Schmerzen. Und wen wundert es, dass in meiner Küche weder ein Fleischklopfer noch große Messer zu finden sind?

Als ich fertig war, frisch angezogen und gekämmt, fuhr mich mein Vater, der wie ausgewechselt war, zur Schule. Ich kam natürlich viel zu spät, platzte mitten in den laufenden Physikunterricht hinein. Tat forsch, so wie immer, wenn ich verbergen wollte, was bei uns zu Hause los gewesen war. Die Lehrer ahnten nicht, was sich hinter meiner Wildheit und Aggressivität verbarg, aber auch hinter meiner unbändigen Freude, verrückte Dinge zu tun oder auch schöne, wie Theaterspielen und Musikmachen. Normalerweise erzählte ich auch meinen Mitschülern nichts von den Dingen, die bei uns geschahen. Dieses Mal aber waren meine Finger so geschwollen, dass ich meinen Stift nicht halten konnte.

»Was ist denn mit deinen Händen«, fragte mich Joy, meine Sitznachbarin.

Da brach ich in Tränen aus. Draußen vor der Klassenzimmertür offenbarte ich mich ihr.

Es war nicht so, dass sich dadurch etwas geändert hätte, damals noch nicht. Das Entsetzen und das Mitleid meiner Mitschülerin halfen mir nicht weiter. Mir wurde klar, dass jemand, der selbst so etwas nie erleben musste, sich nicht in meine Situation hineinversetzen konnte. Und ich wollte nicht »die mit dem durchgeknallten Vater« sein, die regelmäßig verdroschen wurde und die man bedauerte. Das Schlimme an körperlicher Gewalt ist ja neben den Schmerzen und den Verletzungen diese abgrundtiefe Demütigung, die mit ihr einhergeht. Nur so ist zu verstehen, warum Frauen, die körperlicher Gewalt ausgesetzt sind, so lange durchhalten und ihre Ehemänner decken, lieber lügen als sich als hilfloses Prügelopfer zu outen. So ging es auch mir damals: Ich wollte dazugehören wie alle anderen auch, und darum tat ich gut daran, so zu tun, als sei bei uns alles in Ordnung. Und immer wieder war es das ja auch. So kam es, dass ich meinen Freundinnen nicht widersprach, wenn sie mal wieder von meinem »coolen Vater« schwärmten.

8

Vom Mädchen zur Frau – ein Vater sieht rot

An dem Tag, als meine Kindheit endete, gab es mein Lieblingsgericht: grüne Bohnen mit Tomaten, Lammfleisch und Kartoffeln. Ich teilte das Essen aus. Es war ein warmer Frühlingstag, und ich trug ein lachsfarbenes, ärmelloses T-Shirt mit einem kleinen Kragen, das unter den Achseln ein bisschen ausgeschnitten war. Wir hatten noch nicht einmal mit dem Essen begonnen, als mein Vater abrupt aufstand und Elke bedeutete, mit ihm hinauszugehen. Ich hörte die beiden draußen miteinander reden und ahnte bereits Schlimmes. Nach kurzer Zeit kam Elke wieder herein.

»Dein Vater will«, erklärte sie, »dass du dieses aufreizende T-Shirt sofort auszieht und nie wieder trägst. Man kann ja alles sehen, so von der Seite ...«

Peinliches Schweigen. Mourad warf meinem T-Shirt einen kurzen, entsetzten Blick zu, dann starrte er auf seinen Teller. Auch die fünfjährige Meli sah neugierig auf meine kleinen Brüste und versuchte offenbar herauszufinden, was so schlimm an meinem T-Shirt war. Mir wurde ganz heiß, so sehr schämte ich mich bei dem Gedanken, dass mir mein Vater unter das Hemd geschaut hatte und dass man vielleicht tatsächlich etwas Verbotenes sehen konnte. Rasch ging ich hoch in mein Zimmer und zog ein anderes Oberteil an.

Warum hatte mich Elke nicht schon vorher darauf hingewiesen? Ich trug das T-Shirt doch schon den ganzen Morgen! Ein Wort von ihr, und ich hätte das Ding nie wieder angezogen. Nun aber wurde dieses T-Shirt für meinen Vater zum Anlass, mein gesamtes Leben umzukrempeln. Auf einmal gab es neue Regeln für mich, vor allem, was meine Kleiderordnung betraf. Ärmellose T-Shirts waren tabu, ebenso alles Schulterfreie. Und dann hatte mein Vater wieder einmal eine seiner grandiosen Ideen: »An Pfingsten gehst du zu Suheila halla«, bestimmte er. »Deine Tanten sollen dir beibringen, wie sich eine anständige muslimische Frau benimmt!«

Ich mochte meine Tanten, auf Arabisch »halla«, gerne, doch mit zwölf Jahren konnte ich mir lustigere Pfingstferien vorstellen als muslimischen Benimmunterricht.

Nach dem Tod meiner Oma hatten sie begonnen, Kopftücher zu tragen, was vorher nicht der Fall gewesen war, und zwar immer, auch bei sich zu Hause, was eigentlich nicht vorgeschrieben ist.

Suleiha halla war meinem Vater schon immer sehr ähnlich gewesen, und sie galt als besonders klug. Später wurde sie eine der ersten Kindergärtnerinnen mit Kopftuch in Deutschland. Seit einiger Zeit pflegten sie und ihre Schwestern, die andauernd zusammensteckten, scherzhaft zu sagen, ich bekäme »kleine Pflaumenbusen«, und überhaupt redeten die Frauen aus der Familie meines Vaters in der Küche unbefangen über ihre eigenen oder fremden Brüste, machten deftige Andeutungen und stellten Vergleiche an. Für mich stand diese Offenheit in krassem Gegensatz zu dem Theater, das mein Vater zu diesen Themen veranstaltete.

Das Pfingstwochenende bei Suheila halla, bei dem natürlich auch meine anderen Tanten zugegen waren, ließ ich geduldig über mich ergehen. Zum Glück wohnte eine meiner Freundinnen in derselben Straße, und so verbrachte ich bei schönem Frühlingswetter die meiste Zeit draußen mit Isa, statt mit den Tanten drinnen. Was mir diese dennoch mit auf den Weg zu geben versuchten, waren für mich ziemlich sinnlose Verhaltensregeln: Dass man als Frau weder mit gespreizten noch mit übergeschlagenen Beinen dasitzen durfte, zum Beispiel. Dass man die Beine nicht baumeln lassen sollte. Warum, das wurde mir nicht erklärt. Und wenn ich darüber nachdachte und selbst darauf kam, dass dies alles wohl irgendwie mit Sex in Verbindung stehen könnte, dann hieß es: »Meine Güte, hast du verdorbene Gedanken!«

Suheila halla zeigte mir auch, wie man die rituellen Waschungen vollzieht, das traditionelle *Wudhu*. Zuerst wäscht man sich das Gesicht, dann die Hände bis hinauf zum Ellbogen. Danach benetzt man sich den Kopf. Und schließlich wäscht man die Füße bis zu den Knöcheln. All diese Handlungen vollzieht man dreimal hintereinander.

Mir gefiel das gut; diese Waschung empfand ich wie eine Meditation, und sie in aller gebührenden Ruhe zu vollziehen, beruhigte mich. Doch da ich meinen Vater nie dabei sah, wie er sie selbst vollzog, machte auch ich sie nicht zu einer täglichen Routine. Schließlich duschte ich täglich.

Ich glaube, meine Tante war selbst ein bisschen ratlos darüber, was sie mir, dem »verlorenen Kind«, das nach dem Willen meines Vaters ja nicht einmal ein Kopftuch tragen sollte, eigentlich beibringen sollte. Auch waren sie und ihre Schwestern selbst nicht besonders gläubig, niemanden im Haus meiner Großeltern sah ich je einen Gebetsteppich ausrollen oder die Gebete sprechen. Dennoch zeigten sie mir auch, wie man das macht. Danach besannen sich die Schwestern meines Vaters auf das, was sie am besten konnten: auf all die hausfraulichen Pflichten, die ohne Zweifel eines Tages auch auf mich zukommen würden. Für meine Tanten bestanden die Tugenden einer guten muslimischen Frau in ihrer Fähigkeit, zu kochen und ihrem Mann alle Wünsche von den Augen abzulesen, hinter ihm herzuräumen und ihn stets zu bedienen. Das war mir im Grunde nicht neu. Schon von klein auf hatte ich gelernt, türkischen Tee zu kochen, und servierte ihn von früh bis spät meinem Vater und seinen Gästen. Ähnlich war es mit bestimmten türkischen Snacks, die mein Vater erwartete, sobald er das Haus betrat: geschnittene Zwiebelringe, Tomaten, Paprika und anderes, fein aufgeschnittenes Gemüse mit türkischem Fladenbrot, Oliven, Schafskäse und Joghurt in kleinen Schälchen. Kaum hörten wir die Wohnungstür, stürzte ich auch schon in die Küche, um ihm dies frisch zuzubereiten. Auch das unaufgeforderte Leeren der Aschenbecher gehörte zu meinen Pflichten, sowie das Servieren der Teegläser, wenn Besuch da war. Ich war gut in diesen Dingen und erledigte das alles gerne und schnell – schließlich wusste ich, dass es ein Donnerwetter geben würde, wenn ich in dieser Hinsicht etwas versäumte. Aber ich wusste auch, dass ich meinem Vater mit diesen kleinen Liebesdiensten eine Freude machen konnte.

An jenem Pfingstwochenende beschlossen meine Tanten, dass ich lernen sollte, wie man *Lahmacun* zubereitet, die türkische Variante einer Pizza. Das war alles kein Problem für mich, hatte ich doch schon Tausende Male zugesehen, wie meine Oma das machte. Doch als es daranging, die mit einer klebrigen Masse aus Hackfleisch, Zwiebeln, Tomaten und scharfen Gewürzen bestrichenen Fladen in den Ofen zu befördern, sorgte ich für großes Gelächter und gerunzelte Stirnen: Statt sie einfach auf einem Blech in den Ofen zu schieben, bestanden meine Tanten darauf, dass man sie mit einem gewissen Schwung aus dem Handgelenk in den Ofen werfen müsse, eine Technik, die sie perfekt beherrschten. Als die Reihe an mir war, meinen Fladen im Backofen zu platzieren, landete er als zermatschter Klumpen ganz hinten in der Ecke des Backofens, wo er kleben blieb. Ich fürchte, meine Tanten sahen dies als ein schlechtes Omen; es bestätigte sie in dem, was sie »schon immer gewusst« hatten: Ich war ein »verlorenes« Kind. Zum Abschluss des Wochenendes schenkte mir Tante Suheila meinen ersten BH; offenbar fand sie, dass zum Erwachsenwerden auch das gehörte.

Es blieb bei diesem einen Wochenende, danach vergaß mein

Vater den muslimischen Benimmunterricht offenbar wieder. Doch war es nur eine Ruhepause, und jedes Mal, wenn mein Vater erkannte, dass ich mich vom Kind zu einer jungen Frau entwickelte, kam es zu Krisen. Oft gab es Schläge, und bei einer dieser Gelegenheiten, als mein Vater beim Prügeln meine Bluse zerriss, entdeckte er, dass ich den BH trug, den mir meine Tante geschenkt hatte.

»Was?«, schrie er außer sich vor Zorn. »Du kleine Hure trägst jetzt schon einen Büstenhalter?! Wer hat dir das erlaubt?«

Er geriet in eine solche Wut, dass er in die Küche ging und einen metallenen Kartoffelstampfer auf der Herdplatte heiß machte.

»Jetzt wirst du sehen«, schrie er, »was ich mit dir mache. Ich werde deine kleinen, verdorbenen Brüste mit diesem Brandeisen zeichnen, damit keiner dich mehr anschauen mag. Dann ist vielleicht Ruhe.«

Ich weiß nicht mehr, wie wir es abwenden konnten, dass er diese Drohung in die Tat umsetzte. Es reichte völlig, dass er mir mit dem heißen Eisen eine fürchterliche Angst einjagte.

Mein Vater dachte sich immer neue Vorschriften für mich aus. Vor allem sollte ich keinen Umgang mehr mit Jungen haben.

»Ja aber«, protestierte ich, »wie soll das denn gehen? In meiner Klasse sind nun mal Jungs!«

Also sollte ich nach der Schule sofort nach Hause kommen. Besuche bei meinen deutschen Freundinnen sah er nicht mehr gerne, und über Nacht bei ihnen zu bleiben, wie es vorher durchaus vorgekommen war, wurde nun überhaupt nicht mehr geduldet.

»Können die nicht herkommen?«, war seine ständige Rückfrage, wenn ich ihn um Erlaubnis bat. Und er gewöhnte es sich an, meine vollkommen unschuldigen Bitten in ein komisches Licht zu rücken: »*Was* wollt ihr? Spielen?«, konnte er dann mit zweideutigem Unterton und anzüglichem Grinsen sagen. »Was für Spiele sollen denn das sein, die du mit deinen Freundinnen machst?« Auf diese Weise verwirrte er mich in jenen Jahren oft und machte, dass ich mich schuldig fühlte, ohne zu wissen, wofür eigentlich.

In diesem Jahr fuhren wir wieder einmal alle zusammen in die Türkei zu den Verwandten meines Vaters. Mein Großvater Abit war ein Jahr nach dem Tod meiner Großmutter auch verstorben. Er war zurück in die Heimat gegangen und hatte eine blutjunge Frau geheiratet. Man erzählte, dass er immer sehr müde war, so als hätten ihn die Jahre in Deutschland alle Kraft gekostet. Eines Tages schlief er während der Feldarbeit auf seinem Traktor ein. Er fiel herunter und wurde von seinem eigenen Traktor überfahren.

Auf dieser Reise lernte ich eine meiner Großtanten kennen, jene Schwester meiner Großmutter Halima mit den roten Haaren und goldenen Zähnen, die von allen als Hexe verschrien war und zu Familienfesten nicht eingeladen wurde. Es war bei dieser Gelegenheit, dass ich die beiden Zaubersteine von ihr bekam, während mein Vater vor der Hütte wartete und nicht wagte, mir diesen Kontakt zu verbieten.

Damals sah ich auch kurz meinen Großvater mütterlicherseits, Salihas Vater, wenn auch nur von fern. Es war auf dem Souk von Aleppo, wir hatten uns mit einem der Brüder meiner Mutter verabredet, mit Onkel Sali, der von sanftem Gemüt war und, so erzählte mir später Mourad, meine Mutter sehr unterstützt hatte, als mein Vater sie damals im Stich gelassen hatte. Ich glaube, der Grund unseres Treffens auf dem Souk in Aleppo war Geld, das mein Vater Onkel Sali für meine Mutter übergab. Ich fand ihn sehr nett, er war herzlich und drückte mich zum Abschied fest an sich.

Auf einmal zupfte mich mein Vater am Ärmel und zeigte in eine bestimmte Richtung. Dort stand ein älterer Mann, schmal und schlank, ganz in Weiß gekleidet und mit einem weißen

Turban. Er war eine würdevolle Gestalt, und obwohl er weit entfernt von uns stand und uns nicht bemerkte oder nicht bemerken wollte, fiel mir auf, dass er leuchtend blaue Augen hatte.

»Das ist dein Opa«, sagte mein Vater. Leider kam es nicht in Frage, ihn zu grüßen oder gar anzusprechen. Auch ein Besuch bei meiner Mutter war undenkbar. Durch die wenigen abfälligen Bemerkungen meines Vaters über Saliha kam ich gar nicht auf die Idee, mir das zu wünschen. Und jetzt, da ich von Tag zu Tag weniger Kind war, drohte mein Vater immer wieder mit Sätzen wie: »Wenn du dich nicht benimmst, schicke ich dich zu deiner Mutter zurück. Die sucht dann einen Ehemann für dich.« Klar, dass ich darauf keine Lust hatte. Und so blieb es bei diesen wenigen kurzen Blicken auf diesen imposanten, weißgekleideten Großvater, den kennenzulernen nicht möglich war.

Als ich dreizehn war, bekam ich meine erste Regel. Da ich klein und zierlich war und offenbar an Eisenmangel litt, wie viele Mädchen in der Pubertät, passierte es mir nun ab und zu, dass ich ohnmächtig wurde. Als dies zum ersten Mal geschah, fand ich mich nackt unter der kalten Dusche wieder. Mein Vater hatte mich in den ersten Stock getragen, ausgezogen und unter die Dusche gepackt. Ich schämte mich vor meinem Vater und fand es alles andere als normal, dass er mich splitternackt auszog, während ich nichts davon mitbekam.

Einmal erzählte ich meiner Tante Suheila davon.

»Da hast du aber Glück gehabt«, sagte sie zu meinem großen Erstaunen. »Deine Tante Amina hat er als junges Mädchen nämlich fast umgebracht, als sie einmal wegen ihrer Periode ohnmächtig wurde.«

»Wieso denn das?«, wollte ich wissen.

»Weil er dachte, wenn eine Frau ohnmächtig wird, dann ist sie schwanger. Das musst du dir mal vorstellen: Du fällst um und wachst davon auf, dass dein Bruder auf dir herumtrampelt!«

Ja, da war ich tatsächlich froh, dass mein Vater inzwischen gelernt hatte, dass es auch andere Gründe für eine Ohnmacht geben konnte.

Da er mir strenge Vorschriften für meine Kleidung machte, entschloss ich mich nach einer Weile, dass ich ein Hippiemädchen werden würde. Das war für mich der Ausweg, einen eigenen Stil für mich zu erfinden und den Forderungen meines Vaters Genüge zu tun: lange schlabbrige T-Shirts und Hemden, orientalische Teppichtaschen, Schlaghosen und lange Röcke, langärmelige, bestickte Blumenmädchen-Blusen. Als Hippiemädchen konnte ich mich cool kleiden, ohne aufreizend zu sein. Ich konnte Tee servieren und Räucherstäbchen anzünden.

Und dennoch, mein Vater gewöhnte sich an, mich streng zu überwachen und herauszufinden, ob ich mich an seine neuen Regeln auch wirklich hielt. Dafür testete er mich immer wieder, und noch heute reagiere ich sehr empfindlich darauf, wenn das jemand mit mir macht.

Eine seiner neuen Regeln besagte, dass ich nicht mehr auf Partys gehen durfte. Einmal machte er wegen eines Schulfestes eine Ausnahme. »Aber um Punkt zehn Uhr bist du zu Hause!«, schärfte er mir ein. Ich ahnte nicht, dass dies einer seiner Tests war.

Ich versprach es und hatte auch fest vor, mich daran zu halten. Doch dann vergaß ich die Zeit. Ich stand mit einem Mitschüler im Hof und unterhielt mich mit ihm. Es war kühl, und er gab mir seine Lederjacke, damit ich nicht fror. Dieser Junge war nichts weiter als ein guter Freund, einer, der mit allen Mädchen gut auskam. Auf einmal höre ich ein komisches Geräusch, wie wenn jemand mit der Zunge schnalzt. Ich blickte mich um. Mein Vater stand ganz in der Nähe, verborgen hinter einem Gebüsch. Ich erschrak zu Tode, wusste schon jetzt, was mir blühte. Ohne ein weiteres Wort knallte ich dem Mitschüler, der meinen Vater nicht bemerkt hatte, die Lederjacke hin und rannte los.

Aus der Sicht meiner Freunde war das natürlich ein unmögliches und unverständliches Verhalten, einfach so davonzulaufen, ohne sich zu verabschieden. Sie konnten ja nicht ahnen, welche Panik der Anblick meines Vaters in mir ausgelöst hatte. Ich rannte zur Haltestelle, doch der Bus, den ich hätte nehmen sollen, war schon abgefahren. Mein Vater schloss zu mir auf.

»Komm«, sagte er, ruhig, doch mit einem gefährlichen Klang in der Stimme. »Hier drüben ist mein Wagen.«

»Was ist denn, Papa?«, fragte ich so harmlos wie möglich. »Warum holst du mich denn ab? Es ist doch noch gar nicht so spät! Ich wäre ja gleich gekommen …«

Wir stiegen in sein Auto, und je mehr ich versuchte, mich zu rechtfertigen, desto heftiger trat mein Vater auf das Gaspedal. Daran konnte ich erkennen, wie aggressiv er bereits war. Und ich hasste mich selbst, wenn ich mich so demütig gab und im Grunde nichts anderes tat, als um Gnade zu flehen.

Als wir aus dem Auto stiegen, musste ich auf ihn warten, auch das war eine eiserne Regel. Ich durfte nichts sagen ohne seine Genehmigung, ich durfte mich außer Haus nur bewegen, wenn er es sagte. Wie sehr genieße ich es heute, schon mal die Tür aufzuschließen und voranzugehen. Jemanden einmal nicht zu beachten. Doch damals musste meine hundertprozentige Aufmerksamkeit auf meinen Vater gerichtet sein. So sah ich, wie er einen schwarzen Gummiknüppel aus dem Kofferraum holte. Er hatte zwei Varianten von diesen Schlagwaffen: einen langen, schwarzen Gummiknüppel und einen Teleskop-Schlagstock. Diesmal holte er den Gummiknüppel heraus. Als ich den sah, begann ich zu winseln. »Nein!«, wimmerte ich, »bitte nicht!« Und doch wusste ich, dass es mir nichts nützen würde.

An der Haustür war es so, wie es schon damals gewesen war, als ich bei jenem Anwalt zu viel gequasselt hatte und mein Vater mir ankündigte, er werde mir die Zunge abschneiden: Ich musste immer dicht hinter meinem Vater bleiben und warten, bis er die Tür aufschloss. Obwohl ich wusste, was mich erwartete, oder es zumindest ahnte, lief ich niemals weg, denn mir war klar, es hatte keinen Zweck. Mein Vater würde mich einfangen und mich nur noch schlimmer bestrafen.

Kaum war ich ihm in den Flur gefolgt, fuhr er herum und schlug mir mit dem Gummiknüppel von hinten gegen die Beine, sodass ich einknickte und mit dem Gesicht voraus hinfiel. Immer weiter prügelte nun mein Vater auf meine Beine ein, auf meine Oberschenkel und den Po. Ich habe keine Erinnerung mehr daran, wie das weiterging; wie so oft bei den Bestrafungsorgien meines Vaters weiß ich noch, wie es dazu kam und wie es begann, doch dann ist alles wie ausgelöscht, und ich kann nicht mehr sagen, wie lange es dauerte, wann es aufhörte und vor allem, was danach geschah. Ich kann mich nur noch an meine Verletzungen erinnern: riesige Blutergüsse, die zu dicken, wulstigen, streifenförmigen Beulen anschwollen. Und an die Schmerzen, die mich noch viele Tage lang an diese Schulfeier und ihr abruptes Ende erinnerten.

Ich war nicht die Einzige in unserer Familie, die von meinem Vater verprügelt wurde, auch mein Bruder Mourad und Elke blieben davor nicht verschont. Die einzige Ausnahme bildete unsere kleine Schwester Meli, die für meinen Vater eine Art Engel oder Prinzessin war und seine Gewalt nicht zu spüren bekam. Sie wurde allerdings oft genug Zeugin der Gewaltexzesse und entwickelte Tics und Auffälligkeiten, was ich traurig und voller Sorge beobachtete.

In den Jahren meiner Pubertät war ich es, die im Fokus der Aufmerksamkeit meines Vaters stand und die er am meisten quälte. Erst viel später begann ich darüber nachzudenken, dass mein Vater mich möglicherweise auch aufgrund eines verqueren Gefühls der enttäuschten Liebe oft so schwer misshandelte. Wie bei jener Geschichte mit den Zwiebelringen:

Es war an einem ganz gewöhnlichen Abend. Mein Vater kam

gutgelaunt von der Arbeit nach Hause. Wie immer wollte er seinen Snack serviert bekommen – nur dass ich an jenem Abend keine Lust dazu hatte. Ich saß in meinem Zimmer, war mit irgendetwas beschäftigt und dachte: »O nein, jetzt schon wieder dieser Küchenscheiß!«

Doch ein Nein gab es für meinen Vater nicht. Also ging ich in die Küche, bereitete ihm so schnell wie möglich seine Zwiebelringe und alles andere vor, etwas, was ich schon Hunderte oder Tausende Male für ihn gemacht hatte, und stellte ihm alles hin. Ich war schon wieder auf dem Weg zurück in mein Zimmer, als er mich rief, mit diesem Ton, den ich nur zu gut kannte, und der dafür sorgte, dass sich mein Bauch schmerzhaft zusammenkrampfte.

»Komm mal her.«

Ansatzlos nahm mein Vater die Schälchen, die ich ihm gerade hingestellt hatte, und schleuderte eines nach dem anderen gegen die Wand. Gegen die Fensterscheibe. Gegen die geschlossene Küchentür. Es regnete Tomatenstücke, Paprikastreifen, Oliven, Käsestücke. Es regnete Zwiebelringe, die mochte mein Vater am liebsten.

»Was ist denn? Was hab ich getan?«

Da war es wieder, dieses Wimmern, der weinerliche Ton, für den ich mich schämte, ja, verachtete, die Stimme, die nicht meine war, die Angstschreie, die eine andere in Todesfurcht ausstieß – denn jetzt konnte alles passieren, alles.

Er wollte, dass ich selbst herausfand, was ich falsch gemacht hatte. Ich hatte keine Ahnung. Er schlug mir mit der flachen Hand mehrmals hart auf den Mund, was damals besonders weh tat, weil ich eine feste Zahnspange trug und sich die Drähte von innen in meine Lippen bohrten und sie aufrissen. Dann schlug er wie besinnungslos auf mich ein. Packte mich, schleuderte meinen Kopf viele Male gegen die Wand, bis kleine weiße Sterne vor meinen Augen zu explodieren begannen und meine Nase derart wehtat, dass ich fürchtete, sie sei gebrochen.

Er ließ ab von mir, und ich stürzte zu Boden, versuchte von ihm wegzurobben, meinen Kopf zu schützen. Es war nur eine kurze Pause, in der mein Vater in die Küche ging, um das große, schwarze Messer zu holen, das so oft Bestandteil einer Bestrafungszeremonie war. Schon war er wieder da, riss mich herum, dass ich auf dem Rücken zu liegen kam, kniete sich über mich, fixierte meine Ellbogen mit seinen Knien, sodass ich mich nicht wehren, nicht schützen konnte.

»Du liebst mich nicht«, schrie er mich an. »Sonst würdest du mir so etwas nicht antun.«

Es waren die Zwiebelringe, so viel verstand ich nach und nach aus seinem Wüten. Ich hatte sie nicht fein genug geschnitten. Mein Vater maß meine Zuneigung zu ihm daran, wie grob ich die Zwiebelringe schnitt. Heute hatte ich sie zu dick geschnitten. Und darum liebte ich ihn nicht. Ich hatte nicht die Zeit und Energie investieren wollen, um ihm perfekte Zwiebelringe zu servieren. Nicht einmal so viel war er mir wert. Er, der mich unter eigenen Entbehrungen mit nach Deutschland genommen hatte, damit ich in einer zivilisierten Umgebung aufwachsen, die Schule besuchen und etwas aus mir machen konnte, ich dankte es ihm auf diese Weise. Und während er mir all dies entgegenschleuderte, fuchtelte er mit dem Messer vor meinem Gesicht herum, spuckte mich an, verrieb mit der Hand seine Spucke mit dem Blut, das mir aus der Nase lief, holte mit dem großen schwarzen Küchenmesser aus und rammte es dicht neben meinem Kopf in den Fichtenholzboden. Einmal. Zweimal. Dreimal. Unzählige Male, und jedes Mal näher an meinem Gesicht. Dann schnitt er sich selbst in die Hand und spritzte sein Blut durch die Gegend, sodass wir später die Spuren an den weißen Wänden fanden. Er ließ es auch auf mich heruntertropfen, verrieb es auf mir, schreiend, weinend.

»Du liebst mich nicht!«

»Doch, Papa, ich liebe dich. Glaub mir, bitte, ich liebe dich.«

»Nein, du liebst mich nicht.«

Ich versuchte, Augenkontakt mit ihm herzustellen, denn ich wusste, manchmal holte ihn das aus seinem Wahnsinn zurück in die Wirklichkeit. An jenem Abend gelang es mir nicht. So sehr ich auch suchte, ich konnte seinen Augenstern nicht finden, den Funken, der meinen Vater ausmachte. Es war, als hätte ein Dämon von ihm Besitz ergriffen, der ihn gefangen hielt.

Wie lange ging das so? Wie oft rammte er das Messer in den Holzfußboden? Später legten wir Teppiche und Läufer über die Scharten. Überstrichen die Wände wieder mit weißer Farbe. Und genauso, wie wir die Messerschäden im Holztisch, die bei anderen »Gelegenheiten« entstanden, unter hübschen Deckchen verbargen, so hatten wir im Badezimmerschrank eine spezielle Abdeckcreme, mit der wir unsere blauen Flecken überschminkten. Auch als sie über die Jahre begann, ranzig zu riechen, erfüllte sie noch immer ihren Zweck.

Wie so häufig während einer solchen Bestrafungsaktion, bestellte er irgendwann seine gesamten Brüder ein. Er erklärte ihnen, was ich verbrochen hatte. Und wollte von ihnen wissen, ob ich es ihrer Meinung nach verdient hatte, noch weiterleben zu dürfen. So als bräuchte er Bürgen für mich, die für mich einstanden. Manchmal wollte er auch von seinen Brüdern wissen, ob ich ihrer Meinung nach in der Türkei verheiratet werden sollte. Meine Onkel beruhigten ihn in der Regel. Ich konnte fast ihre Gedanken lesen, die ungefähr so lauten mussten: »Mann, ich hab keinen Bock auf diesen Scheiß. Aber wenn die Kleine dadurch weiter am Start bleiben kann, dann spiel ich halt mit.«

Sie bürgten für mich, beruhigten ihren ältesten Bruder, und oft war es damit getan. An einem anderen Abend aber bestellte mein Vater meine Onkels ein, damit sie mich bespuckten, einer nach dem anderen. Und sie taten es, bis auf einen. Der brach in Tränen aus und weigerte sich. »Ich will das nicht. Ich kann das nicht«, schluchzte er. Mir liefen der Rotz und die Spucke von all meinen anderen Onkeln und von meinem Vater übers Gesicht.

»Stell dich vor den Spiegel, du verrottetes Stück Scheiße, und sieh dich an!«, schrie mein Vater.

Und ich stellte mich vor den Spiegel.

»Sieh dich an! Sieh dich ganz genau an, du Strafe Gottes. Du von Gott gefickte Hure. Du Schwein. Du Dreckschwein. Schau, was aus dir geworden ist!«

Und ich gehorchte, stand vor dem Spiegel und betrachtete mich. Ich roch den fremden Rotz und den eigenen, fühlte, wie alles zu einer klebrigen Kruste auf meinem Gesicht trocknete. Ich wich nicht aus, ich sah mich an, war mir der Demütigung bewusst, ohne etwas dabei zu fühlen. Die Gefühle kamen erst viel, viel später.

Oft feierte mein Vater diese Bestrafungsorgien, als seien sie die Performance eines Künstlers. Es schien meinem Vater eine riesige Freude zu bereiten, sich für uns jedes Mal eine andere originelle Bestrafung auszudenken, wenn wir sie seiner Meinung nach verdient hatten. Er entwickelte darin eine gewisse Kreativität und schien das zu genießen. Manchmal zog er, während wir warteten, in aller Ruhe noch eine »Line« Kokain, legte eine Schallplatte auf und drehte die Musik laut, ging im Zimmer auf und ab, um die möglichst perfekte Strafprozedur zu entwickeln. Manchmal schob er Möbelstücke beiseite, stellte die Einrichtung um, damit er mehr Platz zum Ausholen hatte. Die Zeitspanne zwischen der Ankündigung einer Bestrafung und ihrer Durchführung dehnte sich für uns dann ins Unermessliche. Ebenso wuchs die Angst, denn nie konnte man wissen, was er dieses Mal vorhatte. Nur eines schien sicher: Es wurde von Mal zu Mal schlimmer.

9

Die Nebenfrau

Es war nach einem wunderschönen Pfingstwochenende im Jahr 1994, das Elke, meine Geschwister und ich mit Ma und Pa in Holland verbracht hatten: Fahrradfahren am Meer, einen Ausflug zu einem Erlebnispark, abends machte Manfred ein Feuer im Kamin – entspannte Stunden, die wir alle sehr genossen.

Als wir am Sonntagnachmittag nach Hause kamen, öffnete unser Vater die Tür. Und sofort sah ich ihm an, dass irgendetwas passiert war. Alles an seiner Haltung, seiner Miene, drückte diese gewisse Mischung aus schlechtem Gewissen und Nervosität aus, die er immer dann an den Tag legte, wenn er etwas mit einer anderen Frau am Laufen hatte. Wie ein Kind, das gestohlen hat – gelinde ausgedrückt.

Auch seine gespielte gute Laune bei der Begrüßung stimmte mich misstrauisch, und auf der Terrasse fand ich dann auch den Grund für das verräterische Verhalten meines Vaters: Eine wunderschöne, sehr junge Frau hing ganz bleich und zusammengekrümmt auf einem Gartenstuhl.

»Wir haben Besuch«, rief mein Vater. »Kommt, sagt alle Guten Tag zu Leyla aus Marokko!«

Ich musterte Leyla. Sie wich meinem Blick aus. Sie war wirklich sehr hübsch, hatte Haare, die ihr bis zum Po reichten, große braune Rehaugen und einen makellosen Teint. Jetzt allerdings war sie leichenblass.

»Geht es dir nicht gut?«, fragte ich. »Möchtest du etwas trinken?«

Sie nickte nur.

»Ihr ist ein bisschen schlecht«, sagte mein Vater leichthin. »Bald geht es ihr wieder besser.«

Ich brachte Leyla einen Orangensaft, sah mich genauer in der Wohnung um und inspizierte auch meinen Vater. Er trug zu seiner Hose nur ein weißes Unterhemd, und ich entdeckte blutige Katzer auf seinen Oberarmen und dem Rücken. Während uns die beiden die Story erzählten, die sie sich zurechtgelegt hatten, ging mein Vater nervös auf der Terrasse auf und ab und warf Leyla immer wieder Blicke zu, damit sie auch ja nichts Falsches sagte.

Die beiden hatten sich beim Busfahren kennengelernt. Seit mein Vater Busfahrer war, lernte er alle möglichen Leute kennen, vor allem Frauen. Leyla erzählte stockend, dass sie als Au-Pair-Mädchen bei einer deutsch-marokkanischen Familie in Düsseldorf lebte, sich dort aber nicht wohlfühlte.

»Kann sie nicht bei uns wohnen?«, fragte mein Vater zu Elke gewandt, so als würde ihm diese Idee gerade einfallen.

»Warum nicht?«, antwortete sie. Das war typisch Elke. Sie sagte nie Ja oder Nein, verwendete lieber ausweichende Formulierungen wie »warum nicht« oder »mal sehen«. Auf diese Weise überließ sie alle Entscheidungen doch meinem Vater, selbst wenn er sie so direkt fragte.

In der Küche sagte ich zu ihr: »Hast du eigentlich die Kratzspuren auf seinen Armen und dem Rücken gesehen? Das solltest du dir mal anschauen. Woher hat er die, deiner Meinung nach?«

Doch Elke gab mir darauf keine Antwort.

Ich ging in mein Zimmer unten im Keller. Davor befand sich eine Art Abstellraum, und dort entdeckte ich Bettlaken, die voller Blut waren. Und nicht nur ein bisschen Blut, sondern richtig viel. Damals konnte ich mir noch keinen Reim darauf machen und war sehr erschrocken. Erst viel später habe ich verstanden, dass während unseres Pfingsturlaubs bei den Großeltern in unserem Haus offensichtlich eine Defloration stattgefunden hatte.

Bislang hatte mein Vater seine Affären stets außer Haus ausgelebt. Dass er sich nun eine andere Frau ins Haus holte, das war neu. Ich fand das ungeheuerlich, und noch weniger konnte ich verstehen, dass Elke das alles einfach so gutgelaunt hinnahm.

Am Tag danach wurde ich Zeugin einer seltsamen Szene, die ich ebenfalls erst viel später deuten konnte. Damals ergab das alles gar keinen Sinn für mich. Wir erhielten Besuch von Mohamed, einem entfernten Cousin meines Vaters, der aus demselben Dorf kam, in dem auch mein Vater aufgewachsen war. Gemeinsam mit Elke hatte Hamid diesen Cousin eines Nachts in einem einsamen Waldstück irgendwo an der Grenze abgeholt und illegal nach Deutschland eingeschleust. Und diesem Mohamed übergab mein Vater nun die blutigen Bettlaken.

»Siehst du«, sagte mein Vater, »sie war noch Jungfrau. Du kannst es bezeugen.«

Mohamed schaute erschrocken. Er hatte eine Plastiktüte in der Hand, in die stopften die beiden die Laken.

»Ja«, sagte Mohamed, »sie war Jungfrau. Aber Cousin, du hast doch schon eine Frau.«

»Na und?«, meinte mein Vater.

»Und die weiß nichts von der Zweitfrau ...«

Nein, Elke wollte nichts von der »Zweitfrau« wissen, sie ignorierte einfach das Offensichtliche. Und so kam es, dass Leyla, das neunzehnjährige Au-Pair-Mädchen aus Marokko, bei uns einzog und sich mit meiner kleinen Schwester Meli das Zimmer teilte. Sie sprach Arabisch und Französisch, und mein Vater erzählte jedem, der es hören wollte, wie froh er darüber sei, dass er nun sein Arabisch auffrischen könnte. Mir half Leyla manchmal bei meinen Französischaufgaben. Tatsächlich aber hatten die beiden in Arabisch ihre eigene Sprache, die keiner von uns anderen beherrschte, und konnten sich ungestört unterhalten. Und ich fragte mich oft, was zwischen den beiden vor sich ging.

In diesem ersten Sommer nahmen Mourad und ich Leyla einmal mit zum Baden. Wir fuhren auf unseren Fahrrädern, und Leyla trug ein hübsches Sommerkleid, ihre herrlichen Haare wehten im Wind, und überall hupten die Männer und schauten ihr nach, so schön war sie. Als wir nach Hause kamen, erzählten wir das arglos. Und ahnten nicht, was wir damit anrichteten.

Am nächsten Tag nahm mein Vater Leyla mit zu seiner jüngsten Schwester, zu Yildiz halla, die einen Friseurladen hatte. Sie war bekannt dafür, dass sie den Mädchen »die Zöpfe abschnitt« und ihnen stattdessen hässliche Frisuren verpasste, meistens viel zu kurz. Und nun kürzte sie mit dem größten Vergnügen Leylas wunderschönes langes Haar auf Kinnlänge.

Wie ein Vogel, dem man die Flügel gestutzt hatte, saß Leyla am Abend in ihrem Zimmer, das sie mit Meli teilte, und weinte. Wie eine entkrönte Königin kam sie mir vor, denn unser aller Stolz war ja damals unser prächtiges Haar.

Damals tat sie mir entsetzlich leid, und ich bereute es, dass wir überhaupt erzählt hatten, wie schön alle Leyla auf ihrem Fahrrad im Sommerkleid gefunden hatten.

Ich mochte Leyla gern, unter anderen Umständen hätten wir Schwestern sein können. Sie war sehr lustig, konnte ungeheuer albern sein; wie ein verspielter kleiner Affe tobte sie mit uns herum. Eigentlich war sie für ihr Alter schrecklich naiv, schlug verschämt die Hand vor den Mund, wenn sie lachte. Ich fühlte, wie unerfahren sie war, ahnte aber vom ersten Tag an, dass zwischen ihr und meinem Vater etwas »lief«, was nicht sein sollte. Vielleicht war mir nicht von Anfang an klar, dass Leyla eine Bedrohung für unsere Familie darstellen könnte, aber mit der Zeit wurde es doch immer offensichtlicher. Dennoch gehörte sie schon bald einfach mit dazu, sodass Meli, als sie in der Schule ein Bild von ihrer Familie zeichnen sollte, sechs Personen zeichnete und jeweils darüberschrieb, wer es war: »Papa, Mama,

Mourad, Meral und ich«, außerdem »Leyla«, und dazu schrieb sie: »Unser Besuch«.

Oft bekamen mein Bruder und ich mit, wie mein Vater »unseren Besuch«, kaum war Elke aus dem Haus, zu sich ins Schlafzimmer rief. Mourad und ich grinsten dann böse und sagten Sachen wie: »Jetzt vögeln die wieder miteinander.« Aber das fühlte sich komisch an, denn schließlich war Hamid unser Vater. Eine halbe Stunde später tauchten die beiden dann wieder auf und duschten.

Leyla konnte besser kochen als ich und bereitete meinem Vater die leckersten arabischen Gerichte zu: Hühnchen mit Safran und Rosinen, lauter Sachen, die mein Vater bei Elke vermisste. Und dann lobte er sie, und Leyla strahlte stolz, und so nett ich sie fand, desto öfter ertappte ich mich bei dem Gedanken: »Was hat sie eigentlich bei uns verloren?«

Wieder einmal war ich an Elkes Stelle wachsam, ja eifersüchtig, während ihr die Anwesenheit dieser nordafrikanischen Schönheit überhaupt nichts auszumachen schien. Leyla hatte zwar viel von ihrem ursprünglichen Zauber eingebüßt, denn mein Vater sorgte dafür, dass sie ihre schönen, femininen Kleider ablegte und genau wie Elke nur noch weite, sackartige Klamotten trug, Schlabberjeans und weite Sweatshirts, die ihre Weiblichkeit versteckten. Dennoch konnte ich mir gut vorstellen, dass mein Vater in ihr die ideale Frau sah: aus seinem Kulturkreis stammend, jung, attraktiv und ihm vollkommen ergeben.

Mein Vater wurde immer dreister. Irgendwann besaß er einen Schlüsselanhänger, auf dem »Hamid & Leyla« eingraviert war.

»Ich und Leyla werden bald heiraten«, sagte er, wie im Spaß dabei lachend, doch ich ahnte, dass in diesem Scherz zumindest ein wahrer Kern stecken musste. Dieser Satz fiel immer wieder, und eines Abends sagte er zu Elke: »Du kannst Leyla ja rausschmeißen. Wenn sie dich stört, dann schick sie einfach weg!«

Dabei wusste er doch ganz genau, dass Elke das nie wagen würde. Oder anders gesagt: Schon allein dieses »Angebot« musste bei einer vertrauensvollen Frau wie Elke, die ihren Mann abgöttisch liebte und alles glaubte, was er zu ihr sagte, jeden Argwohn zerstreuen. Sie konnte Leyla ja jederzeit wegschicken, das hatte Hamid ihr gesagt. In diesem Fall war es gar nicht nötig, es auch zu tun. Denn zeigte es nicht, dass Hamid gar nicht besonders viel an dem Mädchen lag? Und wenn dem so war, wollte Elke nicht so kaltherzig sein und Leyla, die inzwischen ohne Aufenthaltsgenehmigung illegal in Deutschland lebte, ins Unglück stürzen.

Es würde mich nicht wundern, wenn mein Vater all diese Gedankengänge und Gefühlsachterbahnen mit seinem Verhalten lenkte, und zwar in die Richtung, die ihm am angenehmsten war. Mein Vater war ein Meister der Manipulation, und so schaffte er es tatsächlich, mitten im Deutschland der Neunzigerjahre eine Ehefrau und eine Mätresse unter demselben Dach zu halten, ohne dass sich die beiden die Augen auskratzten. Was Leyla eigentlich bei uns wollte, verstand ich erst später, als sie sich mir offenbarte. Aber in diesem ersten Jahr unseres Zusammenlebens empfand ich sie als störend und lästig. Sie hatte bei uns nichts zu suchen, fand ich, und so quälte ich sie auf meine Weise mit Nichtbeachtung und unfreundlichen Worten. Am liebsten hätte ich so getan, als wäre sie gar nicht vorhanden.

Doch Leyla war da, ob ich es wollte oder nicht. Mit einer außerordentlichen Geduld schien sie die ganze Zeit auf etwas zu warten, während der sie bei uns zu Hause herumsaß, wenn sie nicht gerade im Haushalt mithalf. Doch worauf wartete Leyla? Dass Elke starb, so wie Kornelia damals? Dass Hamid mit ihr durchbrannte? Oder war es ihr Recht, für ein Bett, Essen und ein Dach über dem Kopf die heimliche Geliebte des Hausherrn zu sein? Ich verstand Leyla nicht, doch hatte ich meine eigenen Sorgen, und die nicht zu knapp. Inzwischen waren wir also drei Frauen – Meli nicht eingerechnet, die noch zu klein war und außerdem ohnehin einen Sonderstatus genoss –, die wie ängstliche Sonnenblumen ihre Köpfe samt Denken und Fühlen auf die geringsten Bewegungen meines Vaters ausrichteten, jede von uns mit anderen Ängsten und Hoffnungen erfüllt. Wenn Leylas Anwesenheit dafür sorgte, dass mein Vater weniger Aufmerksamkeit auf mich richtete, dann sollte es mir recht sein. Doch leider war dies nicht der Fall.

10

»Kennst du die Angst ...«

Das Thema, das meinen Vater in jenen Jahren am meisten beschäftigte, war der wieder aufkeimende Rechtsextremismus in Deutschland. Tatsächlich ging damals eine erste gewalttätige Welle der Ausländerfeindlichkeit durch Deutschland. Die Ereignisse in Hoyerswerda 1991, die Ausschreitungen von Rostock-Lichtenhagen im August 1992 und der Brandanschlag auf zwei türkische Familien in Mölln hinterließen Tote und Verletzte.

»Kennst du die Angst, im Schlaf zu verbrennen?«, stand auf dem Transparent, das ich gemeinsam mit meinem Vater bastelte und das er bei einer großen Demonstration stolz vor sich hertrug. In einem Fernsehbeitrag konnte man ihn sehen, wie er eine Hakenkreuzfahne verbrannte. Das machte mächtigen Eindruck auf meine Freundinnen.

Für mich hatten die Gewalttaten aber ganz konkrete Folgen: Mein Vater nahm sie zum Anlass, mich noch gründlicher zu kontrollieren und mich noch weniger aus dem Haus zu lassen. Er sagte, er habe Angst um mich. Darum fuhr er mich zu den wenigen Gelegenheiten, bei denen ich aus dem Haus durfte, und holte mich auch wieder ab. Manchmal ließ er mich auch mit dem Bus fahren, stand aber auf einmal mit dem Auto an meiner Bushaltestelle. Ich konnte nie sicher sein, wann er wo auftauchen würde, und sein Anblick machte mir mehr Angst als alles andere. Auch dies war ein Grund für mich, mir zu wünschen, dass die Gewalt gegen Ausländer ein Ende nahm, denn immer dann, wenn wieder etwas geschehen war, wurde mein Bewegungsradius aufs Neue eingeschränkt. Doch leider nahm die Radikalität gegen Immigranten nur noch zu und rückte sogar immer näher. Der Brandanschlag von Solingen 1993, bei dem fünf Menschen starben, fand für uns quasi vor der Haustür statt. Und dabei sollte es nicht bleiben.

Ich war dreizehn, als ich vor diesem Hintergrund in eine unglaubliche Geschichte geriet, die für mich unabsehbare Folgen haben sollte. Ein Junge aus unserer Klasse namens Christoph sagte eines Tages zu mir und meiner Freundin Joy: »Esst nicht so viel Schokolade, sonst werdet ihr ja noch brauner.« Uns war klar, dass dies eine politisch nicht korrekte, rassistische Anspielung war. Ein Wort gab das andere, bis mich Christoph, wohl meiner Haare wegen, als »Costa-Rica-Frau« beschimpfte. Sensibilisiert wie wir waren, wollten wir das nicht einfach so hinnehmen, auch wenn später eine meiner Lehrerinnen meinte, Costa Rica sei ein sehr schönes Land: »Wir treffen uns nachher auf dem Pausenhof«, erklärte ich dem Mitschüler in drohender Pose. Wie man das machte, das hatte ich ja zu Hause fast täglich vor Augen. »Und dann besprechen wir die ganze Sache nochmal. Ja?!«

Da bekam Christoph es wohl mit der Angst zu tun. Dabei waren Joy und ich alles andere als Schlägermädchen, vor denen man Angst haben musste. Ich stellte mir vielmehr vor, ihn verbal »fertig zu machen«, wie es sich für ein Hippiemädchen gehörte, denn darin war mir keiner so leicht gewachsen. Als wir uns nach dem Unterricht tatsächlich auf dem Schulhof trafen, war es zu unserer großen Überraschung Christoph, der ansatzlos zuschlug! Er machte mit seinem Arm den Propeller, und ehe ich mich versah, erwischte er mich mit der Faust mitten im Gesicht. Ich verlor das Bewusstsein und ging zu Boden.

Als ich wieder zu mir kam, lag ich im Schoß einer Mitschülerin, und meine Deutschlehrerin beugte sich über mich.

»Du lieber Himmel, dein Auge!«, sagte sie. »Das muss gekühlt werden.«

Und ich dachte nur: »O nein! Wenn das mein Vater sieht ...«

Alles Kühlen konnte nicht verhindern, dass mir ein dunkelviolettes Veilchen im Gesicht erblühte. Ich versuchte, meine Haare über dieses Auge zu kämmen, und schlich mich so ins Haus. Elke lief mir als Erste über den Weg.

»Du liebe Zeit!«, rief sie laut, wie es nun einmal ihre Art war. »Was hast *du* denn gemacht?«

Sofort kam mein Vater dazu, um sich mein Gesicht anzusehen.

»Was ist passiert?«, wollte er wissen.

»Ach ... nur so 'n Junge aus meiner Schule«, sagte ich leichthin, »wir haben uns gefetzt und ... ich hab ihm aber auch eine verpasst ...«

»Was war das für ein Typ? Ein Deutscher?!«

»Ja«, sagte ich zögernd, »ich glaube schon.«

Da rastete mein Vater völlig aus.

»Verdammt«, schrie er, »diese Nazi-Schweine. Haut einem Mädchen einfach ins Gesicht, nur weil sie schwarze Locken hat. Das wird Folgen haben! Wenn der nicht von der Schule fliegt, dann fliegt hier die ganze Stadt in die Luft.«

Wie ein Tiger in seinem Käfig lief mein Vater durch die Wohnung. Jeder Versuch, ihn zu beruhigen, prallte an ihm ab. Er griff zum Telefonhörer, und nach zehn Minuten hatte er die Redaktion der Lokalzeitung am Apparat. Der erzählte er, ein junger Rechtsradikaler habe in der Schule seine Tochter angegriffen. Damit hatte er die volle Aufmerksamkeit des Redakteurs und erzählte nun meine Geschichte auf seine Art. Danach rief er seine Brüder an, um ihnen zu sagen, dass sie am nächsten Morgen etwas für ihn erledigen müssten.

Mir wurde ganz schlecht. »Papa«, versuchte ich ihn zu beruhigen und Schlimmeres zu verhindern, »das wurde schon alles in der Schule geregelt! Der bekommt jetzt eine Klassenkonferenz, das ist heftig. Du musst da wirklich nicht mehr ... Wir haben uns sowieso schon wieder vertragen ...«

Paff! Mein Vater schlug mir mitten ins Gesicht. Dann packte er mich am Kinn und kam ganz nah an mein Gesicht heran.

»Vertragen?«, zischte er. »Wer ist denn das, dass du dich wieder mit ihm verträgst? Raus mit der Sprache! Wer ist er?«

»Niemand, Papa. Niemand!«

»Hast du was mit dem? Komm schon! Darum hat er dir eine gescheuert, nur deshalb nimmt er sich das raus ...«

»Nein, Papa«, wimmerte ich, »natürlich nicht, Papa ...« So ging es den ganzen Nachmittag.

Am nächsten Morgen weckte uns mein Vater früher als sonst. »Wir müssen noch deine Onkel abholen«, war seine Erklärung. Ich wusste nicht, was ich tun sollte. Wenn ich schwieg, würde gleich ein Unglück geschehen. Und wenn ich weiterhin versuchte, das Unheil, das sich auf meinen Klassenkameraden entladen würde, abzuwenden, würde ich den Zorn meines Vaters auf mich ziehen. Ohnehin glaubte er mir kein Wort.

Und so saß ich kurze Zeit später neben meinem Bruder im Fond des Autos. Wenig später stiegen meine beiden jüngeren Onkel ein. Der eine war fünfzehn, der andere siebzehn, zwei nette, eher feminin wirkende Jungs. Keiner von beiden sah so aus, als hätte er Bock auf diese Sache.

»Okay«, sagte mein Vater, »denkt daran, was ich euch gesagt habe. Ich habe mit der ganzen Sache nichts zu tun. Wenn ihr erwischt werdet, kann euch nichts passieren, ihr seid ja noch Kinder. Verstanden? Wir müssen als Familie zusammenhalten, und wenn ihr den Kerl nicht fertig macht, dann mache ich euch fertig. Klar? Und denkt an das, was ich euch immer sage: Wenn ihr etwas macht, dann macht es richtig. Wenn der Kerl nicht blutet, dann blutet ihr!«

Seine Brüder sahen ihn nicht an. Sie starrten vor sich hin

und nickten mechanisch. Ich überlegte verzweifelt, was ich tun könnte. Da fiel es mir ein: Weder mein Vater noch meine Onkel wussten, wie Christoph aussah. Ich musste nur so tun, als käme er heute gar nicht zur Schule. Erleichtert atmete ich auf.

Mein Vater parkte vor der Schule so, dass wir die Ankunft der Schulbusse im Blick hatten. Gerade kam der erste an.

»Meral«, sagte mein Vater, »welcher ist es?«

Ich sah, wie meine Klassenkameraden, einer nach dem anderen, aus dem Bus stiegen. Dort kam Christoph. Ich sagte nichts. Doch da wurde es meinem Bruder offenbar zu bunt. Er hatte schon vorher gemault, dass er keine Lust hätte, wegen mir zu spät zum Unterricht zu kommen.

»Da ist er«, sagte Mourad.

Ich biss mir auf die Lippen.

»Welcher?«, fragte mein Vater, »der mit den langen Haaren?«

»Nein«, sagte Mourad, der noch zu jung war, um zu begreifen, was er da anrichtete. »Der dahinter.«

Meine Onkel stiegen aus. Sie trugen Springerstiefel und Lederjacken. Und ich ging ihnen nach, ja, ich dachte tatsächlich, wir würden nochmal reden und ich könnte alles erklären. Der jüngere meiner Onkel tippte Christoph auf die Schulter. Er drehte sich um, und in diesem Moment bekam er die Faust direkt ins Gesicht gerammt. Mir blieb die Luft weg. Nie werde ich diesen Ausdruck im Gesicht meines Klassenkameraden vergessen, diese Überraschung, das Entsetzen. Als sie ihn dann zu zweit schlugen und traten, war es mir, als wäre ich es, die das abbekam. Ich stürzte mich auf den Jungen, der längst auf dem Boden lag, und versuchte, ihn mit meinem Körper zu schützen: »Stopp!«, schrie ich. »Aufhören!«

Als meine Onkel sahen, dass Christoph aus mehreren Wunden blutete, ließen sie von ihm ab. Sie stiegen einfach in das Auto meines Vaters, und der gab Gas, um sie in ihre Schule zu fahren. Als ich aufsah, standen alle Kinder um uns herum, schweigend bildeten sie einen Kreis um uns und starrten auf mich und auf Christoph herunter. Für alle, die mitbekommen hatten, wie mich Christoph an Tag zuvor zu Boden geschlagen hatte, war klar, dass ich das organisiert hatte, um mich zu rächen.

Während Christoph mit Blaulicht ins Krankenhaus gefahren wurde, saß ich im Büro des Schuldirektors. Mehrere meiner Lehrer waren dabei, und ich sah die Enttäuschung in ihren Gesichtern: Eine solche heimtückische Tat hatten sie mir nicht zugetraut. Der Direktor redete auf mich ein, erklärte mir Dinge, die ich alle wusste und die ich sofort unterschrieben hätte, nämlich dass man Gewalt nicht mit Gegengewalt beantworten dürfe und so weiter und so fort. Ich saß einfach nur da und musste selbst mit dem fertig werden, was gerade geschehen war. Mir dämmerte, dass ich keine Chance hatte, die Sache richtigzustellen. Ich konnte schließlich meinen Vater nicht verraten.

»... und wir haben deinen Vater einbestellt«, hörte ich den Direktor sagen. »Der kommt jetzt gleich.«

Normalerweise hätte mich diese Nachricht in Todesangst versetzt. Nun aber atmete ich auf. »Er wird alles regeln«, dachte ich erleichtert. Wie sehr ich mich doch täuschen sollte.

Als mein Vater kam, frisch geduscht und das Unschuldslamm in Person, sagte der Direktor, dass er zunächst allein mit ihm sprechen wolle. Als ich eine Weile später ins Zimmer gerufen wurde, glaubte ich zu träumen. Mein Vater, der doch seine Brüder auf meinen Mitschüler gehetzt hatte, hielt mir eine empörte Standpauke.

»Ich versteh das nicht, Meral«, sagte er zu mir, »das kannst du doch nicht machen! Das ist brutal, ist dir das nicht klar? Ich bin sehr enttäuscht von dir. Was sollen die Leute denken, mit denen ich gemeinsam für eine friedliche Welt kämpfe? Wie oft hab ich dir schon gesagt, dass man Gewalt nicht so beantworten darf...« Und so weiter und so fort. Ich konnte es nicht fassen.

Als die beiden endlich fertig mit mir waren, verabschiedete sich mein Vater höflich von meinem Schuldirektor.

»Vielen Dank, Herr Al-Mer«, sagte der und drückte meinem Vater herzlich die Hand.

»Kein Problem, Herr Direktor!«

Und damit war er fort. Selten in meinem Leben habe ich mich so verraten gefühlt.

Meine Onkel hatten Christoph das Jochbein gebrochen. Gegen die beiden und gegen mich wurde Anzeige wegen Körperverletzung erstattet. Eines Tages flatterte die Anklageschrift mit dem Gerichtstermin ins Haus. Für die Verhandlung bekam ich schulfrei. Und mein Vater regte sich fürchterlich darüber auf, dass er »immer solchen Ärger« mit mir hätte.

Ich glaube, inzwischen war er selbst von der Version felsenfest überzeugt, dass ich meine Onkel zu dem Racheakt angestachelt hätte. »Was du aber auch immer für einen Scheiß baust«, musste ich mir anhören.

Am Ende wurden wir dazu verurteilt, für einen gemeinnützigen Zweck Kuchen zu backen. Elke war es schließlich, die diese Kuchen machte und zu irgendeinem Kindergarten fuhr. Und mein Vater blieb gereizt und wütend auf mich, die in seiner neuen, verdrehten Version das alles verursacht hatte. Hätte ich nicht mit diesem Kerl rumgemacht, hätte er mich auch nicht geschlagen. Dann wäre das alles gar nicht passiert. »Vor Gericht muss man wegen diesem Stück Dreck!«, schrie er. »Es wird Zeit, dass ich sie in die Türkei schaffe und dort verheirate!«

Ich war die Schuldige und hatte in seinen Augen noch lange nicht genug dafür gebüßt.

Eines Tages bemerkte ich, dass mein Vater eifrig in der Garage beschäftigt war. Mein Zimmer im Keller lag direkt daneben, nur ein Stockwerk tiefer. Er legte einen Schlauch von der Garage über den Fensterschacht in mein Zimmer und dichtete alles gut ab. Was hatte er vor?

Es dauerte nicht lange, bis ich seine Gedankengänge verstand. Wenn er in der Garage den Auspuff seines Wagens mit dem Schlauch verband, konnte er die Abgase in mein Zimmer leiten. Ich sah zu, wie er Fenster und Tür meines Zimmers mit großer Sorgfalt abdichtete. Wollte mein Vater mich tatsächlich vergasen?

»Ist doch genial«, freute sich Hamid. »Da muss man erst einmal draufkommen. Der perfekte Mord. Da sind eben die giftigen Gase von der Garage irgendwie in das Zimmer gelangt.«

Er konnte sich gar nicht beruhigen in seiner Begeisterung, eine so gute Idee gehabt zu haben. Dann fiel sein Blick auf mich.

»Also du weißt Bescheid«, sagte er. »Entweder du gehorchst endlich, oder du bist tot.«

Damals sprach mein Vater so viele Todesdrohungen gegen mich aus, dass es auf diese eine auch nicht mehr ankam.

Ich weiß heute nicht mehr, wie es dann dazu kam. Irgendeine Kleinigkeit hatte genügt, um aus seiner Sicht das Fass zum Überlaufen zu bringen. An diesem Tag flippte er völlig aus und tobte durch das Haus

»Heute ist es so weit, Meral, du hast es nicht anders gewollt. Heute wirst du sterben. Heute wirst du vergast, du Ungeziefer!«

Er rennt in die Garage und schließt den vorbereiteten Schlauch an den Auspuff seines Wagens an. Dann stürmt er zurück ins Haus.

»Los, Meral, sofort runter in dein Zimmer!«

Wie ein Wahnsinniger stürmt er mir voraus die Treppe hinab. Prallt gegen meine Tür, die nicht aufgeht, rüttelt an der Klinke.

»Deine Tür ist abgeschlossen!«, brüllt er. »Wo ist der Schlüssel? *Wo ist der Schlüssel?*«

Ich habe keine Ahnung, bin genauso überrascht wie er. Meine kleine Schwester Melissa ist es, die sich ein einziges Mal in ihrem Leben in unsere Streitigkeiten einmischt: Als sie gehört hat, wie mein Vater schrie, er würde Meral jetzt vergasen, ist sie in den Keller gelaufen, hat mein Zimmer abgeschlossen und sich mitsamt dem Schlüssel versteckt, damit ich nicht umgebracht werden kann. Mein Vater muss seine Pläne ändern.

Aber ungeschoren soll ich nicht davonkommen. »Wo ist das CS-Gas?« Mein Vater hat immer eine Sprühflasche mit Tränengas im Haus. Eigentlich ist sie für Angreifer von außen gedacht. Jetzt will er sie gegen seine Tochter einsetzen. Er erklärt mir ausführlich, welch schreckliche Schläge mich jetzt erwarten werden. Und dann inszeniert er seine »Performance«, in der ich, wie immer, die Rolle des Opfers zugewiesen bekomme.

»Zieh das schwarze Kleid an!«

Dieses Kleid habe ich von Elkes Mutter bekommen, ein Original aus den Siebzigerjahren. Ich bin schließlich ein Hippiemädchen, und Ella hat sich gefreut, dass mir ihr altes Kleid gefiel. Sie hat es für mich gekürzt, dennoch ist es bodenlang. Ich laufe los und ziehe es an. Dann befiehlt mir mein Vater, mich im Wohnzimmer zwischen Fernseher und Gartentür auf ein Bein zu stellen. Ohne zu schwanken, das ist die Regel. Ich kenne das schon. Es ist nicht das erste Mal, dass ich so stehen muss. Falle ich um, werde ich mit Schlägen bestraft.

Da läutet es auf einmal an der Tür. Es ist Vedat Amo, einer der Brüder meines Vaters. Vedat ist beim Bundesgrenzschutz beschäftigt, und ich weiß nicht, welche Ahnung ihn in diesem Augenblick zu uns führt. In seiner Bundesgrenzschutzuniform kommt er ins Wohnzimmer, sieht mich in meinem langen, schwarzen Kleid auf einem Bein stehen und fragt: »Was ist denn hier los?«

Mein Vater erklärt es ihm. Dass ich eigentlich sterben sollte, dass aber der Schlüssel verschwunden ist. Wo er doch alles so perfekt vorbereitet hat. Wenn man ihm so zuhört, könnte man direkt Mitleid mit ihm bekommen, er hat es wirklich schwer mit uns. Jetzt ist er gezwungen, mich auf diese Weise zu bestrafen.

Mein Vater schlägt mich, und ich verliere das Gleichgewicht, falle aus meiner Flamingo-Haltung zu Boden. Er schreit mich an, dass ich wieder aufstehen soll.

»Ich bringe dich jetzt um, Meral, jetzt ist es so weit.«

Er befiehlt mir, mich gerade hinzustellen, die Augen offenzuhalten und einzuatmen. Ich gehorche. Was bleibt mir anderes übrig? Dann sprüht er mir das Tränengas direkt ins Gesicht. Ich versuche die Augen offen zu halten, aber es gelingt mir nicht, ein Reflex zwingt mich, die Augen vor dem Gas zu schließen. Er schreit und schlägt mir links und rechts auf die Ohren, wie eine Ohrfeigenmaschine, pam-pam.

»Augen auf!!«

Ich versuche, die Augen zu öffnen. Ich kann kaum noch atmen. Das Gas brennt scharf in meiner Kehle und den Lungen. Die Augen schmerzen fürchterlich. Ich will nicht einatmen, aber ich muss doch Luft holen, und in diesem Augenblick drückt mein Vater nur ein bisschen auf den Sprühknopf der Tränengasdose und ich stürze zu Boden, krümme mich vor Schmerzen, röchelnd und würgend. Mein Vater tritt mich bis zur Wendeltreppe, die nach oben führt. An meinen Füßen trage ich Söckchen, und so rutsche ich auf dem glatten Holz der Treppe immer wieder aus. Ich kann nichts sehen. Mein Vater tritt mich schimpfend die Stufen hinauf. Ich höre meinen Onkel näherkommen.

»Bitte, Bruder«, fleht er, »was machst du da? Hör auf! Was hat sie denn jetzt schon wieder getan, ich bitte dich, Bruder ...«
Umsonst.

Endlich sind wir oben. Er zerrt mich ins Bad und schubst mich in die Wanne. Dann dreht er den Heißwasserhahn auf, und ich glaube, in Flammen zu stehen. Meine Haut verbrennt,

Mein Vater tritt mit mir den Rückweg nach Deutschland an.

Die ersten Schritte ohne meine Mutter.

Kurzer Besuch bei der Familie meines Vaters (hinten links, mit Kornelia). Links, auf dem Arm des Mannes, bin ich.

Mein geliebter Stiefbruder Mark und ich.

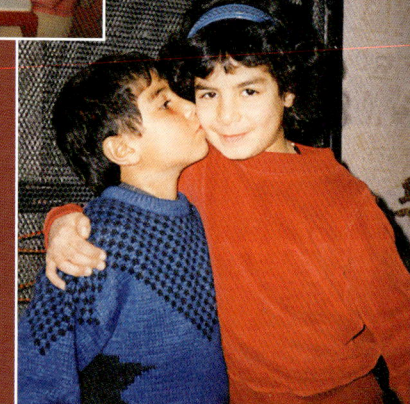

Die erste Begegnung mit meinem leiblichen Bruder Mourad.

Weihnachten bei meinen
deutschen Großeltern in den
Niederlanden.

Oma Ella (Ma) und ich
auf dem Spielplatz.

Ein Bild von meiner leiblichen Mutter, das einzige, das ich von ihr besaß.

Um die aserbaidschanischen Kriegskinder habe ich mich intensiv gekümmert.

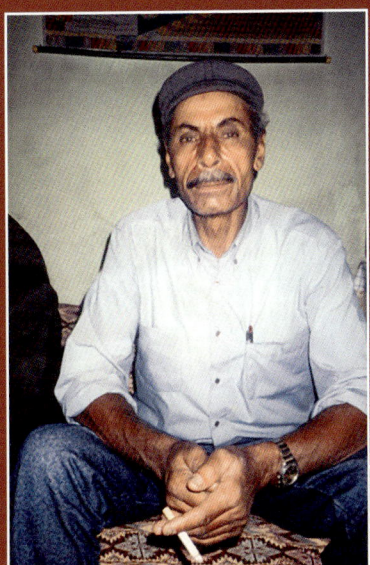

Mein strenger Opa Abit.

Ich war gerne in der Schule und in vielen Bereichen sehr engagiert und ernsthaft.

Meine erste richtige Wohnung zur Zeit
der Gerichtsverhandlung.

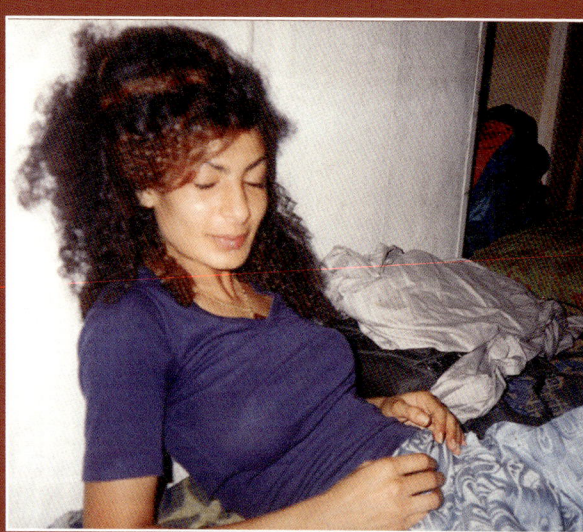

Erster Auslandsaufenthalt und entspannte Zeit
in Barcelona. Die Kette habe ich von Elke zum Geburtstag
geschenkt bekommen.

Glückliche Tage in meinem Landeflughafen Berlin.

Endlich ohne Angst in Freiheit!

Eins meiner ersten Fotoshootings für kleine Modelabels in Berlin.

Mit Straßenmusik habe ich die ersten Jahre als Musikerin Erfahrungen gesammelt: Fête de la Musique-Festival.

meine Atemwege brennen, alles steht wie unter Feuer. Es fühlt sich an, als würden die oberen Schichten meiner Haut weggeätzt. Obwohl mein Vater mich weiterhin schlägt, obwohl ich immer wieder ausrutsche in den nassen Kleidern und hinknalle, die Augen nicht aufbekomme und mein ganzer Körper sich anfühlt wie eine einzige Wunde, bin ich ganz still. Ich habe mir vor langer Zeit abgewöhnt, zu schreien und zu weinen, denn das macht ihn nur noch mehr an. Seine Grausamkeiten stillschweigend zu ertragen, mich zu weigern, zu weinen und zu schreien, ist die einzige Gegenwehr, die ich habe. Das alles ist demütigend genug. Ich kann gar nicht sagen, wie sehr ich mich schäme.

Irgendwann geht er weg. Ich schalte den Wasserregler auf normale Temperatur. Auf einmal ist Ruhe. Ich halte meinen Kopf unter den körperwarmen Wasserstrahl, höre nichts, sehe nichts, das Wasser hüllt mich ein, und wie so oft gelingt es mir für einige winzige Augenblicke, aus mir herauszutreten, alles auszublenden, eine Art »Freeze-Moment« zu genießen. Kraft zu sammeln. Mich einfach abzuschalten.

Wie ich aus der Wanne komme, mich ausziehe und abtrockne – das alles ist in meiner Erinnerung später ausradiert. Der Film setzt später wieder ein, als mein Onkel neben mir auf dem Sofa sitzt, mich festhält und bleibt, bis meine Haare trocken sind, oder anders gesagt, bis er sicher sein kann, dass mich mein Vater an diesem Tag nicht mehr umbringen wird. Er beschützt mich. Jetzt, da mein Vater von mir abgelassen hat, ist er dazu in der Lage. Ich kann seine Hilflosigkeit spüren. Wir sind eine Familie. Wir müssen zusammenhalten. Auch wenn wir uns gegenseitig umbringen.

An diesem Abend wie an jedem anderen auch sage ich »Gute Nacht« zu meinem Vater. An seiner Antwort versuche ich abzulesen, ob die Sache gegessen ist oder ob die Bestrafung am nächsten Tag noch eine Fortsetzung finden wird. Wenn er zu seinem »Gute Nacht« noch »mein Kind« hinzufügt, dann ist alles wieder gut. Früher gab es hin und wieder noch ein »Gute-Nacht-Küsschen«, doch das ist schon lange nicht mehr der Fall. Je älter ich werde, desto öfter finden die Bestrafungen auf Raten statt und ziehen einen ganzen Rattenschwanz an Katastrophen hinter sich her. Kleine Pakete, in denen Schmerz und Demütigung steckt.

Ich war sehr unglücklich in dieser Zeit. In der Schule wurde ich mehr und mehr isoliert. Wenn man nirgendwohin mitgehen darf und von allen Aktivitäten außerhalb der Schule ausgeschlossen ist, dann ist man im Alter von vierzehn Jahren irgendwann sehr einsam. Es gab ein paar Freundinnen, die zu mir hielten: Isa, die ich seit meinem fünften Lebensjahr kannte, Simone und Joy, doch auch in ihrer Runde fühlte ich mich mehr und mehr isoliert. Sie hatten andere Probleme als ich, und obwohl die meisten mehr oder weniger wussten, welche Schwierigkeiten ich mit meinem Vater hatte, ahnten sie doch nicht, welche Ausmaße das Ganze angenommen hatte. Außerdem wollte ich nicht ständig bemitleidet werden. In den schönsten Stunden gemeinsam mit meinen Freunden war ich aufgekratzt und wild, lustig und voller Phantasie, und alle genossen es, in meiner Nähe zu sein, weil da immer etwas los war. Doch dann sackte all meine Energie aus mir heraus wie die Luft aus einer defekten Luftmatratze, und ich hing schlaff und niedergeschlagen bei mir zu Hause in meinem Zimmer herum. Dunkle Stunden, in denen ich keinen Ausweg sah. In denen ich unsere Familie wie von außen betrachtete und mehr und mehr erkannte, wie krank wir alle waren. Am meisten vielleicht mein Vater. Doch auch die Haltung, mit der Elke die regelmäßig wie ein Unwetter über uns hereinbrechende Gewalt akzeptierte, war alles andere als normal. Wir richteten uns im Wahnsinn meines Vaters häuslich ein, orientierten uns an seinen Launen wie andere am Stand der Sonne, lebten von einem Tag auf den nächsten, legten kühlende Kompressen bereit und entwickelten eine perfekte Routine im Beseitigen der Trümmer, die die Wutausbrüche meines Vaters hinterließen. Wir kehrten Scherben zusammen und wischten Blut auf, behandelten unsere Wunden und übermalten die Blutergüsse und atmeten auf, wenn mein Vater außer Haus war, um »dies und das zu regeln«, mit seinem Motorrad durch die Gegend zu fahren oder zu Versammlungen der Grünen zu gehen, deren Mitglied er war.

Über alldem versank ich immer wieder in tiefe Depressionen. Ich zeigte sie niemandem, nach außen hin war ich immer fröhlich, die Ulknudel, die Spaßmacherin. Und den Lehrern gegenüber die Rebellin. Doch je wilder ich mich gab, desto schwärzer sah es in mir drinnen aus. Mein Vater schlug mich, kündigte an, mich zu töten, mir den Kiefer zu brechen oder mir sonst alles Erdenkliche anzutun. Ich war nicht die Einzige, auch Elke und mein Bruder wurden nicht verschont. Viele Male mussten Mourad und ich auf einem Bein an der offenen Terrassentür stehen, und wenn wir auch nur ein wenig wankten, schlug uns unser Vater zusammen. »Du bist den Dreck unter meinen Nägeln nicht wert«, musste ich mir anhören, und: »Ich hätte dich statt in deine Mutter gegen die Wand spritzen sollen«, was ich lange Zeit gar nicht verstand.

Trost fand ich, wenn ich Musik hörte oder machte. So wurden meine wöchentlichen Stimmbildungs- und Klavierstunden und auch der Chor, in dem ich mitsang, zu echten Lichtblicken. Noch immer hütete ich meine Derbouka-Trommel wie einen Schatz, und auch an dem Klavier, das Ma und Pa mir geschenkt hatten, verbrachte ich viele Stunden. Ich spielte wirklich sehr gerne, bis zu einem Ereignis, das mir alle Freude nahm.

Es stand ein großes Schülervorspiel auf dem Programm. Die Wochen davor hatte ich nicht besonders viel geübt, aber ich kannte mich gut genug, um zu wissen, dass ich es schaffen würde. Immer, wenn es darauf ankommt, dann lege ich kurz vor Schluss so richtig los, und das Ergebnis wird dann richtig gut.

Mein Vater war sehr stolz auf mich an diesem Konzerttag und brachte sogar seine Videokamera mit, um mein Vorspiel aufzuzeichnen. In dieser Gegend war ich damals das einzige türkische Mädchen unter lauter deutschen, wohlsituierten Familien bei einem solchen Event. Vor dem Konzert jedoch passte mein Klavierlehrer meinen Vater ab und erzählte ihm, wie wenig ich die letzten Wochen geübt hätte – und das, obwohl ich ihn ausdrücklich vorher gebeten hatte, meinem Vater nichts davon zu sagen. Natürlich regte der sich nun schrecklich auf. Für ihn bedeutete diese Situation eine große Schmach: Er als Ausländer stand dem honorigen Klavierlehrer gegenüber, der sogar einen dunklen Anzug trug, und musste sich Klagen über mich anhören! Als ich mich ans Klavier setzte und mein Stück wirklich ausgezeichnet spielte, schaltete er nicht einmal mehr die Videokamera ein. Dass mein Vortrag gut war, drang überhaupt nicht zu ihm durch, da half auch nicht, dass mein Klavierlehrer mich hinterher ausdrücklich lobte. Zu Hause setzte es eine Reihe von harten Ohrfeigen, und damit war das Interesse meines Vaters an meiner Musik ein für alle Mal erloschen.

Und ich hatte allen Spaß am Klavierspiel verloren. So wie mein Bruder, der so ausgezeichnet Fußball spielte, irgendwann einfach nicht mehr zum Training ging, so ging auch ich immer seltener zum Klavierunterricht und zur Gesangsstunde, und auch dem Chor blieb ich fern, bis alles irgendwann in unserem Familienchaos ohnehin völlig unterging. Erst als ich mir nach vielen Jahren ein eigenes Klavier kaufte, erwachte wieder die Freude daran, und zwar so sehr, dass ich die Musik zu meinem Beruf machte.

11

Sommer 1995

Lange dachte ich, dass ich vielleicht so veranlagt wäre, wie Elkes Schwester Ute, die Frauen liebte. Als ich neun Jahre alt war, verknallte ich mich, wie ich glaubte, in einen Jungen, bis sich herausstellte, dass »er« ein Mädchen war. Als ich älter wurde, war das Thema von meinem Vater von Anfang an so negativ besetzt, dass ich überhaupt nicht dazu kam, in Jungen mehr zu sehen als gute Kumpels oder im schlimmsten Fall einen Anlass, verprügelt zu werden. Es war weit weniger bedrohlich, wenn ich mich an meine Freundinnen hielt. Ärger hatte ich ohnehin schon genug.

Bis eines Tages ein Junge buchstäblich meinen Weg kreuzte. Ich war auf dem Nachhauseweg von der Schule, als er mir auf seinem Fahrrad entgegenkam. Ich kannte ihn vom Sehen, denn er wohnte in unserer Nachbarschaft. Er sah gut aus, ein cooler Typ, älter als ich. Unter dem Arm trug er eine Schallplatte, und jetzt lächelte er mich auch noch an. So etwas kam in meinem Leben eigentlich nicht vor.

Inzwischen war ich vierzehn Jahre alt, durfte in der Schule nicht neben Jungen sitzen, Partys waren verboten; wenn alle anderen auf Klassenfahrt gingen, musste ich zu Hause bleiben. Mir war nichts mehr erlaubt, außer zur Schule zu gehen und auf dem schnellsten Weg nach Hause zu kommen. Und wenn mich jetzt jemand dabei beobachtete, dass ich mit einem älteren Jungen sprach, und es meinem Vater erzählte, dann stand es schlimm um mich.

»Ich seh dich jeden Morgen von meinem Fenster aus, wenn du zur Schule gehst. Weißt du eigentlich, wie schön du bist?«

Seine Stimme schien direkt in meinen Körper einzudringen. Mir wurde heiß. Ich hatte nicht geahnt, dass da einer war, der mich beobachtete.

»Ich kenne kein Mädchen«, fuhr er fort, »das so viel Geschmack hat. Du trägst nie zweimal dasselbe.«

»Ich kann nicht stehen bleiben und mit dir reden«, sagte ich scheu und ging weiter. Wie sollte ich ihm erklären, wie in der fernen Galaxie, in der ich zu Hause war, die Regeln aussahen?

»Ich heiße Lukas«, sagte der Junge, wendete sein Rad und schob es neben mir her, »und wohne dort drüben.«

»Du kannst auch nicht so neben mir hergehen. Wenn mein Vater uns sieht …« Wie sollte ich es ihm nur erklären?

»Wieso nicht?«, fragte er. Seine Augen waren hellbraun mit ein paar grünen und bernsteinfarbenen Pünktchen um die Pupille. Mein Herz schlug schneller.

»Mein Vater erlaubt das nicht.«

Mir fiel auf, dass ganz viele meiner Sätze mit »Mein Vater …« begannen.

»Wer war das mit dem Auge?«, wechselte Lukas das Thema. Er schien mich tatsächlich gut zu kennen.

»Ein Junge aus meiner Klasse«, antwortete ich.

»Das war aber nicht nett.«

Ich sah ihm kurz ins Gesicht, um herauszufinden, ob er sich über mich lustig machte. Es sah nicht so aus.

»Hörst du *House*?«, fragte Lukas und hielt mir die Schallplattenhülle vor die Nase. »*Buckethead, The Bomb?* Ich hab mir die gerade geholt.«

Ich sah mir das Cover an und schüttelte den Kopf.

»Nein«, sagte ich bedauernd, »kenn ich nicht.«

»Guckst du kein MTV? Oder VIVA?«

Wieder schüttelte ich den Kopf und kam mir bescheuert vor. All das hatte mein Vater verboten, nachdem er zufällig einen Clip gesehen hatte, in dem die Sängerin fast nichts anhatte.

Auch »Gute Zeiten, schlechte Zeiten« fiel der Zensur zum Opfer, als Herr und Frau Richter eines Tages völlig ohne Vorwarnung übereinander herfielen – und mein Vater ausgerechnet in diesem Augenblick das Wohnzimmer betrat. Wir waren alle erschrocken über diese Szene, doch das kategorische »Aus« für die Serie, die mein Vater sofort aussprach, war eine herbe Enttäuschung.

»Nein«, sagte ich zu Lukas, »das darf ich nicht mehr gucken.«

Rasch prägte ich mir das Plattencover ein. Diese Musik würde ich mir so schnell wie möglich besorgen.

»Und ich darf auch nicht mit dir reden, verstehst du. Wir dürfen nicht stehen bleiben. Mein Vater ist sehr streng. Wir sind Muslime, und darum darf ich nicht mit fremden Männern sprechen. Wenn er das erfährt, bringt er mich um.«

»Tatsache?«, fragte er ungläubig.

»Tschüs«, rief ich und lief schnell weiter.

»Wir sehen uns«, rief er mir nach.

»Nein«, dachte ich, »wir dürfen uns nicht mehr sehen.« Und doch wünschte ich mir das nächste Mal schon jetzt herbei.

Das war sie also, die Liebe? Dass einem heiß und kalt wurde und das Herz bis hinauf in den Hals klopfte? Dass es in meinen Brüsten schmerzhaft zog und meine Muschi ganz heiß und feucht wurde? Dass es eine Heimlichkeit war, etwas Schlimmes, Verbotenes, machte die Sache noch aufregender.

Mir kam das alles vor wie in einem Märchen. Dass mich dieser Junge beobachtete – wie lange schon? Dass ihm aufgefallen war, dass ich nie zwei Tage hintereinander dasselbe trug – hatte er wirklich gesagt, ich hätte Geschmack? Dass er mich schön fand – trotz meiner Zahnspange und all den anderen Mängeln? Meine gesamte Kindheit lang hatte mein Vater keine Gelegenheit ausgelassen, mir unter die Nase zu reiben, wie hässlich ich sei. »Du hast die hässlichsten Augen, die ich mir vorstellen kann«, sagte mein Vater immer. Und Elke fügte hinzu: »Die schauen immer so traurig.« Ich hätte einen Entenarsch und Stelzbeine, behauptete mein Vater. Und wenn ich weinte, dann höhnte er, ich bekäme einen Entenmund. All das glaubte ich, wie alle Mädchen in meinem Alter war ich voller Komplexe. Und nun kam dieser coole Typ daher, sicher vier Jahre älter als ich, und sagte, ich sei schön?

Ich wusste, ich durfte Lukas nicht wiedersehen. Denn genau solche Begegnungen waren der Grund für die vielen Regeln und Verbote meines Vaters, das begriff ich jetzt. Doch ebenso klar war auch, dass ich mich nicht daran halten würde.

Von nun an sahen wir uns häufig, wir lebten ja in derselben Nachbarschaft, gaben uns heimlich kleine Zeichen. Ich schrieb ihm einen Brief, und eines Abends nutzte ich die Gelegenheit, als ich den Müll rausbrachte, um rasch zu seinem Haus hinüberzulaufen und den Brief einzuwerfen. Er schrieb tatsächlich zurück. Lukas hatte begriffen, dass ein Kontakt zu mir nur auf diese Weise möglich war, so wie er auch verstand, dass er wie zufällig ein Stück des Weges mit mir gehen musste, wenn er mit mir sprechen wollte. Und wenn uns jemand entgegenkam, musste er so tun, als ob er mich gar nicht kannte.

Einige Wochen später, als ich mir ganz sicher war, dass mein Vater die nächsten zwei, drei Stunden nicht nach Hause kommen würde, wagte ich etwas Ungeheuerliches: Ich besuchte Lukas.

»Rauchst du?«, fragte er mich, als wir in seinem Zimmer saßen.

»Zigaretten?«, fragte ich zurück.

»Nee«, meinte Lukas, »richtig.«

Er zeigte mir seine »Bong«, eine selbstgebastelte Wasserpfeife, in der er Cannabis rauchte. Da wollte ich kein Angsthase sein, ich wusste ja auch längst Bescheid, hatte schließlich mehrere Sommer lang die Ernte meines Vaters sortieren geholfen. Und so kam es, dass ich das erste Mal kiffte. Mit Lukas. Wir unterhielten uns über Dinge, über die ich sonst noch nie mit jemandem gesprochen hatte. Lukas machte sich viele Gedanken über die Welt und ihre Zusammenhänge, er erzählte mir, dass er regelmäßig meditiere, und tatsächlich meditierte ich einige Zeit später zum ersten Mal mit ihm gemeinsam. Er interessierte sich tatsächlich auch für »meine Welt«, hatte sich Bücher besorgt, um die Kultur zu verstehen, in der ich aufgewachsen war.

Während meines ersten heimlichen Besuchs bei Lukas hing natürlich auch das in der Luft, weswegen ich von meinem Vater völlig unbegründet schon unzählige Male verprügelt worden war: Sex. Doch auch hier war Lukas eine Überraschung: »Du bist noch zu jung«, sagte Lukas im Laufe dieses Nachmittags. »In zwei, drei Jahren ist es richtig.«

Er hatte recht. So vernünftig waren also die deutschen Jungs! Und so war es möglich, dass sich zwischen uns eine unglaublich schöne Freundschaft entwickelte, die sogar Kreise zog.

Über Lukas lernte ich ein Mädchen kennen, das zu einer meiner wichtigsten Freundinnen werden sollte, Rhea. Ich werde nie vergessen, wie wir das erste Mal telefonierten. Ich stellte Rhea dieselbe Frage wie Lukas bei unserem ersten heimlichen Treffen. »Rauchst du?«

Und ihre Antwort war: »Mein Kind, ich rauche.«

Rhea hatte rotes Haar und schminkte sich stets mit ganz hellem Make-up, sodass ihre Haut fast weiß wie Porzellan wirkte. Das tat sie, weil sie immer so schnell errötete. Ihre Augen betonte sie mit Kajal. Und mir war all das verboten: Ich durfte mir weder die Augenbrauen auszupfen, die so stark in der Mitte zusammenwuchsen wie bei meinem Vater, noch das dunkle, feine Bärtchen entfernen, das zu meiner Verzweiflung über meiner Oberlippe spross. Natürlich durfte ich mich auch nicht schminken, seit der Geschichte mit dem Rosenparfüm war alles Duftende tabu, nicht einmal ein Deodorant war mir erlaubt. Eines

Tages, als ich versuchte, mit meinem Vater ein paar Lockerungen in dieser Hinsicht auszuhandeln, wies er mich an, meine Tanten anzurufen und sie zu fragen, wie ihre Töchter das handhabten. Unter Tränen telefonierte ich also mit Tante Suheila und Tante Amina und bat sie, bei meinem Vater ein gutes Wort für mich einzulegen, dass er mir wenigstens erlaubte, ein Deo zu benutzen. Erst vor Kurzem haben sie mir gestanden, wie leid ich ihnen damals tat, denn selbstverständlich durften meine Cousinen all das tun, was mir verboten war, doch wollten meine Tanten ihrem ältesten Bruder nicht in den Rücken fallen – kannten sie seinen Zorn doch nur zu gut und hatten selbst Angst, zur Zielscheibe zu werden.

Rhea aber akzeptierte mich so, wie ich war. Sie war der einzige Mensch, dem ich Einblick in das Drama gab, das sich in unserer Familie abspielte, wenn niemand zusah. Ich erzählte ihr alles, und sie wurde für mich zu meinem größten und wichtigsten Halt.

Rhea hatte ihre festen Prinzipien, und das liebte ich an ihr. Obwohl auch sie erst vierzehn war, so war Rhea doch irgendwie erwachsener und selbstständiger als jede andere meiner Freundinnen. Und zu meiner großen Überraschung akzeptierte auch mein Vater Rhea und hielt große Stücke auf sie.

Es begann eigentlich mit einer riesigen Enttäuschung für mich: Mein Vater hatte die Angewohnheit, alle meine Freundinnen einer Art Test zu unterziehen. Das machte er sehr raffiniert, er bat nämlich jede, etwas Bestimmtes für ihn zu tun, ihm zuliebe etwas zu machen oder sein zu lassen, je nachdem. Und so sehr ich mir auch bei jeder dieser Gelegenheiten wünschte, dass meine Freundin stark genug sein würde, ihm zu widerstehen, erlag doch jede irgendwann seinem Charme und tat, was er wollte. Mein Vater hatte außerdem ein unfehlbares Gefühl für die wunden Punkte eines Menschen. Bei Rhea war es ihr Make-up. Mein Vater scherzte mit uns und sagte, Rhea sähe mit ihrer weißen Schminke aus wie ein kleines Schlossgespenst. Und dann kam sein Vorstoß: »Warum gehst du nicht einfach hoch ins Bad«, schlug mein Vater Rhea vor, »und wäschst dir diese Schminke vom Gesicht? Komm! Tu es für mich!«

Und zu meinem großen Entsetzen stand Rhea auf, ging hinauf ins Badezimmer und wusch sich tatsächlich ihr Gesicht. Für mich brach eine Welt zusammen. Rhea mit ihren unbestechlichen Prinzipien, die nie einen Rock trug und sich auf keinen Fall fotografieren ließ – meine kluge, starke und weise Freundin, weltgewandt und unabhängig – mein Vater hatte auch sie herumgekriegt. »Wenn er das geschafft hat«, dachte ich verzweifelt, »dann würde er es auch schaffen, dass sie einen Rock anzieht oder sich fotografieren lässt.«

Erst später begriff ich, warum sie das getan hatte. Es war nicht Schwäche gewesen, sondern eine kluge Strategie: Nach dieser Sache mit dem Make-up vertraute mein Vater Rhea nämlich grenzenlos und erlaubte mir, mit ihr zusammen zu sein und mit ihr Dinge zu unternehmen, die sonst undenkbar gewesen wären. So wurde Rhea für mich zur Türöffnerin in die Welt, in der ich heute lebe. Sie wusch sich damals das Gesicht, weil sie ahnte, dass dies das Mittel war, um meinen Vater in Sicherheit zu wiegen und ihm das Gefühl zu geben, dass sie beide so etwas wie Verbündete waren. Rhea verzichtete auf ihren Stolz, um meinen Vater quasi auszutricksen. An jenem Tag, als sie sich »für meinen Vater« die Schminke abwusch, hielt er sich für den Sieger, doch im Grunde war es Rhea, die ihn besiegt hatte, denn sie tat es für mich. Sie tat es, um mir Freiräume zu schaffen, Luft zum Atmen zu geben und Erfahrungen außerhalb des Albtraums zu ermöglichen, der sich zwischen unseren vier Wänden tagtäglich abspielte.

Auch ich fand meine Wege, um meine Unabhängigkeit meinem Vater gegenüber trotzig zu behaupten – wenn auch im Verborgenen.

Nachdem ich bei Lukas zum ersten Mal gekifft hatte, tat ich etwas, das ich im Nachhinein als nahezu todesmutig empfinde: Ich klaute meinem Vater immer wieder sein selbst angebautes Gras. Und das Seltsame war, er merkte es nicht einmal. Dies waren meine kleinen Rachefeldzüge gegen ihn, und ich wagte tatsächlich noch mehr. Damit er am Geruch nicht merkte, wenn ich rauchte, gewöhnte ich mir an, mir immer genau dann einen Joint zu genehmigen, wenn auch mein Vater sich einen angezündet hatte. Dann saß er im Wohnzimmer gemütlich auf der Couch, und ich hockte unten vor meinem Zimmer unter der Kellertreppe, die vom Wohnzimmer offen hinunterführte, und behielt meinen Vater durch die Stufen immer im Auge für den Fall, dass ihm einfallen sollte, zu mir herunterzukommen. Er hätte eigentlich nur aufzuschauen brauchen, und schon hätte er mich entdeckt, doch das tat er nie.

Es war der Sommer 1995, und wie zehn Jahre zuvor, als Kornelia gestorben und mein Leben ganz und gar umgewälzt worden war, so war auch dieses Jahr voller Ereignisse, die zu einer großen Umwälzung führen sollten. Es ist ein seltsamer Zufall, dass die Fünf meine Lieblingszahl ist, denn tatsächlich ereignete sich alles Wesentliche in meinem Leben im Zusammenhang mit dieser Zahl. In diesem Sommer beschloss mein Vater, dass wir einen Sommerurlaub machen würden so wie Tausende von anderen deutschen Familien auch: eine Flugreise an die türkische Riviera. Eine »ganz normale Familie« würde einen »ganz normalen Familienurlaub« machen. Zuvor jedoch hatte mein Vater in der Türkei »etwas zu erledigen« und flog voraus. Ich weiß nicht mehr, wie viele Wochen er weg war; in meiner Erinnerung dehnt sich diese Zeitspanne aus und wurde zum glücklichsten und verrücktesten Sommer meiner ganzen Jugend bis dahin. Elke sah nicht ein, warum sie mir irgendetwas von dem, was mein Vater für »ausgeschlossen« hielt, verbieten sollte, und so konnte ich in diesen Wochen endlich einmal das Leben einer ganz normalen Vierzehnjährigen führen, so wie meine Freundinnen auch. Es sind kleine, unschuldige Begebenheiten, die so kostbar für mich waren und noch heute sind, kleine Perlen, die in meiner Erinnerung aufblitzen: Rhea und ich, wie wir auf unseren Fahrrädern über die Felder hinter unserer Siedlung radeln. Es ist heiß, und auf den Feldern sprühen große Sprinkler Wasser auf die trockene Erde. Der Mechanismus lässt den Wasserfächer von einer Seite zur anderen schwenken und wieder zurück. Wir springen von den Rädern und laufen unter den Wasserschleier, weichen juchzend wieder zurück und kommen näher, es ist wie ein ausgelassener Kindertanz, in dem wir uns beregnen lassen, bis wir erschöpft und durchnässt weiterfahren, uns ein Plätzchen suchen, wo wir uns von der Sonne trocknen lassen und dabei Blüten zu Kränzen aneinanderfädeln ...

Das Leben konnte so einfach sein und so schön. In diesem wunderbaren Sommer 95, bevor alles kippen und zerbrechen und für immer kaputt gehen sollte, in diesen Wochen des Friedens und der ausgelassenen Freiheit, die ich erleben durfte, traf ich mich fast täglich mit Rhea und Simone, und wenn wir uns nicht sehen konnten, telefonierten wir, und wenn das nicht ging, schrieben wir uns Briefe, manchmal mehrere an einem Tag. Auch ein Gedicht schrieb ich, das ich Rhea widmete. Später wurde ein Song daraus:

Ein oranger Raum
Eine grüne Tür
Eine gelbe Wand
Gib mir deine Hand
Mit dem Teppich dort
Flieg ich mit dir fort
In die schwarze Nacht
Hab ich mir gedacht

Ein oranger Raum
Keine grüne Tür
Mit der gelben Hand
Verschwind ich in der Wand
In die schwarze Nacht –
Mal sehen, was der Mond sacht.

Zum einen waren wir noch richtige Kinder, die auf dem Feld unterm Wassersprinkler herumtanzten, zum Baden fuhren, Eis aßen, bei Lukas zu Hause anriefen, um dann ganz schnell aufzulegen, weil ich schon wieder Herzklopfen hatte und nicht wusste, was ich sagen sollte. Stattdessen schrieb ich auch Lukas Briefe, die er beantwortete; das Schreiben wurde eine ganz wichtige Angelegenheit in diesen Wochen, denn das Formulieren half mir, wirklich zu verstehen, was ich fühlte, wirklich auszudrücken, was ich meinte. Ich las Hermann Hesse und grübelte über den Sinn des Lebens, den Sinn *meines* Lebens nach, und meine Gedanken und Erkenntnisse vertraute ich meinem Tagebuch an oder Lukas oder Rhea in meinen Briefen. Ich hörte Janis Joplin, verinnerlichte das Lebensmotto dieser ganzen Sex and Drugs and Rock 'n Roll-Generation: »Live fast, love hard, die young.« Und so probten wir auch schon ein bisschen das Erwachsensein, rauchten heimlich das Gras meines Vaters, diskutierten über Dinge, die wir nur halb verstanden, und hörten das Musical *Hair* rauf und runter. Ich verfeinerte immer mehr meinen Hippie-Stil, entdeckte »The Doors« für mich, hörte immer wieder das Stück »The End«. Und ahnte nicht, wie nahe am Abgrund wir uns alle bereits befanden.

12

»Willst du sterben?«

Schließlich war es so weit und Elke, Mourad, Meli und ich flogen gemeinsam mit einigen unserer Onkel an die türkische Riviera, nach Manavgat in der Nähe von Side. Leyla durfte nicht mitkommen, sondern blieb solange bei Ma und Pa. Eine Zweitfrau hatte in einem »ganz normalen deutschen Familienurlaub« schließlich keinen Platz.

Es war ein Urlaub mit vielen »ersten Malen«. Zum ersten Mal wohnten wir in einem richtigen Hotel, wo wir uns bald mit anderen Kindern anfreundeten. Auch Hamid und Elke fanden schnell Anschluss, mein Vater war wie immer sofort beliebt bei allen, er gab sich weltläufig, charmant, witzig und sorgte für interessanten Gesprächsstoff. Nach ein paar Tagen wurde die Idee geboren, gemeinsam mit einigen anderen deutschen und österreichischen Familien ein Boot für einen Tagesausflug zu mieten und die Flussmündung des Manavgat hinaufzufahren, der aus dem Taurus-Gebirge im Hinterland kam und eiskaltes Wasser mit sich führte, ehe er sich ins Mittelmeer ergoss. Am Ufer gab es eine Menge Fischrestaurants, an denen man anlegen konnte, zum Teil waren sie sogar über das Wasser gebaut.

Es begann als ein wunderschöner Ausflug: Ich saß mit meinen neuen Freundinnen auf der Überdachung des Bootes und sonnte mich. Auch wenn ich keinen Minirock, kein ausgeschnittenes T-Shirt und keine Shorts tragen durfte, so war mir doch ein Badeanzug erlaubt. Zu meinem letzten Geburtstag hatte ich einen Walkman bekommen, und auf dem hörte ich ununterbrochen »The Doors«, was mich in eine eigenartige Stimmung irgendwo zwischen Melancholie und Euphorie versetzte. Meinen Hippiemädchen-Look hatte ich vor Kurzem mit kunstvoll gezwirbelten Dreadlocks abgerundet. Die Teppichtasche mit meinen Schätzen wie dem Tagebuch, meinem Walkman und natürlich den beiden Zaubersteinen von meiner Großtante war immer in meiner Nähe.

Ich fühlte mich wohl. Es schien so, als würde sich der wunderbare Sommer, den ich zu Hause mit Rhea, Simone und meinen anderen Freundinnen verbracht hatte, hier nahtlos fortsetzen.

Da kam mein Vater zu uns aufs Dach. Obwohl es erst früher Nachmittag war, hatte er schon ziemlich viel getrunken, und das vertrug er nicht. Er versuchte meine neuen Freundinnen zu »bespaßen«, was in seinem Zustand ziemlich peinlich wirkte. Ich fand, dass er sich lächerlich machte, wie er vor uns Mädchen den Jungspund mimte. Ich hatte schon lange aufgehört, über seine Witze zu lachen, verzog keine Miene und brachte ohne Worte zum Ausdruck, dass ich ihn langweilig fand. Das war meine Art, Macht auszuüben: indem ich ihm mit ernster, gelangweilter Miene zusah, wie er sich zum Affen machte.

»Was glaubt ihr«, fragte mein Vater auf einmal, »wie viel Grad das Wasser hat?«

»Na ja«, sagte eines der Mädchen, »vielleicht 12 Grad?«

»Nee, das glaub ich nicht«, sagte ein anderes. »Das ist viel kälter!«

Mein Vater sah mich an. »Spring mal rein, Meral«, sagte er, so als würde er mich auffordern, ihm mal eben kurz das Handtuch zu reichen, so als wäre es das Normalste von der Welt, in dieses eiskalte Wasser zu springen. Und tatsächlich habe ich das in anderen Situationen oft gemacht: Wenn zu Hause im Schwimmbad oder im Fluss ein Ball ins Wasser fiel, dann holte ich ihn rasch heraus. Denn ich konnte schwimmen, im Gegensatz zu ihm. Das alles schwang mit in dem Satz: »Spring mal rein, Meral«, und noch viel mehr.

Und weil die Stimmung so locker war und dieser Vorschlag so

grotesk, grinste ich ihn nur an und tippte mir kurz mit dem Finger gegen die Stirn.

»Ja, klar«, sagte ich, denn ich hatte keinen Zweifel daran, dass er das im Scherz gesagt hatte.

Aber ich hatte mich getäuscht, er machte keinen Spaß. Von einem Augenblick zum anderen verwandelte er sich vom coolen Typ in ein Monster.

»Wenn ich sage, du springst, dann springst du, ganz egal von wo und wohin!«, schrie er, außer sich vor Zorn.

Meine erste Reaktion war, dass ich mich vor meinen neuen Freundinnen schämte. Was für eine peinliche Situation! Bis eben hatte man noch so getan, als käme man aus Istanbul. Aber mein Vater kam nicht aus der Großstadt, er kam aus dem tiefsten Anatolien, und jetzt riss er mich am Arm hoch und schubste mich ins Wasser.

Verdammt, war das kalt! Ich rang nach Luft, konnte meine Beine nicht mehr fühlen, es war der reinste Kälteschock. Dann bemerkte ich, dass ich mich gefährlich nah an der Schiffsschraube befand, und fühlte, wie der Sog des Wassers mich unaufhörlich in diesen Strudel zog. Mit aller Kraft begann ich dagegen anzukämpfen, meine schockgefrorenen Glieder zu bewegen und meine Atmung zu kontrollieren. Endlich erreichte ich die Leiter, auf der ich wieder an Bord klettern konnte. Doch da stand mein Vater und versperrte mir den Weg. Ja, er trat mir sogar gegen den Kopf, drückte mich zurück ins Wasser. Ich tauchte unter, geriet wieder in die Nähe der Schiffsschraube. Panik ergriff mich. Das Boot fuhr einfach weiter, noch hatte niemand außer meinen Freundinnen den Zwischenfall bemerkt. Erneut kämpfte ich mich bis zur Leiter vor, und wieder trat mein Vater mir mitten ins Gesicht. Ob er mich umbringen wollte, so wie er es so oft angekündigt hatte? Oder war er einfach zu betrunken und zugekifft, dazu die Sonne … ich merkte, dass ich wieder nach Entschuldigungen für sein Verhalten suchte. Doch hier ging es um mein Leben.

Irgendwann merkten die Väter meiner Freundinnen, was los war, und hielten meinen Vater zurück, sodass ich endlich wieder an Bord klettern konnte.

Die anderen Mädchen starrten mich vollkommen schockiert an. Ich nahm mir einfach ein Handtuch, wickelte mich darin ein, denn immer noch zitterte ich am ganzen Körper vor Kälte und dem ausgestandenen Schrecken. Als wäre nichts geschehen, setzte ich mich wieder auf meinen Platz.

Doch es war noch nicht vorbei.

Kaum hatten die anderen Männer meinen Vater losgelassen, stürzte er sich auf mich, zerrte mich erneut hoch und schleppte mich in einen kleinen Raum unter Deck. Er sperrte die Tür ab, und dann schlug er mich systematisch zusammen. Das dauerte so lange, bis die anderen Männer es geschafft hatten, die Tür aufzubrechen und mich dort rauszuholen. Ich war schrecklich zugerichtet: Mein Gesicht tat fürchterlich weh, vor allem die verdammte Zahnspange hatte wieder dafür gesorgt, dass meine Lippen anschwollen.

Zitternd saß ich auf einer Bank und versuchte, mich zusammenzureißen. Wie ich es hasste, von allen angestarrt zu werden! Eben war ich noch das coole Hippiemädchen gewesen, hatte »The Doors« gehört und das Wort geführt, und jetzt war ich niemand mehr, nur noch ein kleines Mädchen, das verprügelt wird. So saß ich mit geschwollenem Gesicht und zerschlagenen Gliedern vor meinen neuen Freundinnen, versuchte verzweifelt Haltung zu wahren und schämte mich doch zu Tode.

Es war das erste Mal, dass mein Vater mich in der Öffentlichkeit misshandelt hatte. Bislang galt als eiserne Regel, dass es niemanden etwas anging, was innerhalb unserer vier Wände geschah. Das war unsere Familienangelegenheit, und außer Rhea und Joy wusste niemand von meinen Qualen. Alles, was mir bislang als Trost geblieben war – dass ich in der Öffentlichkeit meine Würde bewahren konnte –, war nun dahin. Ab jetzt war alles möglich, mein Vater hatte die Regeln gebrochen. Ob er es dabei bewenden ließ?

Nein. Ich konnte es ihm ansehen, wie es in ihm arbeitete und dass er wieder einmal eine Bestrafungsstrategie ausarbeitete. Noch musste er sich gedulden, bis wir zurück an Land waren, bis seine neuen Freunde sich wieder ihren eigenen Angelegenheiten zuwandten und ihn in Ruhe tun ließen, was er zu tun hatte.

Dass es weitergehen würde, war mir spätestens klar, als mein Vater unsere kleine Schwester in die Obhut einer anderen Familie gab. Er hätte noch etwas zu erledigen, sagte er. Niemand schöpfte Verdacht. Dann forderte er Elke, meinen Bruder und mich auf, mitzukommen. Wir nahmen den Wagen, den er für die Zeit unseres Urlaubs gemietet hatte, Elke sollte fahren. Dann wandte er sich mir zu.

»Wir fahren jetzt in den Wald«, sagte er, »und dort bringe ich dich um.«

Wir stiegen ein, keiner sagte ein Wort. Er würde mich jetzt also endlich umbringen, na, dann wusste ich ja wenigstens, was mich erwartete. Ich hatte keine Angst. Mir war klar, dass ich im Recht war, dass ich nichts getan hatte, was das Verhalten meines Vaters rechtfertigen könnte. Ich hatte Jim Morrisons Stimme zu den unvergleichlichen Gitarrenklängen von Robby Krieger im Ohr: »This is the end«, hörte ich ihn singen, während mein Vater mich wieder einmal mit allen Schimpfworten bedachte, deren er fähig war. »No safety or surprise, the end …«, sang es in mir, als wir bei dem Wäldchen ankamen, mein Vater die Beifahrertür öffnete und sich auf den Weg übergab. Er war vollkommen betrunken.

»Siehst du«, jammerte er, »das ist alles deine Schuld. Du bringst mich noch um. Ich glaube, da ist Blut drin, das hast du jetzt davon. Machst deinen Vater krank. Ja!«, schrie er plötzlich wieder los. »Du machst mich krank! Wegen dir spucke ich Blut! Doch das hat jetzt ein Ende.«

Genau, dachte ich, »I'll never look into your eyes again / Can you picture what will be / so limitless and free …«, dies war die Einstellung, die ich in diesem Sommer 95 zum Leben und zum Tod entwickelt hatte. Ich hatte schon lange nicht mehr gekifft, nicht geraucht und schon gar nichts getrunken, und in mir war eine Klarheit, die mich völlig entspannt dem entgegensehen ließ, was nun kam. Wahrscheinlich stand ich auch noch unter dem Schock von den Ereignissen auf dem Boot.

Mein Vater holte seine Pistole, die er seit einiger Zeit hatte, unter dem Sitz hervor.

»Steig aus«, forderte er mich auf.

Ich kletterte aus dem Wagen, zog meine Teppichtasche hinter mir her und hängte sie um.

»Ach«, höhnte mein Vater, »nimmst du deine Tasche jetzt auch noch mit in den Tod?«

»Klar«, antwortete ich ganz ruhig. Schließlich enthielt sie meine Geheimnisse, alles, was einem vierzehnjährigen Mädchen wichtig war.

Mein Vater drückte mir den Lauf der Pistole in den Rücken und befahl mir, in den Wald zu gehen. Zwischen den Bäumen lagen riesige Felsbrocken herum. Ohne Vorwarnung packte er mich an den Haaren und begann mich zu schlagen. Dazu benutzte er abgebrochene Äste, die er aufgehoben hatte. Hatte er früher darauf geachtet, auf Körperstellen zu schlagen, bei denen man die Blutergüsse und Wunden nicht gleich sehen konnte, so nahm er jetzt nicht mehr die geringste Rücksicht darauf. Nach einer Ewigkeit warf er den Stock weg und begann, mich mit Felsbrocken zu bewerfen. Ich stürzte zu Boden. Da landete ein großer Stein direkt neben meinem Kopf. Ich konnte ihn nicht mehr heben, der Stein fixierte mein Haar fest am Boden. Damit machte er weiter, Fels um Fels beschwerte mein langes, ausgebreitetes Haar, dann die Arme und meine Beine. So lag ich da, unfähig, mich noch zu rühren, mein Haar fächerförmig ausgebreitet, und auf mir lagen Felsbrocken. Ich sah ein Stück Himmel zwischen den Baumwipfeln, während mein Vater den Rest meines Körpers, der nicht unter Steinen begraben war, mit Füßen trat und immer wieder mit seiner Pistole in die Luft schoss.

Vom Waldrand aus beobachteten Elke und mein Bruder uns in Panik. Elke hatte oft genug die Erfahrung gemacht, dass es nichts half, wenn sie versuchte mich zu schützen, dass sie mir nicht helfen konnte und stattdessen nur selbst Prügel bekam. Darum hielt sie sich meist zurück. Doch dieses Mal glaubte sie offenbar, dass Hamid ernst machen würde.

»Bitte nicht«, hörte ich sie schreien. »Hör doch auf! Frieden! Frieden!«

»Was ist los«, brüllte mein Vater zurück, »mischst du dich schon wieder ein?«

Und dann holte er auch sie. Nun geschah mit Elke dasselbe wie mit mir, auch sie fixierte er mithilfe großer Steinbrocken am Boden.

»So. Und jetzt sollt ihr beten!«, befahl er uns dann. Als wir nicht gleich reagierten, schrie er es nochmal: »Betet, ihr verdammten Huren, los, beten habe ich gesagt.«

Was für eine groteske Situation! Wie sollte ich, auf dem Rücken liegend, muslimische Gebete sprechen? Also murmelte ich irgendetwas: »Lieber Gott, mach dass dies bald vorübergeht. Mach, dass er mich schnell umbringt, mach, dass es nicht wehtut …« Aus den Augenwinkeln beobachtete ich erschrocken, wie mein Vater mit all seiner Kraft einen besonders schweren Felsbrocken hochwuchtete und in meine Richtung schwenkte. Es machte mir nichts aus zu sterben, aber ich hatte große Angst davor, dass es qualvoll sein würde. Diesen Felsbrocken, den mein Vater kaum halten konnte, auf den Kopf zu bekommen, stellte ich mir fürchterlich vor. »Warum erschießt er mich nicht einfach?«, fragte ich mich verzweifelt. Ich hatte über all die Jahre seltsame Strategien entwickelt, mit den Gewaltexzessen meines Vaters irgendwie umzugehen, ich hatte immer abgewogen, was ich tun musste, damit es der kürzere Schmerzensweg sein würde. Doch gesteinigt zu werden, damit hatte ich noch keine Erfahrung.

Ich sah, wie mein Vater ächzend näher kam, das Gesicht hochrot von der Anstrengung. Und dann auf einmal, wie aus heiterem Himmel, ließ mein Vater den Felsbrocken fallen und wandte sich von uns ab. Verlor das Interesse. Als hätte jemand einen Schalter umgelegt, war es mit einem Mal vorbei. Und wie so oft setzt auch hier meine Erinnerung aus: Ich habe nicht die geringste Ahnung, wer uns von den Felsbrocken befreite und wie wir zurück ins Hotel kamen.

Ich hatte überlebt. Einmal mehr hatte ich überlebt. Doch dieses Mal war ich nicht wirklich froh darüber.

Zurück im Hotelzimmer, machte ich Bestandsaufnahme. Ich sah furchtbar aus. Ich fühlte mich, als sei ich von einem Lastwagen überfahren worden, überall hatte ich offene Wunden und schwere Prellungen an den Armen, Beinen und dem gesamten Körper, doch am meisten schmerzten mich die Verletzungen am Kopf. Mein Bruder war bei mir. Mourad wurde von Jahr zu Jahr immer stiller. Er litt mit mir, und mir tat es weh, ihn so zu sehen mit seinen zwölf Jahren.

»Wenn ich älter bin«, sagte er, »dann beschütze ich dich. Das verspreche ich dir!«

Und dann nahm ich ihn in die Arme, und wir weinten beide, er aus hilflosem Zorn und ich aus Mitleid mit ihm, dass er das alles mit ansehen musste.

»Wenn ich ein Auto fahren könnte«, schluchzte er, »dann hätte ich ihn totgefahren. Ich schwöre es dir.«

Wir hielten uns lange aneinander fest und redeten über all das, was dieser Tag gebracht hatte und was wir in den vergangenen Jahren mit meinem Vater erleben mussten.

»Wenn ich ein Mann bin«, wiederholte er immer wieder,

»dann passiert dir das nicht mehr. Dann wird dir keiner mehr etwas tun!«

Sein Schmerz machte mich trauriger als alles andere. Und tatsächlich hat er sein Versprechen bis heute gehalten, ganz egal, was ich tue, welches Leben ich heute führe, auch wenn er manches vielleicht nicht gut findet; so habe ich immer diesen Schutz. Und das ist weiß Gott nicht selbstverständlich, wie die Geschichte von Hatun Sürücü beweist. Dass mein Bruder und ich bis heute – bei allen Streitigkeiten, die auch wir miteinander ausfochten und sicherlich noch ausfechten werden – so zueinander stehen, ist für mich einer der größten Schätze auf dieser Welt.

Damals bat ich Mourad, mich mit meinen Wunden zu fotografieren. Ich dachte mir, eines Tages würde ich das brauchen, auch wenn ich noch nicht genau wusste, wofür. »Zusammengeschlagene vor der Gardine«, scherzte ich, während mein Bruder die Fotos machte, und wie so oft nach überstandenen Gewaltexzessen mussten wir sogar lachen. Das Lachen tat weh, und ich hielt mir dabei meine Wunden. Durch die harten Schläge meines Vaters auf meinen Mund waren die Lippen so angeschwollen, dass sie aussahen wie mit Botox aufgespritzt. Mourad fand, dass mir das ganz gut stünde.

Dann ging ich unter die Dusche. Ich sah hinunter auf meine Füße, sah das Wasser zum Abfluss rinnen, und es war voller Blut, dazwischen welke Blätter und Stängel, ganze Büschel von meinem Haar. Da kamen mir erneut die Tränen. Ich liebte mein wildes Haar, und dass er mir das nahm, empfand ich als weitere Demütigung.

Gemeinsam mit meinem Bruder verbrachte ich eine ruhige Stunde, in der wir einander immer wieder versicherten, dass wir uns gegenseitig immer beistehen würden, egal, was kommen sollte.

Und dann begann ganz einfach eine neue Sache. Mein Vater rief mich zu sich. Elke legte Kleidungsstücke zusammen, wirkte geschäftig und abweisend. Auf dem Nachttisch stand eine Schale mit Marihuana. Mein Vater saß auf dem Bett und reinigte seine Pistole, zog eine Art Flaschenbürste durch ihren Lauf. Auch Munition lag auf dem Bett, schön in Reichweite. Ich hatte das Gefühl, jetzt hatten sich Elke und Hamid wieder miteinander verbündet, Elke würde sich aus allem heraushalten. Ihr abgewandter Rücken schien zu sagen: »Na ja, Meral, wenn du dich besser benommen hättest, wäre uns das alles gar nicht passiert. Wegen dir bin ich wieder mal zusammengeschlagen worden, alles nur wegen dir …«

Mein Vater klopfte mit der Hand auf die Stelle neben sich auf dem Bett. Ich wusste, was das bedeutete: Ich sollte mich neben ihn setzen. Das tat ich; aufrecht saß ich neben ihm und sah ihn an. Die Munition rollte auf mich zu. Ich fing sie auf und gab sie meinem Vater. Der lud in aller Ruhe seine Pistole und setzte sie mir an die Schläfe.

»Möchtest du leben oder sterben?«

Ich dachte: »Drück doch einfach ab!«

Stattdessen sagte ich: »Ich möchte leben.«

»Wie bitte?«

Wieder einmal tat er so, als hätte er mich nicht verstanden.

»Was hast du gesagt? Ich hab dich nicht gehört.«

»Ich möchte leben.«

»Das war wieder zu leise. Elke, hast du verstanden, was sie gesagt hat?«

Wie sehr ich diese Demütigungen hasste. Und eigentlich war es eine Lüge. Ich wollte nur zu gerne sterben. Besser sterben als auf Knien leben. Aber so viel Mut hatte ich nicht.

Irgendwann hatte mein Vater genug von seinem dämlichen Spiel, nahm die Pistole von meiner Schläfe und legte sie weg. Dann küsste er mich und sagte: »So. Und jetzt gehen wir in die Disco. Zieh dir was Schönes an. Das Kleid, das ich dir neulich gekauft habe, das sollst du anziehen.«

Und obwohl ich nicht die geringste Lust dazu hatte, obwohl ich nichts lieber wollte, als mich hinzulegen und meinen verletzten, geschundenen Körper ausruhen zu lassen, blieb mir nichts anderes übrig, als zu gehorchen. Ich zog also das Kleid an, und los ging es.

Meine Onkel, die nicht mit auf dem Boot gewesen waren und nichts mitbekommen hatten, hatte mein Vater ebenfalls zusammengetrommelt. Als sie mich sahen, ahnten sie allerdings alles. Mein Vater bestimmte, wie wir nun durch das Städtchen gehen sollten: Ich in der Mitte und seine Brüder wie eine Eskorte um mich herum. Einer ging vorneweg und die anderen an meinen beiden Seiten, sodass jeder, der uns kommen sah, wusste: »Aha, das ist eine orientalische ›Prinzessin‹, auf die wird aufgepasst.« Ich fand das alles furchtbar peinlich.

Wir gingen in eine Bar. Mein Vater wies mich an, nur auf mein Glas zu schauen. Natürlich hielt ich mich nicht daran. In der Nähe waren einige deutsche Touristen, und einer davon sah mich andauernd an. In einem kurzen, unbeaufsichtigten Moment sagte ich ihm, dass er mich nicht so anstarren sollte, wenn er nicht in eine Prügelei geraten wolle. Wie unangenehm mir das alles war! Nur zu gut konnte ich mir vorstellen, wie überrascht dieser Typ sein musste. Doch ich fand, an diesem Tag war schon genug passiert, und am Ende musste doch ich alles ausbaden.

Damals dachte ich es zum ersten Mal. Dass es so nicht ewig weitergehen konnte. Dass etwas geschehen musste. Dass wir sonst alle irgendwann tot sein würden, nicht nur ich. Mir wurde klar, dass mein Vater mehr und mehr ins Schleudern geriet. Und in diesen Schleuderkurs Richtung Abgrund zog er auch uns so langsam wie unaufhaltsam mit hinein.

Wenn wir nicht irgendwann etwas unternehmen würden. Doch was könnten wir tun?

13

Gefangen

Im Nachhinein gesehen, war dieser Zwischenfall in Manavgat an der türkischen Riviera der Anfang vom Ende. Mir war eines klar geworden: Wenn wir weiterleben wollten, wenn wir irgendwann ein normales Leben führen wollten, dann mussten wir weg von meinem Vater. Oder er musste weg. Mit »wir« meinte ich den Rest der Familie, nämlich Elke, die ich als meine Mutter betrachtete, Mourad, Meli und mich. Sollte er doch Leyla heiraten, wie er es immer wieder im Scherz vorschlug. Sollte er doch an ihr seine Launen auslassen, wozu hatte sie sich in unsere Familie gedrängt?

Es herrschte eine seltsame Stimmung bei uns im Haus. Keiner vertraute dem anderen. War ich in der Küche beschäftigt und hatte ein Messer in der Hand, achtete mein Vater peinlich genau darauf, mir nie den Rücken zuzuwenden. Blitzschnelle Blicke zwischen uns verrieten mir, dass er genau wusste, was ich dachte. Einige Wochen lang war ich geradezu besessen von der Idee, meinen Vater umzubringen. War er aus dem Haus, schmiedeten wir anderen offen Pläne. Und wieder lachten wir dabei. Unser Humor wurde immer schräger, wie verrückte, lachende Zombies heckten wir verwegene Mordphantasien aus.

»Wir könnten ein Boot mieten und weit auf einen See hinausfahren, und ihn dann ins Wasser schubsen. Er kann ja nicht schwimmen! Oh, bitte, Mama, lass uns das tun!«

In einer Kindersendung hatten wir gehört, dass Nüsse, die man zu lange liegen lässt, Blausäure entwickeln. Und so sammelten wir Nüsse und versteckten sie unter unseren Betten, um unseren Vater irgendwann damit zu vergiften.

Außerdem richtete sich in dem Herbst, der auf den Sommer 1995 folgte, meine Wut auch auf Leyla. Meinem Vater konnte ich nichts anhaben, doch sie war das perfekte Opfer. Außerdem verstand es Hamid ausgezeichnet, uns gegeneinander auszuspielen, doch das erkannte ich erst viel später. Eines Tages kam Leyla mit einer Brandwunde am Unterarm nach Hause. Es war unschwer zu erkennen, dass es sich um einen Zigarettenanzünder aus dem Auto gehandelt hatte, man sah es an der kreisrunden Form der Wunde. Mein Vater ging wieder einmal in die Offensive: »Schaut mal«, rief er lachend, »wie blöd die Leyla ist! Hat sich doch selbst mit dem Zigarettenanzünder verbrannt. Wie kann man nur so bescheuert sein.«

Als ich meinen Vater nochmals unter vier Augen danach fragte, gab er mir folgende Erklärung: »Die Leyla will, dass ich sie heirate. Aber ich hab ihr gesagt, dass das nicht geht! Ich hab ja schließlich schon eine Frau, oder? Da hat die blöde Kuh sich selbst das heiße Ding auf den Arm gedrückt. Sie will mich erpressen, verstehst du?«

Das bewirkte natürlich, dass meine Sympathien Leyla gegenüber nicht wuchsen, ganz im Gegenteil. Und eines Tages stellte ich sie zur Rede und machte sie so richtig fertig. Da brach sie zusammen. Unter Tränen enthüllte sie die Wahrheit: Als sie Hamid kennengelernt hatte, hatte er ihr versprochen, sie zu heiraten.

»Er hat gesagt, dass er Elke nicht liebt und nur wegen euch Kindern mit ihr zusammenlebt«, schluchzte sie. »Und dass er nur noch den passenden Zeitpunkt abwarten muss, bis er sich von Elke trennen kann. Dann würde er mich heiraten.«

Leyla hatte ihm geglaubt, so wie ihm stets alle Frauen alles abnahmen. Damals, an jenem Pfingsten 1994, vor rund eineinhalb Jahren also, habe sie sich von ihm in unser Haus locken lassen. Bei dieser Gelegenheit habe er sie vergewaltigt. Als Beweis zeigte sie mir ihr Tagebuch, in dem sie alles eingetragen hatte, ihre Hoffnungen und ihre Verzweiflung, die sich in all diesen Monaten stets abwechselten, wie der Tag auf die Nacht folgt.

Ich erinnerte mich an die blutigen Bettlaken, die mein Vater seinem Cousin Mohamed damals übergeben hatte, erinnerte mich an seine Worte: »Sie war noch Jungfrau, du kannst es bezeugen ...« Damals hatte ich nicht verstanden, was er damit meinte. Doch jetzt begann ich es zu ahnen: Normalerweise zeigt der Bräutigam in der Hochzeitsnacht das blutige Laken der Familie als Beweis für die Jungfräulichkeit der Braut. War diese seltsame Situation, in der Hamid seinen Cousin quasi zum Zeugen von Leylas Jungfernschaft gemacht hatte, für ihn eine Art Ersatz für dieses alte Ritual gewesen?

»Hamid wird sich niemals von Elke trennen«, erklärte ich der verzweifelten Leyla, die ja nur fünf Jahre älter war als ich und unter anderen Umständen meine große Schwester hätte sein können.

»Aber was mach ich denn dann?«, weinte sie. »So kann ich doch nicht zurück nach Hause. Ich weiß nicht was ich tun soll! Am liebsten möchte ich sterben!«

»Noch eine«, dachte ich. »Noch eine, die am liebsten sterben will, und alles nur wegen diesem Mann.« Von da an richtete sich meine Wut, die ich bislang an Leyla ausgelassen hatte, gegen meinen Vater. Wie kam er nur dazu, uns alle dermaßen unglücklich zu machen?

»Nein«, sagte ich. »Er sollte sterben, nicht wir. Er ist derjenige, der das alles angerichtet hat. Wir müssen weg von hier. Sonst wird er uns alle in den Abgrund reißen. Und du musst wieder nach Hause zurück.«

Von nun an waren wir, wenn auch nicht wirklich Freundinnen, so doch Verbündete. Ich war ganz erfüllt von dem Gedanken, Leyla zu retten. Da gab es doch diese Frauenärzte, die sich auf die Rekonstruktion von Jungfernhäutchen spezialisiert hatten; meine Tanten hatten in der Küche einmal hinter vorgehaltener Hand davon gesprochen, dass man heute nicht mehr mit Sicherheit sagen könnte, eine Braut hätte noch nie einen anderen Mann gehabt, auch wenn sie in der Hochzeitsnacht blute. Mich hat das damals natürlich sehr fasziniert, wie alles, womit man den rigiden Konventionen eine lange Nase drehen konnte.

Leyla hörte auf zu weinen, als ich ihr davon erzählte. »Aber«, fragte sie, »wie soll das gehen? Wie finden wir so einen Arzt? Sicher kostet das eine Menge Geld. Und Hamid ... wie sollen wir es vor ihm verheimlichen?«

»Wir gehen einfach zusammen zu einem Frauenarzt«, entschied ich. »Und ich nehme einfach mein Versicherungskärtchen von der Krankenkasse mit.«

Natürlich war das mehr als naiv. Dennoch verfolgte ich diesen Plan. Dass es nicht klug war, zu meinem eigenen Frauenarzt zu gehen, bei dem auch Elke Patientin war, das war mir klar. Also fragte ich Rhea und Simone, und schließlich fanden wir eine Frauenärztin, die uns über drei Ecken empfohlen wurde.

Heimlich vereinbarte ich einen Termin bei ihr. Während mein Vater bei der Arbeit war, gingen Leyla und ich mit klopfenden Herzen dorthin. Unsere Ernüchterung war groß, als bereits im Vorzimmer klar wurde, dass Leyla nicht mit meiner Krankenversicherung behandelt werden konnte. Als wir der Gynäkologin gegenübersaßen, hatten wir nicht mehr den Mut, unsere Situation zu erklären. Was hätte ich denn auch sagen sollen? »Mein Vater hat dieses Mädchen vergewaltigt, und jetzt braucht sie eine neue Jungfernhaut, damit sie nach Hause kann, denn hier in Deutschland lebt sie illegal«? Das war ja schlecht möglich, und darum gingen wir mit hängenden Köpfen unverrichteter Dinge wieder nach Hause.

Mir war klar, dass wir den Plan nicht gut durchdacht hatten. Schließlich müsste Leyla nach der Rekonstruktion ihres Jungfernhäutchens sofort zurück zu ihrer Familie in Marokko fliehen können; nicht auszudenken, was passieren würde, wenn sie meinem Vater wieder in die Hände fiel.

»Dann wäre das schöne neue Jungfernhäutchen auch wieder futsch«, sagte ich und musste schrecklich lachen bei dieser Vorstellung. Und doch war es wieder einmal ein sehr seltsames Gefühl, so über meinen Vater zu sprechen. Wie über einen Triebtäter, einen Verbrecher. Doch je mehr ich unter ihm zu leiden hatte, und das war fast jeden Tag der Fall, desto mehr schwand meine Liebe zu ihm und wandelte sich in ein anderes Gefühl: nüchtern, kalt und spröde wie Glas.

Und dann passiert etwas, das niemand von uns vorhersehen konnte: Im September hat Tanja, das Mädchen von gegenüber, mit dem ich befreundet bin, Geburtstag, und sie lädt mich zu ihrer Party ein. Ihr Vater ist Polizist. Hamid versucht sich immer gut mit ihm zu stellen, und vielleicht ist das der Grund, warum dieser Polizeibeamte all die Jahre nie eingriff, auch wenn er fast täglich unsere Schmerzensschreie hörte. Jeder, der in unserer unmittelbaren Nachbarschaft lebt, kann gut weghören. Da ist zum Beispiel eine Justizbeamtin, die Wand an Wand mit uns wohnt und sich einmal darüber beschwerte, dass Elke beim Sex zu laut stöhnte. Wenn sie das so gut hören konnte, um wie viel deutlicher muss sie den Lärm mitbekommen, den die Gewaltexzesse meines Vaters verursachen? Doch auch sie unternimmt nichts.

»Wir haben sturmfreie Bude«, strahlt Tanja. »Meine Eltern fahren extra weg, damit wir so richtig schön feiern können!«

»Au Mann«, denke ich, »und ich muss wieder zu Hause bleiben.«

Doch dann höre ich, dass unsere Eltern genau an diesem Abend gemeinsam weggehen wollen, und beschließe, trotz des Verbots rüberzugehen und wenigstens ein bisschen mitzufeiern.

Es wird ziemlich spät, bis Elke und Hamid endlich aufbrechen. »Eine Stunde könnte ich mich davonschleichen«, denke ich. »Oder vielleicht auch zwei ...« Meine Geschwister und Leyla weihe ich ein, und sie versprechen, mich nicht zu verraten.

Als ich an Tanjas Haustür klingle, muss ich lange warten, dann öffnet mir ein angetrunkener Junge, den ich nicht kenne. Enttäuscht registriere ich, dass die Party offenbar schon vorbei ist. Hier und dort liegen noch ein paar betrunkene Jugendliche zwischen all dem Chaos aus Flaschen und Gläsern. Da ich mich in Tanjas Haus auskenne, gehe ich direkt in den Keller in den Hobbyraum, hole die CD von »2 Unlimited« aus der Anlage und suche im Stapel so lange, bis ich Lenny Kravitz' »Are you gonna go my way« finde. Ich lege die Scheibe ein, schließe die Augen und fange an zu tanzen. Ganz allein.

»Wo kommst du denn her«, höre ich Tanja durch die Musik hindurch schreien. »Hat er dich jetzt erst gehen lassen?«

Sie trägt ein riesiges Tablett voller schmutziger Gläser.

»Ich bin abgehauen«, erkläre ich ihr.

Tanja macht ein erschrockenes Gesicht.

»Alles easy«, beruhige ich sie, »sie sind gerade erst gegangen, das kann dauern. Sollen wir eine rauchen? Ich hab was von meinem Vater geklaut!«

»Oh, geil«, schreit Tanja. »Gerne!«

Ich habe den Stoff unter der kitschigen Lampe in Form einer Moschee gefunden, die bei uns zu Hause herumsteht. Jetzt hole ich ihn raus und fange an, einen Joint zu drehen.

»War das wieder unter der Moschee? Sag mal, merkt er das nicht?«

Ich zucke mit den Schultern. Tanja stellt das Tablett weg und wir setzen uns hin. Ich zünde die Tüte an, nehme einen tiefen Zug, lehne mich entspannt zurück und atme den Rauch wieder aus. Da klingelt es an der Tür. Ich fahre entsetzt auf.

»Wer kommt denn so spät noch?«, fragt Tanja und steht auf.

Ich halte sie am Arm fest. Mir schwant Schreckliches.

»Tanja«, sage ich leise, und meine Stimme zittert, »wenn das mein Vater ist ... der bringt mich um ...«

Wieder läutet es, diesmal etwas länger, ungeduldiger. Ich springe auf und sehe mich um wie ein gehetztes Tier. Tanja geht nach oben, und ich folge ihr auf Zehenspitzen. Vorsichtshalber verstecke ich mich hinter der Küchentür und lausche. Tanja öffnet die Haustür.

»Hallo, Tanja«, höre ich meinen Vater sagen, und mein Blut gefriert mir in den Adern, »ist Meral da?«

»Nein«, antwortet Tanja.

Ein paar Sekunden, die mir wie eine Ewigkeit vorkommen, herrscht Schweigen. Dann höre ich wieder die Stimme meines Vaters.

»Tanja«, sagt er ernst, »wenn ich herausbekomme, dass das nicht stimmt, dann kriegst du großen Ärger.«

»Aber Herr Al-Mer«, gibt Tanja im unschuldigsten Ton zur Antwort. »Meral ist wirklich nicht hier.«

Mein Vater lässt es damit tatsächlich bewenden und verabschiedet sich. In meinem Kopf dreht sich alles. Ich muss weg von hier, so schnell wie möglich. Doch wohin? Wie kann ich meine Abwesenheit so spät am Abend erklären?

Schnell und leise wie ein Wiesel laufe ich barfuß, die Schuhe in der Hand, in den Garten hinaus und über den Rasen, springe über den Zaun und renne bis zur nächsten Hausecke, spähe auf die Straße vor unserem Hauseingang. Elke geht die Straße auf und ab und knabbert, wie so oft, wenn sie nervös ist, an ihren Fingernägeln. Mein Vater kommt aus dem Haus, und ich ziehe den Kopf ein, damit er mich nicht entdeckt. Als ich vorsichtig wieder zu ihm hinüberspähe, sehe ich, wie er zum Nachbarhaus rechts von unserem geht. Ich spurte los und laufe in die entgegengesetzte Richtung. Hier drüben wohnt Angelika; sie muss mir helfen. Sie muss.

Ich läute, und sie macht mir die Tür auf. Auf einen Blick erkennt sie meine Verzweiflung und lässt mich ins Haus. »Kannst du mir bitte, bitte helfen«, flehe ich sie an und erkläre ihr alles.

Angelika ist so alt wie meine Mutter, sie hat mir schon ein paarmal bei meinen Mathematikaufgaben geholfen. Und das ist es, was uns auf die Schnelle einfällt: Sie zieht die Mathebücher aus dem Regal und schlägt sie auf. Wir setzen uns an den Tisch und warten. Ich versuche meinen Atem zu beruhigen; meine Angst ist unendlich groß. Und dann klingelt es auch schon. Angelika wirft mir noch einen beruhigenden Blick zu, dann öffnet sie die Tür.

Mein Vater kommt herein, und ich tue so, als würde ich in einem der Bücher blättern. Und fühle zugleich, dass er uns das nicht abnimmt. Nicht um diese Zeit. Nicht, wenn nebenan eine Party läuft.

Angelika redet beruhigend auf meinen Vater ein. Ich bin mir nicht sicher, ob er ihr zuhört, sein Blick ist unverwandt auf mich gerichtet. Auf Angelika hält er große Stücke, sie ist eine Freundin von Elke, und er selbst ist mit Angelikas Mann Friedhelm befreundet, die beiden sind schon zusammen mit dem Motorrad unterwegs gewesen. Mein Vater hat die Angewohnheit, sein Handy zu zertrümmern, wenn er wütend ist, und einige Male hat es ihm Friedhelm dann wieder repariert. Meine Chancen stehen nicht schlecht, dass er sich von Angelika tatsächlich ins Gewissen reden lässt.

»Du musst mir versprechen«, sagt Angelika gerade, »dass du dem Mädchen nichts tust. Sonst bleibt sie hier, Hamid, das ist mein Ernst.«

Schließlich verspricht er es ihr. Doch Angelika ist noch nicht überzeugt. »Du musst es mir schwören«, sagte sie. »Auf den Koran musst du mir schwören, dass du das Mädchen nicht schlägst, hörst du?«

Sie begleitet uns tatsächlich nach Hause, mein Vater holt seinen Koran aus dem Bücherschrank und legt seine Hand darauf.

»Ich werde ihr kein Haar krümmen«, sagt er. »Ich schwöre es.«

Erst jetzt ist Angelika beruhigt und verabschiedet sich. Die Tür fällt ins Schloss. Von meinen Geschwistern ist nichts zu sehen. Ich beobachte meinen Vater, doch er scheint sich tatsächlich an sein Versprechen zu halten. Wir reden ganz ruhig miteinander, sicherlich eine Stunde lang, wenn nicht länger. Und dann passiert es wieder. Ich habe irgendetwas Falsches gesagt oder getan, eine Kleinigkeit, ich weiß selbst nicht genau, was der Auslöser war. Oder vielleicht übernimmt das Monster in ihm wieder die Kontrolle und es liegt gar nicht an mir. Warum suchen Frauen, die häuslicher Gewalt ausgesetzt sind, eigentlich immer zunächst die Schuld bei sich selbst? Was auch immer die Ursache dieses Mal war: Wieder bricht die Hölle aus, ich versinke in einer übermächtigen Welle aus Gewalt.

Von diesem Abend, der nicht enden will, habe ich heute noch eine Narbe am Bein von einer tiefen Fleischwunde. An meiner Stirn, direkt unter dem Haaransatz, drückte mein Vater seine brennende Zigarette aus, eine halbmondförmige Narbe zeugte noch viele Jahre davon. Als er endlich mit mir fertig war, sperrte er mich in mein Zimmer ein. Das sollte für die nächsten Wochen mein Gefängnis sein. Ich durfte nicht mehr zur Schule gehen. Das Essen wurde mir heruntergebracht, ich musste in einen Eimer pinkeln, es war mir nicht einmal mehr erlaubt, das Bad zu benutzen, mich zu waschen oder zu duschen. Auch meine Wunde am Bein wurde nicht versorgt, ich konnte ohnehin kaum gehen. So lag ich Tage und Nächte, nur auf einer Matratze auf dem kaltem Fliesenboden, schrieb Tagebuch oder döste vor mich hin, um in diesen Albtraum wieder aufzuwachen: Gefangene meines Vaters zu sein. Und das auf unbestimmte Zeit.

Wenn mein Vater nachts nicht schlafen konnte, dann kam er zu mir herunter und trat mich in die Seite, bis ich wach war.

Dann zählte er mir alle meine Vergehen auf. Dass ich sein Verbot ignoriert hatte und zu Tanjas Party »abgehauen« war, sei das letzte Glied in einer langen Kette von Verfehlungen, die unverzeihlich seien. Er könne mir nicht mehr vertrauen.

»Du bleibst so lange in diesem Zimmer, bis ich einen passenden Ehemann für dich zu Hause in der Türkei gefunden habe. Dann wirst du heiraten, und ein anderer übernimmt die Verantwortung für dich. Bis dahin bist du meine Gefangene.«

Eines Abends kam mein Onkel Momo, der Bruder meines Vaters, der nur wenig jünger war als er. Das war etwas Besonderes, denn Momo kam selten zu uns. Er hatte immer deutsche Freundinnen, aber noch keine Kinder. Er verschaffte sich zunächst als Boxer, dann als Security-Unternehmer und später als Clubbesitzer in Mönchengladbach erst einen Namen und dann einen schlechten Ruf.

Zwei, drei Jahre zuvor hatte ich etwas Unangenehmes mit diesem Onkel erlebt. Ich war damals noch ein richtiges Kind, auch wenn mein Vater langsam begann, mich alles Möglichen zu verdächtigen, und da ich immer so verschmust war, saß ich allen immer noch gern auf dem Schoß. So einmal auch bei meinem Onkel Momo. Während wir fernsahen, merkte ich auf einmal, wie seine Hand vom Bauch ganz langsam immer weiter nach oben glitt, bis sie schließlich auf meinen gerade sprießenden Brüsten ankam. Ich schob die Hand mit dem Arm wieder nach unten, auf den Bauch, wo sie meiner Meinung nach hingehörte. Nun aber wanderte die Onkelhand ganz langsam nach unten in meinen Schlüpfer. Wieder korrigierte ich das, bis sich ein stummer Ringkampf entwickelte. Irgendwann wurde es mir zu blöd. Ich rutschte von Onkel Momos Schoß, ging in die Küche und erzählte seiner damaligen Freundin Tina von der wandernden Hand.

»Ach was«, wehrte sie ungläubig ab, »das bildest du dir nur ein.«

An diesem Abend tauchte er also mit seiner aktuellen Freundin Melanie auf. Ich hatte den Eindruck, dass mein Vater alle anderen aus unserer Familie auf das vorbereiten wollte, was er mit mir vorhatte. Ja, er wollte all diese Menschen, die ja ihr eigenes Leben führten, zu Zeugen dafür machen, dass ich ihn in den Wahnsinn trieb und er keine andere Wahl hatte, als mich entweder umzubringen oder in der Türkei zu verheiraten.

Also erzählte er Onkel Momo und seiner überraschten Freundin, was ich wieder einmal angerichtet hätte, und verlangte von seinem Bruder, dass er mich bespucken und zusammenschlagen sollte. Das alles hörte ich dort unten in meinem Verlies und wartete nun darauf, dass Momo zu mir kam, um das auszuführen.

Schließlich hörte ich die schweren Schritte die Treppe herunterpoltern. Ich hielt den Atem an und machte mich auf eine neue Prügelattacke gefasst. Onkel Momo kam herein und trat mehrmals kräftig gegen die Tür. Ich starrte ihn entsetzt an. Dann klatschte er ganz oft in die Hände, und ich verstand: Er tat nur so, als ob er mich verprügeln würde. Dabei trat er mir aber tatsächlich – aus Versehen? – mit seinen schweren Cowboystiefeln auf die nackten Füße. Dann bespuckte er mich noch, damit mein Vater auch etwas zu sehen bekam, als ich schließlich reumütig mit ihm zusammen nach oben gehen musste.

»Ich sehe nur zwei Möglichkeiten«, sagte mein Vater zu seinem Bruder und dessen Freundin, die beide so angezogen waren, als würden sie eigentlich ausgehen wollen. »Entweder ich bringe das Luder um oder sie heiratet. Es sei denn, sie ändert sich.«

»Was soll ich denn ändern?«, fragte ich mich verzweifelt.

»Du hast recht«, sagte Onkel Momo zu meinem Vater. »Meral kann froh sein, dass sie überhaupt noch lebt!«

Ich sah ihn entsetzt an. Wie konnte er so etwas sagen! Mein Blick beggegnete auch dem dieser fremden Frau namens Melanie, die Zeugin meiner Demütigung wurde. Auch in ihren Augen las ich nichts als Enttäuschung und Missbilligung. Dann wandte sie sich ab, um mit meinem Onkel auszugehen.

»Los«, herrschte mich mein Vater an, »zurück mit dir in den Keller!«

Wieder wurde ich eingeschlossen. Ich hatte ja kein Waschbecken in meinem Zimmer und suchte irgendetwas, womit ich mich abwischen konnte, und rieb mir meine kalten, schmerzenden Füße.

Die Tage in meiner Gefangenschaft verflossen zäh. Ich hatte meinen Plattenspieler und hörte Musik. Dabei schrieb ich Tagebuch und betete viel. Stundenlang stellte ich mir vor, wie mein Leben aussehen könnte ohne diese Gewalt, ohne diesen ständigen Druck – ohne meinen Vater. In meinen Tagträumen sah ich mich aus Türen gehen, ohne »Tschüs« zu sagen ...

Eines Tages nahm mir mein Vater den Pass weg.

»Den brauche ich, damit ich das Ticket für dich kaufen kann.«

Dass ich seine Gefangene sei und in der Türkei verheiratet würde, das erzählte er auch Pa, Elkes Vater. Denn vor Manfred hatte mein Vater Respekt.

»Ich weiß nicht mehr, was ich machen soll«, jammerte Hamid. »Bürgst du für Meral, Manfred?«

»Ja«, sagte der, »ich bürge für sie. Lass sie auf ein verlängertes Wochenende zu uns kommen.«

Und tatsächlich erlaubte mein Vater das, unter der Bedingung, dass er mich wieder zurückbringen würde. Mein Großvater versprach es.

Manfred kam und half mir, meine Sachen zusammenzupacken. An seinem Arm humpelte ich aus meinem stickigen Zimmer. Dieser »Haft-Urlaub« wurde zu einer Art Sanatoriums-Wochenende, in dem sich Ella und Manfred alle Mühe gaben, mich körperlich und seelisch wieder aufzubauen, so gut es ging. Ich durfte baden, bekam frische Kleider. Sie nahmen mich mit in ein Thermalbad, verbanden mein Bein. Und dann lieferten sie mich wieder zu Hause ab. Was hätten sie denn auch anderes tun können? Mich entführen? Wir alle kannten meinen Vater gut genug, um zu wissen, dass er bei den Behörden überzeugend den besorgten Vater spielen würde. Und schließlich hatte er meinen Pass.

In den vergangenen zehn Jahren hatten sie durchaus mitbekommen, dass wir alle regelmäßig misshandelt wurden. Wie oft rief Elke, frisch verprügelt, ihre Eltern an und bat sie unter Tränen, sie »hier rauszuholen«. Wie oft fuhren Ella und Manfred von Holland, wo sie die meiste Zeit verbrachten, nach Mönchengladbach, sammelten ihre Tochter ein und nahmen sie mit. In ihrem Elternhaus bezog Elke dann ihr Kinderzimmer, das noch genauso aussah, wie sie es vor Jahren verlassen hatte, mitsamt ihrer Puppensammlung und allen Bilderbüchern. Da saß sie dann, und nach ein, zwei, spätestens drei Tagen wollte sie wieder »nach Hause«, zurück zu ihrem Mann. Es schien keinen Ausweg zu geben, weder für Elke, noch für mich. »Dann sorg halt dafür«, sagte Ella auf ihre pragmatische Art, »dass er sich nicht mehr so über dich aufregt.« Als wenn das so einfach wäre.

Und so bezog ich wieder mein Zimmer, das zu meinem Gefängnis geworden war. Da es im Keller lag, hatte es nur Fenster mit Lichtschächten, es war kaum möglich, mich bemerkbar zu machen. Eines Tages entdeckte ich Tanja, die direkt an unserem Haus vorüberging. Ich rief nach ihr, und sie hörte mich tatsächlich.

»Tanja«, sagte ich, »ich bin in meinem Zimmer eingesperrt. Bitte hilf mir! Mein Vater hält mich hier gefangen!«

Doch offenbar konnte sie sich so etwas überhaupt nicht vorstellen, sie lachte nur, als hätte ich einen besonders guten Witz gemacht, und ging weiter. Nichts geschah. Obwohl ihr Vater Polizist war, unternahm sie nichts, um mir zu helfen.

Rhea war es, die irgendwann das Jugendamt alarmierte. Dass ich krank sei und deshalb nicht zur Schule kommen könnte, hatte sie eine Weile akzeptiert. Doch warum verbot man ihr jeden Besuch bei mir? Sie kannte meinen Vater und hielt es für besser, dass jemand nachsehen kam. Und so stürmte eines Tages Elke zu mir herunter.

»Komm schnell«, sagte sie nervös. »Zieh dir rasch was über, damit du normal aussiehst. Da sind zwei Frauen vom Jugendamt gekommen. Die dürfen auf keinen Fall etwas merken.«

Sie führte mich nach oben. Da saßen zwei fremde Frauen auf dem Sofa, hielten bereits Teegläser in ihren Händen und lauschten meinem Vater, der vor ihnen auf und ab ging und seine charmanteste Seite zeigte.

»... natürlich kann Meral ab morgen wieder zur Schule gehen«, hörte ich ihn gerade sagen.

Ich setzte mich in einen der Sessel, versuchte die Situation zu erfassen. Wie weit waren die Frauen vom Jugendamt bereits von meinem Vater eingenommen? Hatte ich eine Chance, diesem Albtraum zu entkommen? Auf der Treppe sah ich kurz Mourads verängstigtes Gesicht. Auch ihn hatte ich viele Tage nicht sehen dürfen.

»Die Damen machen sich Sorgen um dich«, sagte mein Vater in amüsiertem Ton zu mir. »Aber jetzt kannst du ihnen ja selbst sagen, wie es dir geht.« Und dabei sah er mich an mit diesem Blick, den ich nur zu gut kannte. *Wenn du auch nur ein Sterbenswörtchen sagst, bist du morgen in der Türkei. Oder tot. Such es dir aus. Es wird dir sowieso keiner glauben.*

Ich wusste, dass er recht hatte. Und selbst wenn ... selbst wenn mir diese Frauen Glauben schenkten, würden sie mich auf der Stelle mitnehmen und vor meinem Vater beschützen? Keiner konnte mich vor meinem Vater schützen, zu diesem Schluss war ich schon lange gekommen. Weder Angelika, noch der Polizist von gegenüber, nicht einmal mein Opa Manfred.

»Also«, sagte mein Vater und lächelte die beiden Frauen gewinnend an. »Ich bin dann mal kurz weg.« Und zu meiner großen Überraschung verließ er tatsächlich das Haus.

»Du gehst schon seit drei Wochen nicht mehr zur Schule, Meral«, sagte eine der beiden Frauen zu mir. »Wieso nicht?«

Mein Vater war weggegangen. Aber war er das nicht an jenem Abend auch, als ich gegen seinen Willen Tanjas Party besucht hatte? Stellte er mich heute möglicherweise genauso auf die Probe wie damals, und wenn ich etwas verraten oder gar mit diesen Frauen das Haus verlassen sollte, würde das nicht wieder furchtbare Folgen für mich und alle anderen haben? Lauerte er vor dem Haus mit seiner Pistole und wartete nur darauf, dass ich herauskam? Das, was hinter mir lag, hatte mich dermaßen sensibilisiert, dass ich mir nicht vorstellen konnte, dass sich mir hier ein echter Ausweg bot.

»Ich hab mich am Bein verletzt«, sagte ich mit rauer Stimme. »Darum war ich nicht in der Schule.«

»Du wirst hier also nicht festgehalten?«, fuhr die Frau fort.

Elke sah mich mit entsetzt aufgerissenen Augen an. *Sag nur nichts Falsches*, schien sie mir übermitteln zu wollen.

»Du kannst ganz offen mit uns reden«, sagte die zweite Frau, die bisher geschwiegen hatte, »Frau Al-Mer, wenn Sie möchten, können Sie jetzt ein paar Sachen zusammenpacken und mit uns kommen. Wir könnten Sie alle im Frauenhaus unterbringen, wir haben gehört, dass Herr Al-Mer mitunter gewalttätig sein soll. Wir wollen Ihnen helfen.«

Sie sah von mir zu Elke.

»Ach«, sagte Elke und lachte nervös, »das ist wirklich nett von Ihnen. Aber das ist nicht nötig. Wir kommen schon zurecht.«

»Und du, Meral?«

Alle Augen ruhten auf mir.

»Na ja«, sagte ich schließlich, »mein Vater ist manchmal … sehr streng. Wir hatten … viel Streit in … in letzter Zeit.

Aber ich denke, wir sollten noch ein paar Tage abwarten, was meinst du, Mama? Vielleicht renkt sich das wieder ein.«

Elke nickte wie wild.

»Das renkt sich ganz bestimmt wieder ein.«

Die beiden Frauen musterten uns forschend.

»Und diese Wunde am Bein«, fragte die eine, »wie hast du dir die zugezogen?«

»Ich bin gestolpert«, sagte ich rasch, »auf der Terrasse, über die Blechgießkanne. Und die Kante ... hat mir ins Fleisch geschnitten.«

Das war gelogen. In Wirklichkeit hatte mein Vater, nachdem er mich zusammengeschlagen hatte, alles Mögliche auf mich draufgeworfen, was er nur finden konnte, unter anderem eine fette Stereoanlage und diese schwere Gießkanne, die er auf mein Bein krachen ließ. So war die Verletzung entstanden. Doch ich hatte mich entschieden, den Frauen lieber nicht die Wahrheit zu sagen.

»Also gut«, sagte die andere Frau, stellte ihr leeres Teeglas auf den Couchtisch und erhob sich.

Und ich musste an all die Kerben in diesem Tisch denken, die unter diesen hübschen türkischen Deckchen verborgen waren, Spuren der Exzesse meines Vaters mit dem großen, schwarzen Küchenmesser, das er so gerne benutzte, um uns Angst zu machen und alles Mögliche anzudrohen.

An der Haustür drückten die Frauen Elke eine Visitenkarte in die Hand. »Falls Sie es sich anders überlegen.« Und dann waren sie fort.

»Hat er wirklich gesagt, ich darf morgen wieder zur Schule?«

Elke nickte. Ich konnte es immer noch nicht fassen. Meinte mein Vater das ernst? Oder war das nur Show gewesen vor den Frauen vom Jugendamt?

Zum Abendessen kam mein Vater wieder nach Hause. Elke

hatte mich nicht wieder ins Zimmer gesperrt, und ich wartete besorgt auf seine Reaktion. Doch er war bester Laune.

»Na«, wollte er wissen, »war's noch nett mit den Damen vom Jugendamt?«

»Ach«, sagte Elke, »die sind bald wieder gegangen.«

Mein Vater sah zufrieden von ihr zu mir und nickte. Er hatte uns im Griff, auch in seiner Abwesenheit konnte er sich auf uns verlassen. Zumindest auf Elke. Aber auch ich hatte dieses Mal in seinen Augen nicht versagt.

»Heute Abend«, verkündete er, »gehen wir aus. Wir gehen ins Café Belli! Und du, Meral, kommst mit!«

Ich wusste nicht, was ich denken sollte. Ins Café Belli gingen unsere Eltern sonst immer allein, dort hatten sie schon mal neue Freunde kennengelernt. Und jetzt sollte ich mit meinen vierzehn Jahren mitkommen?

»Aber morgen«, fragte ich zaghaft, »gehe ich da wirklich wieder zur Schule?«

»Natürlich«, strahlte mein Vater. »Du hast doch gehört, was ich gesagt habe. Warum sollst du morgen nicht zur Schule gehen?«

14

»... dann bin ich es!«

Mein Vater hatte gute Laune. Er lockerte meinen Arrest, erklärte, dass ich mich im Haus wieder frei bewegen dürfe, doch noch immer sei mir verboten, es ohne seine Erlaubnis zu verlassen. Ich sollte allerdings nicht glauben, dass die »Sache mit meiner Abschiebung« vergessen sei, er habe nur noch nicht den passenden Ehemann für mich gefunden. Inzwischen aber dürfe ich wieder zur Schule gehen, wenn ich ihm ansonsten gehorchte. Wenn nicht, würde ich wieder eingesperrt.

Aber an diesem Abend wollte er mit Elke und mir ausgehen. Es war schon spät, als wir aufbrachen, und eigentlich wäre ich lieber ins Bett gegangen, damit ich am anderen Morgen ausgeschlafen in die Schule gehen konnte. Aber eine Widerrede kam natürlich nicht in Frage.

Mein Vater legte Wert darauf, dass ich etwas Schönes anzog, und so präsentierte er mich stolz seinen Freunden: seine älteste Tochter. Ich trank eine heiße Schokolade mit Sahne und saß brav neben Elke.

Ich war schrecklich müde, als wir endlich nach Hause kamen. Und da unterlief mir ein Fehler, der alles wieder zunichtemachte, was dieser Tag an positiven Veränderungen gebracht hatte: Ich ging zu Bett, ohne vorher um Erlaubnis gefragt zu haben.

Ich lag kaum im Bett, als er mich rief, mit dieser Stimme, die Schreckliches verhieß. Rasch sprang ich auf und zog mir eine Strumpfhose und ein T-Shirt an; ich wollte ihn glauben machen, ich sei noch gar nicht zu Bett gegangen. Doch es nützte mir nichts.

Wieder einmal ging es um den Dank, den ich ihm schuldete. Dass ich am Leben war, dass er mich nicht in diesem Drecksnest bei meiner furchtbaren Mutter gelassen hatte. Dass ich so leben konnte, in diesem Luxus. Schließlich hatte ich alles, was man sich nur wünschen konnte: Klavierunterricht und Gesangstunden, eine gute Ausbildung und so weiter und so fort, und er war es, der mir das alles ermöglichte. »Und wo ist dein Dank?«

Wie so oft, redete er sich in eine solche Wut hinein, dass seine Adern an der Schläfe anschwollen und er dunkelrot im Gesicht wurde. Dann ging es los: Er schlug mich durch die ganze Wohnung und wieder zurück. Ich stürzte, er packte mich an den Füßen und zerrte mich an der Strumpfhose herum, zog mir dabei die Strumpfhose vom Leib, bis ich halbnackt vor ihm lag. Er warf sich auf mich und schrie mich an, biss mir fest in die Unterlippe, bis sie blutete. In seinem Wüten war er beim Thema »Hure« angelangt, und schrie immer wieder: »Damit du es weißt: Wenn dich einer fickt, dann bin ich es.«

Er nestelte an seiner Hose herum, drückte meine Beine auseinander, schob tastend seinen Zeigefinger in meine Vagina, wollte herausfinden, ob ich noch Jungfrau war oder nicht.

»Jetzt vergewaltige ich dich«, schrie er immer wieder, und wir rangen miteinander. Ich strampelte, machte mich frei von ihm, da warf er sich erneut auf mich, fixierte meine Ellbogen mit seinen Knien und brüllte: »Elke! Bring mir meine Knarre.«

Elke erschien auf der Treppe, die nach oben führte, und fragte: »Was ist denn?«, so als habe sie nicht schon lange mitbekommen, was geschah.

»Hol mir meine Knarre!«

»Ist gut«, gab sie eilfertig zur Antwort, und statt ihm eine Eisenpfanne über den Schädel zu schlagen, lief sie wieder nach oben, denn mein Vater bewahrte seine Pistole in seinem Schlafzimmer auf.

Und wir? Warteten. Er kniete auf mir, ich konnte mich nicht

rühren, und so warteten wir eine scheinbare Ewigkeit, bis Elke endlich wieder oben an der Treppe erschien und hysterisch und ganz verzweifelt schrie: »Ich find die nicht!«

Vielleicht war es diese Wendung, vielleicht war auch mein Vater für einen Moment unaufmerksam, jedenfalls gelang es mir, all meine Kraft zusammenzunehmen, die Knie anzuziehen und ihn so kräftig ich nur konnte von mir zu stoßen – er taumelte tatsächlich rückwärts durch das halbe Wohnzimmer.

So etwas hatte ich noch nie zuvor gewagt, denn ich wusste seit Langem, dass seine Rache nur noch viel schrecklicher ausfallen würde, wenn ich mich wehrte. Einen endgültigen Sieg konnte ich ja nicht über ihn erringen, er war der Stärkere, er war die Autorität, und meine Strategie war es bislang immer gewesen, mich bei seinen Prügelexzessen so zu verhalten, dass ich die Sache nicht noch verlängerte oder verschlimmerte. Aber in dieser Situation, als er immer wieder schrie, dass er mich jetzt vergewaltigen würde – in dieser extremen Bedrohung kämpfte ich wie eine Löwin. Und war selbst überrascht über die Kraft, die immer noch in mir wohnte.

Danach war die ganze Sache wieder einmal genauso überraschend vorüber wie viele Male zuvor. Mein Vater stand auf, rückte sich die Hose zurecht und sagte: »Geh zu Bett.«

Und das tat ich dann auch auf dem schnellsten Wege.

War es ihm um Sex gegangen? War er erregt, wollte er wirklich tun, was er mir angedroht hatte? Oder wollte er mir seine Allmacht demonstrieren, wollte er zeigen, dass er Herr über mich war, über mein Leben, über mein Jungfernhäutchen, einfach über alles? Ich habe bis heute keine eindeutige Antwort darauf.

Mit Sicherheit drehte sich bei meinem Vater wie in seiner ganzen Familie einfach alles um Sex – auch in der Negation, in all den Verboten und Vorschriften, den Tabus, die sie sich zusammengebastelt hatten aus lauter Furcht, »es« könnte passieren. Tatsache ist, dass mein Vater immerzu an Sex dachte, ob ich von einem Schulkameraden eine Faust aufs Auge bekommen hatte, ob ich mit Freundinnen eine Party feiern oder wie alle anderen an der Klassenfahrt teilnehmen wollte. Vielleicht lag es daran, dass er selbst offenbar ständig an Sex dachte, sei es bei meinen kleinen Freundinnen, als ich noch zehn, elf Jahre alt war, sei es bei den Nachbarinnen und Freundinnen seiner Frau bis hin zu jeder einzelnen Frau, die in seinen Bus einstieg. Er dachte an Sex und musste mit ansehen, wie seine Tochter Meral, der er noch vor Kurzem die Windeln gewechselt hatte, ihre Periode bekam, zu einem Teenager wurde mit allem, was dazugehört: den kleinen Geheimnissen, dem eigenen Universum, das man sich in diesem Alter schafft und in dem die Eltern nichts verloren haben. Er musste mit ansehen, wie mir kleine feste Brüste wuchsen und die Jungs hinter mir hersahen. Er musste ertragen, dass ich eine eigene Meinung entwickelte und ihn zu durchschauen begann, mehr als ihm lieb sein konnte. Und diese Energie einer Vierzehnjährigen, diese Kraft, die sogar in der Lage war, ihn von sich zu stoßen, die konnte er nicht akzeptieren, die musste er bekämpfen, ja vernichten. Er liebte mich vielleicht, möglicherweise auf verwirrende, mehrfache Weise, und auch das lastete er mir an. So wäre es also das Einfachste gewesen, mich zurück ins Dorf meiner Mutter zu schicken und mich zu verheiraten: Aus den Augen, aus dem Sinn. Aus dem Weg. Aus dem Herzen. Sollte sich doch ein anderer mit mir herumschlagen. Aber zuzuschauen, wie ich mich zur Frau entwickle, einen interessanten Beruf erlerne, Partner habe und mein eigenes Leben führe – das konnte er nicht ertragen. Er wusste, er konnte mich nicht mein Leben lang beherrschen, also war der einzige Ausweg meine Vernichtung. Denn all das, was mir offen stand, wenn ich die Schule gut abschloss, hatte er sich selbst nur zu sehr gewünscht. Auch wenn er sich in Kreisen bewegte, in denen er mit Akademikern wie Lehrern und

Sozialpädagogen usw. zu tun hatte, so saß er selbst doch Tag für Tag hinter dem Lenkrad eines Linienbusses in Düsseldorf. Er gehörte nicht dazu, und wenn er noch so viele Transparente bei Demonstrationen für den »richtigen« Zweck hochhielt, auch wenn er sich noch so sehr bei den Grünen engagierte, Hamid Al-Mer blieb in seinem Herzen der dreckige kleine Junge, der auf einer staubigen Landstraße Anatoliens eine gefundene Melone mit seinem Bruder teilte.

Vielleicht war das der Grund für das Monster in ihm, das er durch Drogen und Alkohol nährte und wachsen ließ: Sein täglicher Spagat zwischen seiner Herkunft und dem Erbe an Tradition auf der einen Seite und auf der anderen Seite seinem Wunsch, ein integrierter türkischstämmiger Deutscher zu sein, den anderen, »richtigen« Deutschen in seiner Umgebung ebenbürtig.

Ich glaube, dass ich das alles schon damals im Ansatz ahnte, als mein Vater versucht hatte, mich zu vergewaltigen. Denn ich war diejenige, die ihn wohl am besten kannte und durchschaute. Und doch hätte ich es damals natürlich keinesfalls so formulieren können. Mein Überlebensinstinkt sagte mir, dass wir weg mussten, so schnell wie möglich. Mourad wurde immer stiller und unglücklicher, sogar Meli, die nie geschlagen wurde, entwickelte Tics, blies die Backen auf und haute sich selbst gegen die Wangen, dass die Luft aus ihrem geschlossenen Mund herausknallte, wieder und wieder. Außerdem hatte sie zu klauen begonnen. Meli wurde mehr und mehr zur Kleptomanin, und in schöner Regelmäßigkeit musste ich tütenweise Spielzeug und andere Dinge zurückbringen, die sie bei ihren Spielkameradinnen mitgehen ließ. Das konnte so nicht weitergehen, fand ich.

Mit Leyla allerdings war es eine andere Sache: Zwar hatten wir festgestellt, dass wir im selben Boot saßen, aber sie erlag immer wieder den Beteuerungen meines Vaters, er werde sie ganz bestimmt bald zu seiner Frau machen – und dann wechselte sie wieder die Seiten.

Zur Schule ging ich nach diesem Vorfall nur noch ein- oder zweimal. Bei einer dieser Gelegenheiten versuchte ich, mit einem Lehrer zu sprechen, der damals stellvertretender Direktor an unserer Schule war, denn ich wusste, dass ich Hilfe brauchte. Ich werde nie vergessen, wie ich neben diesem Lehrer im Flur herging, ein schreckliches blaues Auge im Gesicht, und ihn um ein Gespräch bat.

»Was gibt es denn?«, wollte er kurz angebunden wissen.

Seit der Sache mit Christoph und meinen Onkeln hatte ich keinen guten Ruf mehr in der Schule. Solange ich noch den Unterricht besuchte, war ich oft frech und aufsässig gewesen, hatte immer das letzte Wort und wusste nur zu gut, wie man die Knöpfe der Lehrer drücken musste. Heute ist mir klar, dass es für die Lehrer nicht einfach war, hinter meine Fassade zu blicken, und doch frage ich mich, warum denn niemand versucht hatte, meiner Aufsässigkeit auf den Grund zu gehen. Bei den regulären Elternsprechtagen hieß es: »Die Meral, die verhält sich so ätzend!«

Dann spielte mein Vater den Betroffenen, versprach, mit mir zu reden, was damit endete, dass ich Prügel bekam und meine Auffälligkeiten noch größer wurden.

»Was ist denn«, fragte mich also unser stellvertretender Direktor.

Ich erzählte ihm, dass ich zu Hause geschlagen würde und nicht mehr wüsste, was ich tun sollte. Er hörte sich das alles an. Dann waren wir vor dem Lehrerzimmer angekommen.

»Das wird schon wieder«, sagte der Lehrer, tätschelte mir den Arm und verschwand hinter der Tür.

Das war mein letzter Schultag.

Mein unangekündigter Schulabgang fiel zunächst niemandem auf, denn erst kamen die Herbstferien, und danach sollten wir alle ein Berufspraktikum machen. Ich hatte lange im Voraus bereits einen Praktikumsplatz für mich gefunden. Es war mein Traum, Journalistin zu werden, und deshalb hatte ich mich bemüht, ein Praktikum in der Redaktion eines Radiosenders zu ergattern. Als mein Vater davon erfuhr, wollte er wissen, was ich da tun sollte.

»Was machen solche Radiojournalisten denn so?«, fragte er harmlos.

Und ich erzählte ihm voller Begeisterung, dass dies mein Traumberuf sei, weil man da stets neue Themen recherchieren muss, mitunter auch in fremde Länder reisen …

»Das kommt überhaupt nicht in Frage«, unterbrach mich mein Vater. »Dieses Praktikum trittst du nicht an.« Und nichts konnte ihn mehr umstimmen.

Dafür organisierte er mir eine andere Praktikumsstelle, und zwar bei einem Zahnarzt. Von diesem Bekannten erhielt er sogar die Unterschrift auf der Bestätigung, ohne dass ich überhaupt je in diese Zahnarztpraxis ging. Stattdessen saß ich, wie Leyla, zu Hause herum und langweilte mich zu Tode.

Irgendwann fing ich damit an, mich selbst zu verletzen. Mit Messern und ausgebrochenen Rasierklingen, mit allen möglichen scharfen Gegenständen fügte ich mir Schnitte an den Armen zu, dort, wo man es nicht sehen konnte, wenn ich lange Ärmel trug. Damit habe ich mich während dieser nicht enden wollenden Tage im Haus stundenlang beschäftigt: mich zu schneiden, den Arm abzubinden, die Wunde zu pflegen. Ich wollte natürlich nicht, dass jemand sah, was ich da tat, und so sorgte ich dafür, dass ich die Schnitte verbergen konnte, und das war einfach, trug man damals doch überlange Schlabberpullis und -shirts. Dennoch reizte ich meine Möglichkeiten bis an die Grenzen aus, ritzte mich so weit, wie der Pulli eben noch reichte, und wenn man genau hingeschaut hätte, hätte man es auch bemerkt. Doch das tat keiner.

Meine Freundschaft zu Rhea war mein einziger Trost. Sie hielt zu mir, und einmal sprachen sie und Simone mit Elke, versuchten sie davon zu überzeugen, dass sie etwas unternehmen müsse. Sie fingen sie auf einer Brücke ab, als Elke gerade auf dem Weg war, Melissa von der Schule abzuholen. Sie stellten sich ihr in den Weg.

»Sie müssen da weg«, sagte Rhea zu ihr. »Es gibt doch Möglichkeiten. Ich kann Ihnen helfen, wenn Sie wollen.«

Doch Elke lehnte dankend ab. Auch mir gelang es nicht, mit ihr in Ruhe zu reden. Wir waren selten allein miteinander, und wenn, dann war sie fahrig und unaufmerksam. Was ich sagte, drang einfach nicht zu ihr durch. Auch ihr musste klar geworden sein, dass ihr Mann auf einen Abgrund zusteuerte, dass er immer mehr Alkohol trank und dann nicht mehr wirklich er selbst war. Dennoch hielt sie unbeirrbar zu ihm, glaubte seinen Versprechungen und fürchtete sich offensichtlich vor den Folgen einer Trennung. Denn mein Vater hatte über all die Jahre keinen Zweifel daran gelassen, dass in unserer Familie keine Entscheidung ohne ihn getroffen wurde und dass er Zuwiderhandlungen bestrafen würde, wenn es sein musste mit dem Tod.

Mein Vater muss gespürt haben, dass ihm die Situation immer mehr entglitt. Er ahnte, dass wir alle nur darauf lauerten, ihn irgendwie loszuwerden. Einmal ging es ihm nicht gut, und er legte sich ins Bett.

»Das ist die Chance«, dachte ich, und gemeinsam mit Leyla sah ich im Medikamentenschrank nach, was wir im Haus hatten. Mein Vater, wie alle in seiner Familie, betrachtete es immer als einen beruhigenden Luxus, ausreichend Tabletten für jede Gelegenheit zur Hand zu haben. Ich fand Mittel gegen Kopfweh, Magenschmerzen, Grippe und Durchfall. Das alles löste ich in einem großen Glas auf und goss Orangensaft darauf. Gemeinsam mit Leyla setzte ich diesen Trunk meinem Vater, der die Augen geschlossen hielt, an die Lippen. Er nahm einen Schluck. Dann öffnete er auf einmal seine Lider und sah mir direkt in die Augen. Entweder hatte er es am Geschmack erraten, oder es war Intuition: Ich wusste, dass er wusste, was wir vorhatten, und dieser Moment war richtig gruselig. Er schob meinen Arm mit dem Glas beiseite, drehte sich um und schlief weiter. Mir klopfte das Herz bis zum Hals, als ich den Rückzug antrat.

In dieser Zeit begann er, seine Pistole stets mit sich herumzutragen. Es konnte vorkommen, dass er sie ohne Vorwarnung zog, nur weil ihm etwas nicht passte; manchmal ballerte er auch mit ihr herum. Wenn er beim Essen einen Wutanfall hatte – und das kam oft vor –, warf er das Essen durch das Zimmer, schleuderte seinen Teller an die Wand, und wir waren inzwischen so an diese Zwischenfälle gewöhnt, dass wir uns nur duckten, um ja seine Aufmerksamkeit nicht zu erregen oder getroffen zu werden, und hinterher alles stillschweigend wieder aufräumten. Unsere Wohnung sah derart mitgenommen aus, dass Elke lieber zu ihren Freundinnen ging, als sie einzuladen, und Nachbarn an der Tür abfertigte, damit sie keine Erklärungen abgeben musste. Es war so weit gekommen, dass es nicht mehr ausreichte, Teppiche und Tischläufer zu verrücken, um die Spuren der Verwüstung zu überdecken.

In diesen entsetzlichen Wochen setzte ich mich eines Nachts, als die beiden ausgegangen waren, an den Esszimmertisch, um Elke einen Brief zu schreiben.

Leyla und meine Geschwister schlafen. Und ich packe meine ganze Verzweiflung in diesen Brief. Erkläre Elke, beschwöre sie, dass sie etwas unternehmen muss. Wir müssen uns retten und auch Leyla helfen.

»Leyla«, so schreibe ich, »muss wieder zurück nach Marokko zu ihrer Familie. Doch das kann sie nicht, denn er hat sie vergewaltigt. Und nicht nur einmal, sondern viele Male, auch wenn uns das keiner glauben wird, wo sie so lange schon in unserem Haus lebt. Wir müssen ihr helfen, ihr Jungfernhäutchen wiederzukriegen, da gibt es eine Operation, ich habe das alles schon herausgefunden.

Und wenn sie wieder in ihrer Heimat ist, dann müssen wir auch weg, denn er würde uns sonst alle umbringen. Aber das tut er sowieso eines Tages, bitte, bitte, Mama, wenn wir nicht alle sterben sollen, dann müssen wir weg. Lass uns einen Plan machen, Rhea wird uns helfen. Und vielleicht auch das Jugendamt. Erinnerst du dich, was sie gesagt haben, bevor sie gingen? Er hat mich angefasst, wollte mich vergewaltigen, du warst doch dabei! Denk daran, wie sehr auch Meli unter alldem leidet. Merkst du nicht, dass sie schon Störungen hat? Sie redet kaum und lacht nicht mehr. Sie hat Zwangshandlungen und klaut. Willst du dein Kind so aufwachsen lassen, Mama? Willst du, dass Hamid eines Tages auch sie anfasst und mit der Pistole bedroht? Und Mourad? Auch er wird immer stiller und ist sehr unglücklich.

Wir müssen nach und nach heimlich unsere Sachen zusammenpacken, wenn Papa bei der Arbeit ist. Und dann müssen wir einfach verschwinden, solange er weg ist. Und keine Spuren hinterlassen. Wach auf, Mama, denn wenn du so weitermachst, bist Du nur noch ein Zombie…«

Plötzlich höre ich den Schlüssel in der Tür. Sie kommen früher nach Hause als sonst. Ehe ich den Brief verstecken kann, steht mein Vater schon im Zimmer.

»Du bist noch auf?«

Sein Blick wandert über den Tisch zu den Seiten, die ich gerade zusammenfalte.

»Was machst du da?«

»Ich schreibe einen Brief«, sage ich mit klopfendem Herzen.

»So? Einen Brief? An wen denn?«

»An meine Mutter.«

Er bohrt seinen Blick in meinen. Wenn er mir jetzt den Brief wegnimmt und liest, dann weiß er alles. Und dann wird er mich wirklich umbringen.

»Wieso denn das?«, will er wissen. »Redet ihr nicht mehr miteinander?«

»Doch.«

Wieder sieht er mich prüfend an.

»Ah«, meint er dann, »du schreibst an deine richtige Mutter?«

»Ja.«

Er verliert das Interesse und geht zur Treppe.

»Ach so«, sagt er. »Aber jetzt ins Bett, es ist schon spät.«

Und während mein Vater nach oben geht, drücke ich Elke rasch den Brief in die Hand.

»Du übertreibst«, sagt sie am nächsten Tag zu mir, als mein Vater zur Arbeit gegangen ist. »So schlimm ist es nicht.«

»Doch, Mama«, widerspreche ich ihr, »es ist so schlimm. Vielleicht noch viel schlimmer.«

Und ich flehe sie an, gleich heute etwas zu unternehmen.

»Bitte, liebe Mama«, bettle ich, »bitte lass uns verschwinden. Jetzt gleich. Hier ist der Autoschlüssel. Lass uns die anderen zusammenrufen, ein paar Sachen packen und abhauen. Ich habe solche Angst ...«

Doch sie schüttelt den Kopf. Ich hänge mich an ihren Arm, flehe, bitte, doch vergeblich. Sie ist blind und taub, will nicht sehen, wie es um uns steht. Sie macht sich los und verlässt das Zimmer.

Lichtblicke in diesem fürchterlichen Herbst und Winter waren die Wochenenden, zu denen mich Manfred und Ella nach Holland einluden. Manchmal durfte ich Rhea oder eine andere Freundin mitbringen, und so wurden diese Tage meine Atempausen. Kleine Dinge wurden für mich zu Kostbarkeiten, wenn wir zum Beispiel im »Pfannkuchenhaus« aßen, im Wald spazieren oder zum Schwimmen gingen oder abends vor dem Kaminfeuer saßen. Dann konnte sich nicht nur mein Körper ausruhen und regenerieren, sondern auch meine Nerven, die bis zum Zerreißen gespannt waren.

Am 6. Dezember erklärte mein Vater, dass Nikolaus dieses Jahr ausfallen würde. Wir seien schließlich Muslime, und darum würde von nun auch Weihnachten nicht mehr gefeiert. Was dies für einen Schlag für uns Kinder, vor allem für meine kleineren Geschwister bedeutete, kann ich gar nicht beschreiben. Zu Silvester sollte es dafür eine große Familienfeier geben, zu der mein Vater alle seine Brüder und Schwestern samt Familien einlud.

Am Abend vor Silvester war ich in einer derart verzweifelten Stimmung, dass ich beschloss, mir das Leben zu nehmen. Es war mein dritter Selbstmordversuch, und dieses Mal wollte ich unbedingt alles richtig machen. Ich besorgte mir ein großes Buschmesser, das mein Vater einmal auf einem russischen Flohmarkt gekauft hatte, und prüfte, wo denn eigentlich der Puls verläuft. Dann sägte ich eine Ewigkeit an meinem Handgelenk herum, doch das Messer war stumpf und schartig, und ich hatte keine Ahnung, wie man sich die Pulsadern richtig aufschneidet. So kam nicht mehr dabei heraus als eine schartige, leicht blutende Wunde.

Am nächsten Morgen hatte sie sich entzündet. Zum Sterben reichte es nicht, aber so konnte ich mein Handgelenk auch nicht lassen. Ich versuchte, mir einen Verband zu machen, und das bemerkte Elke, die sich wunderte, warum ich ihr bei den umfangreichen Vorbereitungen für das Fest am Abend nicht zur Hand ging. Sie entdeckte die Wunde und erschrak, war aber auch gleichzeitig genervt, dass es jetzt wieder »Scherereien« wegen mir gab, wo doch abends so viele Gäste kamen.

Sie erzählte alles meinem Vater, der sehr wütend wurde und mich schlug. »So einfach kommst du nicht davon«, schrie er mich an. »Dein Tod kommt noch früh genug, und wann das sein wird, das entscheide ich!«

Er fuhr mit mir ins Krankenhaus. Dort erzählte er, beim Spülen sei ein Glas geplatzt, und dabei hätte ich mich mit einer Scherbe verletzt.

»Und das ist wirklich beim Spülen passiert?«, fragte mich ein gestresster Arzt, während er mich verband.

»Ja.«

»Ausgerechnet an *der* Stelle?«

»Jaaa!«, fauchte ich ihn an. »Das hat mein Vater doch schon alles erklärt!«

Wie in der Schule war ich aggressiv und patzig, stets auf Abwehr eingestellt, denn wieder hatte ich schreckliche Angst vor der Rache meines Vaters, sollte ich etwas Falsches sagen. Und doch wünschte ich mir insgeheim, dass jemand in der Lage wäre, dahinterzublicken, jemand, der gegen meinen Widerstand herausfinden könnte, was eigentlich mit mir los war. Im Nachhinein wundere ich mich wirklich, dass keiner nachhakte und offen die Frage stellte, warum sich eine Vierzehnjährige beim Spülen ausgerechnet dort, wo die Pulsadern verlaufen, eine solche schartige Wunde zugezogen hatte. Ich konnte nicht anders, als trotzig reagieren, und doch war es ein Hilfeschrei, ein Zeichen, das gedeutet werden wollte. Ich wünschte mir so sehr, dass irgendjemand käme, der den Panzer durchbrach, die Fassade durchschaute, die wir alle aufgebaut hatten, um diese kranke Familie nach außen abzuschirmen. Aber statt richtig hinzusehen, meine Arme anzuschauen, wo sich Schnitt an Schnitt reihte, statt professionell ein paar Fragen zu stellen, fing nun auch dieser Arzt an, mit mir zu streiten. Genau wie meine Lehrer, stieg auch dieser Arzt auf meine reflexhaft provozierenden und pubertätszickigen Antworten ein und war am Ende total genervt.

Auf dem Heimweg musste ich mir den Hohn und die Boshaftigkeit meines Vaters gefallen lassen.

»So? Du willst also sterben? Na, dann sag doch Bescheid! Das können wir einfacher regeln. Du stirbst, wenn ich das will!«

Ich probierte es trotzdem immer wieder. Räumte den Medikamentenschrank leer und nahm alles auf einmal ein. Davon wurde mir nur schlecht, ich musste mich übergeben und war zwei Tage krank. Doch sterben, so schien es, durfte ich gegen den Willen meines Vaters tatsächlich nicht.

15

Eine Familie fliegt in die Luft

Am Abend kommen also unsere türkischen Verwandten. Ich helfe Elke, all das Essen aufzutragen, das mein Vater bei einer solchen Gelegenheit erwartet. Mein Vater trinkt wieder einmal zu viel und hört nicht auf, mich bloßzustellen.

»Stellt euch nur mal vor, was die Meral sich wieder geleistet hat«, erzählt er. »Will sich doch tatsächlich das Leben nehmen. Aber da hat sie sich geschnitten, was, Meral?«

Und dann lacht er über seinen eigenen Wortwitz und will sich gar nicht mehr beruhigen. Er liebt solche Wortspiele; wenn er mich auf den Mund schlägt und die Lippen durch die Zahnspange anschwellen, dann freut er sich daran, »dass ich mal wieder eine dicke Lippe riskiert habe«. Und jetzt habe ich mich eben »geschnitten«, wenn ich glaubte, ich könne selbst über Tod und Leben bestimmen.

Wie immer bei solchen Gelegenheiten bin ich Küchenhilfe und Serviermädchen in einem, laufe zwischen der Küche und dem Esszimmer hin und her, leere Aschenbecher und koche Tee. Es läuft laute Musik, und auf einmal hat mein Vater seine Pistole in der Hand und fängt an loszuballern. Er zielt auf mich, ich renne um mein Leben und werfe mich zu Boden. Die Kugeln schlagen in unserer Wohnzimmerwand ein. Auch meine Onkel und Tanten suchen kreischend Schutz, krabbeln auf dem Boden herum und bitten ihn, er möge Vernunft annehmen.

»Bitte, Bruder, wir flehen dich an ...«, und alle winseln und versuchen, sich hinter Stühlen und Sesseln zu verstecken, doch mein Vater lacht nur und schießt weiter. Wumm! Jetzt hat er die

Lautsprecherbox erwischt, vor der ich kauere. Wumm! Ein zweites Mal, die Musik läuft nur noch Mono. Ich krieche unter den Tisch, doch jetzt hat er mich entdeckt, kommt auf mich zu und richtet die Pistole direkt auf mich, sodass ich in den Lauf der Waffe sehen kann.

»Nun ist es gleich vorbei«, denke ich, doch statt mich zu töten, hält mir mein Vater wieder einmal eine endlose Standpauke, die im Grunde nur auf eines hinausläuft: Er wird entscheiden, wann ich sterbe. Er allein.

Dann legt er die Waffe weg, und das Fest geht weiter. Meine Tanten und Onkel erheben sich vom Boden und streichen ihre Kleider glatt. Und nun beginnt ein heilloses Durcheinander aus Lachen, Weinen, Schreien, Sich-in-die-Arme-Fallen und Küssen, von An-der-Schulter-Packen und Schütteln, von Ohrfeigen und erneuten Umarmungen, von Teekochen und -servieren, Aschenbecherleeren, Essen-Auftragen, Teller-Abtragen, lauter Musik, Alkohol und noch mehr Alkohol.

Und dann wird es Mitternacht. Mein Bruder und ich stehen oben am Kinderzimmerfenster und werfen Knallfrösche auf die doofe Leyla unten im Garten, die sich mal wieder mit meinem Vater versöhnt hat und unbelehrbar davon träumt, seine Frau zu werden, die dumme Gans. Ich kenne das schon, das wird ewig so hin und her gehen mit ihr, morgen wird sie wieder zu mir kommen und sich bei mir ausweinen …

Lautes Geschrei lockt uns wieder nach unten. Ich sehe, wie mein Vater einen mittelgroßen, roten Chinesischen Böller in die Hand nimmt. Er betrachtet ihn kurz, dann zündet er ihn an und steckt ihn sich zwischen die Zähne.

Ich halte die Luft an. Kann kaum glauben, was ich sehe. Die Lunte kriecht weiter, und dann ist da nur noch ein ohrenbetäubender Knall und der Böller explodiert zwischen seinen Zähnen.

»Das ist das Ende«, denke ich. »Aus und vorbei. Jetzt hat er sich selbst in die Luft gesprengt.«

Doch das ist ein Irrtum. Mein Vater hat offenbar die sieben Leben einer Katze. Während sich der Qualm lichtet, stellen wir fassungslos fest: Er lebt, hat sich nicht einmal verletzt, sondern lacht mit schwarz verfärbten Zähnen, lacht und will überhaupt nicht mehr damit aufhören.

Ich habe Mühe, meine Enttäuschung darüber zu verbergen, dass er so glimpflich davonkommt. Stattdessen gebe ich mir alle Mühe, die Betroffene zu spielen und ihm zu helfen, sich von all dem Ruß wieder zu säubern. Es ist nicht zu glauben: Sogar seine Zähne werden wieder weiß.

»Das ist ein Wunder, Bruder«, schreit Yildiz halla. »Ein Wunder!«

Und ich frage mich, warum Gott ausgerechnet ein solches Wunder geschehen lässt, wenn er sich ansonsten damit so zurückhält.

Nach diesem albtraumartigen, völlig durchgeknallten Silvesterfest stand für mich fest, dass etwas geschehen musste. Mein Vater hatte zwei Mal auf mich geschossen, und nur durch Zufall lebte ich noch. Wenn Elke nicht willens oder fähig war zu handeln, dann musste ich es eben tun.

Zuerst musste Leyla in Sicherheit gebracht werden. Dazu brauchten wir Hilfe von außen.

Aus der Koranschule, zu der ich schon lange nicht mehr ging, hatte ich einmal Hefte mitgenommen. Darin fanden wir Kontaktanzeigen. Ich stellte mir vor, dass ein arabisch- oder türkischstämmiger Arzt oder Rechtsanwalt Leyla helfen könnte. Ich suchte verzweifelt nach jemandem, dem sie sich anvertrauen konnte. Und nach einem Arzt, der ihr Jungfernhäutchen reparieren könnte.

Zunächst dachte ich also an Leyla, nicht an uns. Sie lebte nun fast zwei Jahre mit uns, und ich fand, dass sie zu unserer Schicksalsgemeinschaft gehörte.

In diesen Heften der islamischen Gemeinde fand ich einige Anzeigen von Beratungsstellen, von denen ich hoffte, dass Leyla dort Hilfe bekommen könnte. Und so gab ich Leyla diese Adressen, und sie steckte sie in die Tasche ihrer Jeans. Wie wir das anstellen sollten, mit diesen Stellen in Kontakt zu treten, das wussten wir auch nicht so genau, denn wir durften ja das Haus nicht verlassen. Aber irgendein Weg würde sich schon finden, dachten wir. Damals klammerten wir uns an jeden Strohhalm, an jede Idee, und jetzt lagen unsere Hoffnungen in diesen Telefonnummern.

Doch dann kommt alles ganz anders.

Es ist Nacht, Elke arbeitet in der Spätschicht. Ich bin in meinem Zimmer und schlafe. Da kommen meine Geschwister zu mir hereingestürzt.

»Meral, schnell«, flüstert Mourad in großer Panik. »Papa bringt Leyla um!«

Ich lausche. Alles ist dunkel, doch von oben höre ich ein entsetzliches Wimmern.

»Sie sind im Badezimmer«, wispert Meli mit weit aufgerissenen Augen. »Da ist ganz viel Blut. Und Leyla ... mittendrin.«

»Ihr bleibt erst mal hier«, sage ich zu meinen Geschwistern und schleiche so leise ich nur kann die Treppen hinauf, gerade so weit, dass ich etwas sehen kann. Die Tür zum Badezimmer steht einen Spalt weit auf. Ich beobachte, wie mein Vater mit dem Kolben eines Schnellfeuergewehrs auf Leyla am Boden einschlägt. Sie hat sich wie ein Embryo zusammengerollt und winselt. Überall ist Blut. Leise ziehe ich mich zurück bis hinunter in den Eingangsbereich. Überlege fieberhaft, was zu tun ist.

»Ich bringe euch alle um!«, schreit mein Vater oben im Bad. »Alle!«

Da geht die Haustür einen Spalt weit auf; es ist Elke, die von der Nachtschicht nach Hause kommt. Ich lege den Finger auf den Mund, mache ihr ein Zeichen, wieder hinauszugehen. Ich folge ihr und erkläre ihr flüsternd, dass sie jetzt auf gar keinen Fall in die Wohnung kommen kann.

»Es geht um Leben und Tod«, wispere ich. »Du musst sofort Hilfe holen. Er will uns alle umbringen!«

Ich zittere wie ein kleines, nasses Tier, wie Espenlaub im Wind, so groß ist meine Angst.

Elke versteht sofort, springt ins Auto und fährt davon. Ich habe gerade noch Zeit, in die Wohnung zu schlüpfen und die Tür zu schließen, da kommt mein Vater auch schon die Treppe heruntergestürmt, die Waffe im Anschlag.

»Wo ist sie?«, brüllt er, völlig außer sich. »Wo ist die Schlampe, ich bring sie um!«

»Weiß nicht«, stammle ich, »arbeiten.«

Aus seinem wütenden Geschrei entnehme ich, dass er die Annoncen in Leylas Jeans gefunden haben muss. Und dass er denkt, Elke habe sie ihr zugesteckt. Ich habe furchtbare Angst, er könnte darauf kommen, dass ich es war. Aber das tut er nicht.

Nach einer Weile kehrt Elke zurück – und ich glaube zu träumen: Statt der Polizei bringt sie eine betagte Freundin samt Lebensgefährten als Verstärkung mit. Die wollen erst mal mit Hamid reden. Aber Hamid ist nicht nach reden zumute, ihm ist danach, herumzuschreien und Elke zu schlagen. Ihre Freunde versuchen, ihn davon abzuhalten. In dem heillosen Gemenge kreischt Elke immer wieder: »Ich will nur meine Tochter!«, und packt Meli am Arm.

Wie bitte?, denke ich. *Und was ist mit uns?*

Elke versucht in dem Durcheinander, Meli anzuziehen, doch Hamid zerrt an ihr herum, und auf einmal hat sie oben herum nichts mehr an. Irgendwie gelingt es Elkes Freunden, meinen Vater zurückzuhalten, der rennt die Treppe nach oben, und Elke stürmt mit Meli an der Hand aus dem Haus. Mourad und ich in Schlafanzug und Nachthemd hinterher.

»Bitte, bitte«, flehe ich, »Mama, nimm uns mit!«

Da springt mein Vater aus dem Haus, und mit ein paar Sätzen ist er auf Elkes Autodach. Wie King Kong schwingt er einen Baseballschläger, den er sich aus Mourads Zimmer geholt hat, und zertrümmert die Windschutzscheibe. Elke schreit immer wieder schrill: »Ich will nur meine Tochter, sonst nichts!«, doch mein Vater macht weiter, drischt mit seinem Schläger wie ein Irrer auf das Auto ein.

»Mama, Mama«, dränge ich und versuche nach ihrer Hand zu greifen, »lass uns nicht alleine hier! Nimm uns mit ...«, doch sie scheint mich nicht zu hören. Wir stehen dicht aneinandergedrängt, beobachten voller Panik, wie dieser Wahnsinnige systematisch den Wagen zu Schrott schlägt. Und da ist er wieder, dieser Geruch von Angst, den ich so gut kenne, aber noch nie so deutlich wahrgenommen habe wie heute: stinkende, bittere, nackte Angst. Mein Nachthemd ist pitschnass von diesem kalten Angstschweiß.

»Ich hole euch später«, sagt Elke, und Todesangst greift nach mir, dass sie mich fast erstickt. Sie will uns tatsächlich alleine lassen mit diesem ... ja, in diesem Augenblick ist mein Vater für mich der leibhaftige Tod.

Sirenen nähern sich. Polizeiwagen fahren vor. Die Beamten überwältigen Hamid Al-Mer, nehmen ihm den Schläger ab. Im Haus finden sie Leyla in ihrem Blut. Sie hat eine schwere Kopfverletzung, neben vielen anderen Wunden. Mourad und ich halten uns an der Hand, stumm und mit aufgerissenen Augen verfolgen wir, was um uns herum geschieht. Da sind noch mehr Sirenen, ein Krankenwagen kommt. Sirenen und pulsierende Lichter, das Schreien meines Vaters, unwirkliche Stimmen aus den Funkgeräten der Beamten. Männer in weißen Kitteln tragen Leyla aus dem Haus, sie wird notversorgt und abtransportiert. Drei Männer sind nötig, um meinen tobenden Vater zu bändigen. Schließlich verschwindet er in einem anderen Wagen und fährt davon. Er wird in die psychiatrische Notaufnahme eingeliefert, höre ich. Da ist ein Polizist, der sich zu uns gestellt hat, wie ein Baum steht er da, fest und Sicherheit verbreitend. So als wolle er sagen: »Es ist vorbei. Euch wird nichts geschehen. So etwas wird nie wieder passieren.«

Irgendwann sind sie alle fort. Die Sanitäter, die Polizisten, die Leute vom psychiatrischen Notdienst. Leyla. Mein Vater. Es wird wieder still. Auch die Nachbarn haben sich wieder in die Betten gelegt.

Wir gehen zurück ins Haus. Mourad ist auf einmal schrecklich müde, er schläft einfach ein, er kann nicht anders.

Ich sehe zu, wie Elke eine Tasche packt.

»Mama, gehst du weg?«

Meine Stimme klingt fremd, wie von einem schwachen kleinen Tier. Sie gibt mir keine Antwort. Fest ergreift ihre Hand die von unserer kleinen Schwester. *Melissa ist meine eigene Tochter, darum habe ich sie lieber als euch,* klingt es mir im Ohr. Ich habe ihr heute Abend das Leben gerettet, und jetzt lässt sie uns im Stich.

»Sollen wir nicht lieber zusammenbleiben?«, versuche ich es noch einmal. »Können wir nicht mit dir kommen?«

Doch Elke ist mit ihrer Tochter bereits an der Tür.

»Morgen«, sagt sie. »Morgen komme ich euch holen.«

Und dann ist sie weg.

In dieser Nacht finde ich keine Ruhe. Mourad, den offenbar die Schlafkrankheit gepackt hat, lässt sich von mir willenlos in mein Zimmer führen. Dort schläft er in meinen Armen weiter, fest an mich gekuschelt, während ich wach liege und beim kleinsten Geräusch in Panik verfalle. Was, wenn sie ihn nicht dortbehalten, wo sie ihn hingebracht haben? Was, wenn er plötzlich zur Tür hereinkommt, das Gewehr in der Hand oder den Baseballschläger? Ach, die haben sie ihm ja abgenommen. Aber er besitzt so viele andere fürchterliche Waffen ... Mourad schläft wie ein

Toter, und ich liege mit laut pochendem Herzen neben ihm. Bis mich irgendwann doch der Schlaf übermannt.

Als wir aufwachen, ist es heller Tag. Es braucht einen Moment, bis mir alles wieder einfällt. Dann sitze ich senkrecht im Bett. *Wie spät ist es schon?*, fährt es mir durch den Kopf. Mourad brummt nur und dreht sich um, schläft weiter. Vorsichtig verlasse ich mein Zimmer, gehe auf Zehenspitzen durchs Haus. Alles scheint mir fremd, überall sehe ich die Spuren der jüngsten Zerstörungen. Es kommt mir so vor, als bewegte ich mich in einem Film, so unwirklich ist alles, so still, dass ich hören kann, wie mein eigenes Blut in den Ohren rauscht. Als ich sicher bin, dass mein Vater nicht zurückgekommen ist, atme ich auf. Ich fühle mich so entsetzlich verschwitzt und möchte gerne duschen. Doch im Badezimmer ist überall noch Leylas Blut ...

Ich reiße mich zusammen, mache uns ein Frühstück und wecke meinen Bruder. Doch Mourad schläft am Tisch wieder ein, und ich habe keinen Appetit. Eine Weile warte ich noch, dann treffe ich eine Entscheidung. Elke hat sich gegen uns entschieden. Also müssen wir selbst sehen, wie es mit uns weitergehen soll. Hier jedenfalls können wir nicht bleiben.

Eine halbe Stunde später habe ich für meinen Bruder und mich je eine Reisetasche gepackt. Ich vergesse auch den Gameboy und den Kuschelelefanten für meinen Bruder nicht. Dann greife ich zum Telefon und wähle Rheas Nummer.

»Unsere Familie ist heute Nacht in die Luft geflogen«, sage ich. »Können wir zu dir kommen, mein Bruder und ich?«

Sie stellt keine Fragen, sagt einfach: »Ja.« Also rüttle ich Mourad wach und nehme ihn an der Hand. Als wir das Haus verlassen, zeigt die Küchenuhr zehn Uhr vierzehn.

Am Ziel: Mutter und Tochter endlich vereint.

Langersehnte Umarmung.

Ich bin so stolz und glücklich, diesen Schritt getan zu haben.

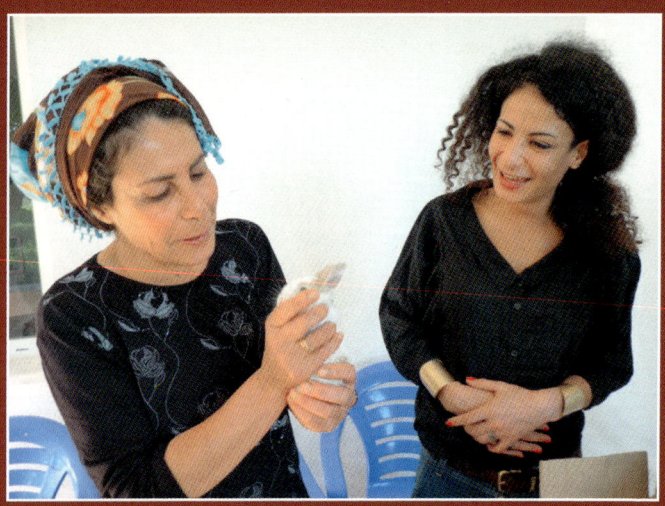
Mein Gastgeschenk: Ein paar Kaninchen für Mutters Hof.

Punkt eins meiner Mission: Ein gemeinsames Essen mit meiner Mutter…

…und all meinen neugewonnenen Geschwistern.

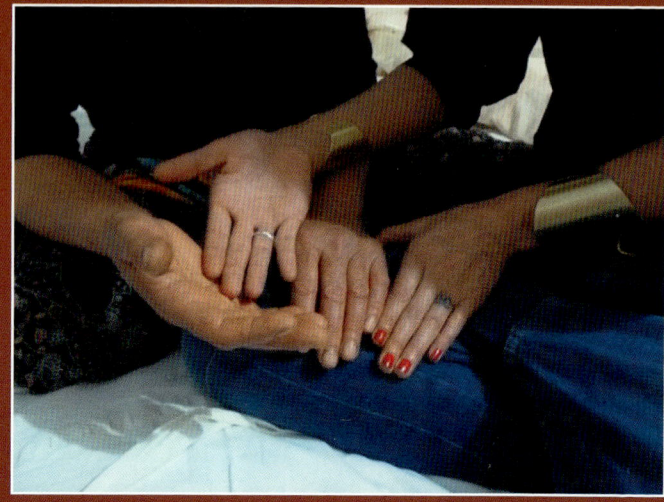

Auf Entdeckungsreise.

Meine Mutter mit Brille. Ihre Art zu gestikulieren
kommt mir so bekannt vor…

Ich fühle mich angekommen und sehr relaxed.

Unser erstes gemeinsam zubereitetes Essen.

Frauenzeit auf dem Dach des Hauses – mit meiner Halbschwester Fatus.

Gefüllte Weinblätter und Auberginen.

Ich habe mich verkleidet und fühle mich sehr wohl in der neuen Haut.

Neben Ziegen und Kaninchen hält meine Mutter auch Tauben.

Begegnung mit meinem Großvater mütterlicherseits. Es gibt vieles, das mir mein Opa berichtet und mitgeben will,…

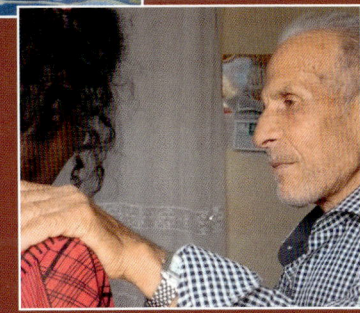

… am Ende seinen Segen.

Letzter Punkt meiner Reise war der Kleidertausch.

Einen Moment schlüpfe ich in die Haut meiner Mutter und sie in meine. Wir haben uns nicht einen Moment fremd gefühlt …

16

Tanz auf den Scherben

Denke ich an die Wochen nach dem großen Knall, dann erscheinen mir die Ereignisse wie ein grellbuntes Kaleidoskop, das sich immerzu dreht – und genauso fühlte ich mich damals. Während Mourad entweder schlief oder mit seinem Gameboy spielte, versuchte ich verzweifelt, das Ruder wieder richtig in den Griff zu bekommen. Doch der Schock saß tief.

Elke rief von ihren Eltern aus an und hatte erschreckende Neuigkeiten. Mein Vater war nur über Nacht in der psychiatrischen Notaufnahme festgehalten worden, schon am Morgen ließen sie ihn wieder gehen. Mourad und ich hatten wohl keine Minute zu früh das Haus verlassen.

Als mein Vater zu Hause niemanden antraf, war er sofort zu Ma und Pa gefahren. Dort machte er ein Riesentheater, verlangte seine Frau und seine Tochter.

»Meli und ich gehen ins Frauenhaus«, sagte Elke. »Ich weiß mir einfach keinen anderen Rat.«

Rhea und ich schauten aus dem Fenster. Dort parkte ein Wagen, und als ich genauer hinsah, erkannte ich zwei meiner Onkel darin.

»Sie werden nicht wagen, hier Terror zu machen«, beruhigte mich Rhea. »Sie wissen genau, dass wir sofort die Polizei rufen würden.«

Rhea hatte recht. Meine Onkel klingelten nicht an der Tür. Aber sie fanden die Telefonnummer meiner Freundin heraus und riefen an.

»Dein Vater ist völlig fertig«, erzählte mir einer meiner Onkel. »Er liegt nur noch auf dem Sofa herum, wäscht sich nicht, isst nichts, und die Camel-Schachteln stapeln sich neben seiner Couch. Du musst dich um deinen Vater kümmern, Meral.«

Irgendwann rappelte er sich offenbar aus seiner Depression wieder auf. Ich konnte ihn direkt vor mir sehen, wie er brütete und brütete und schließlich den Plan fasste, dass er wenigstens mich zurückhaben wollte, wenn ihn alle anderen auch verlassen hatten.

Ich weiß nicht, war es Neugier, war es immer noch Tochterliebe, war es das schlechte Gewissen, das er mir mein ganzes Leben lang eingebläut hatte – jedenfalls rief ich eines Tages von einer Telefonzelle aus bei ihm an.

»Hallo«, sagte ich vorsichtig. »Wie geht es dir?«

Und nun legte er wieder die Platte auf, die ich, genau wie seine Zornausbrüche, nur zu gut kannte. In weinerlichem Ton begann er mir sein Leid zu klagen.

»Meral«, wimmerte er, »mir geht es so schlecht. Wer wäscht jetzt meine Wäsche? Wer kocht für mich? Meral, du musst dich um deinen Vater kümmern!«

Und so jammerte er weiter. Ich hielt den Hörer weit weg von meinem Ohr und staunte über das neue, interessante Gefühl, das sich in mir ausbreitete: Mein Vater, so hilflos, und ich weit genug weg von ihm, dass er mir nichts tun konnte. Im Grunde war es ein Nicht-Gefühl: In diesem Moment empfand ich weder Mitleid noch Liebe, auch keine Genugtuung. Ich empfand einfach nichts.

Irgendwann unterbrach ich sein Klagelied. »Jetzt stell dich nicht so an«, sagte ich barsch. »Du wirst doch wohl die Waschmaschine anstellen können! Und wenn du Hunger hast, dann machst du dir eben das, was dir schmeckt. Du hast Elkes Essen sowieso dauernd an die Wand gedonnert, weil du es nicht mochtest.«

Doch seine weinerliche Litanei fand kein Ende.

»Komm zurück zu mir«, wimmerte er.

»Nein«, sagte ich und kam mir sehr brutal vor. »Ich komme nicht zurück.«

»Warum denn nicht?«, wollte er wissen.

»Weil mich die anderen dann für verrückt erklären«, sagte ich.

»Aber es ist doch egal, was die anderen denken, du und ich, Meral, wir gehören doch zusammen ...«

»Nein, Papa. Ich kann doch nicht erst so einen Terz machen und dann zu dir zurückkehren. Du musst alleine zurechtkommen.«

»Wo wohnst du?« Schon war in seiner Stimme wieder ein anderer Unterton, eine minimale Färbung in Richtung Drohung. Ich bekam eine Gänsehaut.

»Sag ich nicht.« Und ich legte schnell den Hörer auf.

Für meinen Bruder war das Erlebte eindeutig zu viel gewesen. Mit ihm war nichts anzufangen, er hing herum, schlief, spielte Gameboy, schlief, aß wenig, spielte wieder – das war sein Weg, das Erlebte zu verdrängen. Ich hatte also nicht nur für mich selbst zu sorgen, sondern auch noch für meinen zwölfjährigen Bruder.

»Der Verband, bei dem ich arbeite, sucht eine Wohnung für mich«, berichtete mir Elke am Telefon. »Sobald ich die habe, könnt ihr mit mir dort einziehen.«

Das war die Perspektive, an die wir uns klammerten.

Bis es so weit war, wollte ich gerne bei meinen Freundinnen bleiben. Doch eines Tages standen zwei Mitarbeiter vom Jugendamt vor der Tür und sammelten uns ein. Sie brachten Mourad und mich ins Evangelische Kinderheim Büttgen. Er kam in die Abteilung für Jungen seines Alters, ich zu den Mädchen. Natürlich fand ich das furchtbar.

Wer hatte das Jugendamt verständigt? Wahrscheinlich mein Vater.

Mourad blühte in Büttgen richtig auf. Er verstand sich sofort gut mit seinem Zimmergenossen, verliebte sich und hatte nach kurzer Zeit einen Kreis von Freunden. Auch ich freundete mich mit dem Mädchen an, mit dem ich das Zimmer teilte. Doch dieses Leben – gemeinsames Aufstehen, gemeinsames Frühstück – passte so gar nicht zu mir. Ich hatte mir doch nicht den Weg in die Freiheit erkämpft, damit ich jetzt in einem Kinderheim eingesperrt war! Wenn also nicht gerade eine Besprechung mit den Mitarbeitern über unsere Zukunft anstand, ging ich tagsüber wieder zu Rhea. Ein paarmal blieb ich auch über Nacht, bis man mich wieder abholen kam. Ich sei ausgerissen, hieß es dann. Rheas Mutter erklärte mir, dass ich das nicht so machen konnte. Ich sei immer willkommen bei ihnen, aber einfach aus dem Heim abzuhauen – das käme nicht in Frage.

Es gab durchaus Gründe, warum ich nicht im Heim bleiben wollte. Denn schon wieder hatte mein Vater herausgefunden, wo wir waren, und lauerte mir auf dem Schulweg auf. Ich hatte fürchterliche Angst vor ihm und sehnte mich nach Schutz. Eines Tages kam ich auf die Idee, zur Polizei zu gehen und mich zu erkundigen, was man da machen könnte. Und so erhielt mein Vater eine richterliche Verfügung, dass er sich mir nicht mehr als auf fünfhundert Meter nähern durfte. Auch wenn mir manche damals dazu rieten, anzeigen wollte ich ihn noch nicht. Ich konnte mir das nicht vorstellen, wusste nicht, welche Rechte ich hatte. Er sollte mich einfach in Ruhe lassen, das war es, was ich mir wünschte. Doch natürlich hielt mein Vater sich nicht an die Bannmeile.

Schließlich hatte man für Elke eine Wohnung in Viersen gefunden. »Jetzt beginnt etwas Neues«, sagte sie, »von nun an werden wir in Frieden leben. Hamid kennt die Adresse nicht.«

Kaum waren wir richtig eingezogen, klingelte es auch schon Sturm. Es war mein Vater. Er hatte einen seiner Kumpels gebeten, hinter dem Umzugswagen herzufahren, mit dem einige Möbel aus dem Reihenhaus in die neue Wohnung gebracht worden waren. So einfach war das, und schon kannte er unseren neuen Aufenthaltsort. Er setzte Elke und uns alle einem ständigen Terror aus, klingelte an der Tür, rief an, stand stundenlang draußen vor dem Haus. Mein Vater war zum Stalker geworden, und wir wussten nicht, was wir tun sollten.

Wir gingen wieder zur Schule – zu einer neuen in Viersen – und versuchten, ein normales Leben zu führen. Oft passte er mich auf dem Weg nach Hause ab, versuchte, mich zurückzugewinnen, setzte seinen ganzen Charme ein, und wenn das nichts fruchtete, ging es weiter mit der weinerlichen Tour.

Es waren sehr widersprüchliche Gefühle, die mich in dem Jahr nach dem großen Knall durcheinanderwirbelten. Da war der verzweifelte Wunsch, meinen Vater endlich loszuwerden. Und doch liebte ich ihn immer noch, auch wenn ich mir das damals nicht eingestehen konnte. Ich war mein Leben lang so auf ihn fixiert gewesen, dass seine Abwesenheit regelrechte Entzugserscheinungen in mir auslöste, auch wenn ich noch so sehr von der »Droge Vater« loskommen wollte. Ja, auf eine Weise hätte es mir sogar gut gefallen, ihn hin und wieder zu besuchen, ihm den Haushalt zu machen, mit ihm ein Glas Tee zu trinken und dann wieder zu verschwinden. Aber ich wusste nur zu gut, dass das nicht möglich war. Mit ihm konnte man entweder ganz oder gar nicht zusammenleben. Wobei das »gar nicht« noch nicht einmal sicher war, so wie er uns zusetzte. Mein ganzes Leben lang hatte mein Vater alles ausgefüllt, und nun war es überhaupt nicht leicht, ihn einfach so aus meinem Dasein zu streichen. Er war immer präsent, auch wenn er gerade einmal nicht vor unserer Tür herumlungerte.

Aus diesem Zwiespalt heraus machte ich einen Fehler, der sich später rächen sollte. Ich wünschte mir, dass wir endlich alle wieder in Frieden leben könnten, so wie ich es bei meinen Schulkameraden sah, deren Eltern geschieden waren. Warum sollten wir Kinder nicht bei Elke leben und hin und wieder mal unseren Vater besuchen, mit ihm etwas unternehmen oder auch nur einen Kaffee mit ihm trinken? Ich redete mir ein, dass ich das ganz gut hinkriegte, und eine Weile schien es auch so. Wenn mein Vater mich auf meinem Nachhauseweg abpasste, dann redete ich mit ihm, während sich meine Geschwister von ihm fernhielten. Irgendwann hatte mich mein Vater so weich geklopft, dass ich mit Mourad und Meli sprach und sie dazu überredete, doch auch mal rauszugehen, wenn mein Vater vor dem Haus in seinem Auto wartete, und mit ihm ein bisschen zu reden. Mourad hatte nie einen guten Draht zu unserem Vater gehabt, er sehnte sich nach seiner Anerkennung, die er nie erhielt. Auch er war unfassbar von ihm gequält worden. Dennoch überwand nicht nur er, sondern auch Meli ihre Angst, um wenigstens ein bisschen Zeit mit unserem Vater zu verbringen. Ich unterschätzte damals Hamids Fähigkeit, Menschen zu manipulieren, und das sollte später ungeahnte Folgen haben. Damals handelte ich aus dem Wunsch heraus, dass endlich wieder ein bisschen Normalität einkehren würde.

Freundschaften zu schließen war für mich noch nie schwer gewesen, und auch in meiner neuen Schule fand ich rasch neue Freunde, teilweise habe ich zu diesen auch heute noch Kontakt. Meine neuen Lehrer zeigten leider wenig Verständnis dafür, dass ich so weit im Stoff hinterher war. Sie konnten auch mit meiner Art nicht umgehen; keiner machte sich die Mühe, hinter mein trotziges, schroffes und oftmals provozierendes Verhalten zu schauen, um herauszufinden, was eigentlich mit mir los war.

Und dann, als ich fast sechzehn war, geschah etwas, das mir zeigte, dass der Albtraum noch lange nicht vorbei war.

Eines Abends bin ich mit einem guten Freund unterwegs, einem Iraner, der einige Jahre mit seiner Familie in Mönchengladbach gelebt hat und vor Kurzem zurück nach Teheran gegangen ist.

Er hat mich angerufen: »Ich bin für eine Woche in Mönchengladbach! Wollen wir uns sehen?«

Ich freue mich riesig, Ramesh wiederzusehen. Natürlich verbringen wir einen ganzen Abend zusammen.

Draußen liegt Schnee, und ich trage hohe weiße Stiefel mit Plateausohlen, dazu einen Minirock. Nach all den Jahren als Hippiemädchen lebe ich jetzt die andere Seite der Medaille aus, ganz ohne Hintergedanken, einfach nur, weil ich es schön finde und es endlich machen darf. Also trage ich die kürzesten Röcke und die ausgeschnittensten T-Shirts, auch mitten im Winter.

Wir gehen etwas trinken, dann kaufen wir bei ein paar Typen, die wir kennen, ein bisschen Gras. Nun ist es schon spät und Ramesh will mich noch nach Hause bringen. Wir stehen an einer Straßenkreuzung und quatschen. Da fällt mir auf, dass wir die ganze Zeit schon Rot haben; doch der Wagen, der dort steht, fährt trotzdem nicht weiter, obwohl die Ampel für den Fahrer schon lange auf Grün steht.

Der Schock fährt mir durch alle Glieder, da geht auch schon die Fahrertür auf und mein Vater steigt aus. Und das Schlimme ist: Ramesh ist völlig ahnungslos. Aus Scham habe ich ihm nichts erzählt.

»Oh«, wispere ich, »mein Vater!«

Ramesh sieht sich erfreut um.

»Echt?«, fragt er. »Wo denn?«

Da hat er auch schon Hamid Al-Mers Faust im Gesicht, und weit und breit ist keine Menschenseele, die ich zur Hilfe herbeirufen könnte. Zu meinem Entsetzen beginnt mein Vater, Ramesh systematisch zusammenzuschlagen. Ich versuche, ganz laut zu schreien, doch alles, was aus meiner Kehle kommt, ist ein heiseres Krächzen. Ich laufe los, um Hilfe zu holen. Nach ein paar Metern drehe ich mich um und sehe Ramesh im Schnee liegen, der sich rot färbt von seinem Blut.

»Wer bist du?«, brüllt mein Vater ihn an. »Wer bist du?!«

»Ich bin niemand«, versucht Ramesh ihn zu beschwichtigen. »Niemand.«

Ich renne weiter, dann blicke ich wieder zurück. Ramesh rührt sich nicht. Mein Vater springt ins Auto und gibt Gas.

»Oh, mein Gott«, denke ich entsetzt. »Jetzt fährt er ihn tot.«

Und renne um mein eigenes Leben, was bleibt mir anderes übrig. Da sind Menschen in den Hausgängen, sie schauen einfach nur zu. Mein Vater fährt wie ein Verrückter hinter mir her. Ich rutsche mit meinen Plateauschuhen im Schnee. Mein Vater kommt näher. Dann rette ich mich in eine Art Fußgängerzone, die durch Betonpoller von der Straße abgegrenzt ist. So muss auch er aussteigen und mir hinterherrennen.

Da ist eine italienische Kneipe, ich reiße die Tür auf und stürme hinein. Drinnen an der Bar stehen ein paar Typen in Rippunterhemden und Latzhosen, starren mich an, als käme ich vom Mars.

»Mein Vater hat gerade meinen Freund umgebracht«, keuche ich. »Bitte ruft die Polizei, schnell!«

Doch keiner rührt einen Finger, alle glotzen mich nur an.

»Er ist hinter mir her!«, schreie ich voller Panik. »Ihr müsst die Polizei rufen!«

»Da drüben«, meint der eine schließlich, »ist eine Telefonzelle.«

Ich nichts wie hin, doch statt der Polizei rufe ich in meiner Panik Elke an und bitte sie, die Polizei zu verständigen.

Plötzlich sehe ich, wie mein Vater an der Kneipe vorüberläuft. Es ist nur eine Frage der Zeit, bis er merkt, dass ich nicht mehr auf der Straße bin. Verzweifelt sehe ich mich um. Ganz hinten sind die Toiletten. »Nein«, denke ich, »da sitze ich dann in der Falle.« Stattdessen verstecke ich mich hinter einer Plastikpalme.

Die Tür geht auf, mein Vater betritt das Lokal.

»Hey, Giovanni«, höre ich ihn, »hey, Luigi. Wie geht's? Sagt mal, habt ihr meine Tochter gesehen?«

»Ja«, sagt der eine Typ, »die ist dahinten.«

»Alles klar«, sagt mein Vater.

Dann höre ich, wie er langsam näherkommt. Wie erwartet, checkt er zunächst die Toiletten, öffnet in aller Ruhe jede einzelne Zelle.

»Meral? Bist du hier?«

Als er mich nicht findet, sieht er sich um und entdeckt mich hinter der Palme. Ich renne in den vorderen Bereich zurück und schnappe mir den einen der Latzhosenträger von hinten, packe ihn an seinen Trägern, wirble ihn herum und benutze ihn als lebendigen Schutzschild. Doch der will mir nicht helfen und reißt sich los. In einer einzigen verzweifelten Bewegung springe ich hinter die Theke und reiße das gesamte Regal um. Gläser und Flaschen fallen klirrend zu Boden. Luigi oder Giovanni oder wie der Besitzer auch immer heißt, brüllt vor Zorn.

Endlich kommt die Polizei.

»Was ist denn hier los?«, fragt einer der Beamten.

Mein Vater geht sofort auf ihn zu, jetzt ganz jovial und kumpelhaft.

»Sagen Sie«, spricht er ihn an, »haben Sie auch eine Tochter?«

»Ja«, antwortet der Polizist.

»Dann lassen Sie uns doch mal miteinander vor die Tür gehen.«

Ich kann es wieder einmal kaum fassen. Zuerst bringt mein Vater Ramesh um, dann schafft er es, dass sich alle mit ihm verbrüdern. Und schon kommen er und der Polizist wieder herein.

»Ich mache mir halt Sorgen um meine Tochter«, höre ich ihn noch sagen. »Sie ist fünfzehn. Fünfzehn!«

»Der hat meinen Freund umgebracht!«, kreische ich.

Der Polizist mustert mich von Kopf bis Fuß.

»Wenn du jetzt Scheiß erzählst«, sagt er, so als sei ich die Verbrecherin, »dann wird das ganz schön teuer.«

Irgendwie schaffe ich es dennoch, ihn dazu zu bringen, mit

mir zurück zu der Stelle zu gehen, wo mein Vater Ramesh zusammenschlug. Doch Ramesh ist verschwunden. Im Schnee finden wir nur noch Blutspuren und seine Brille. Immerhin. Ich bin erleichtert, dass Ramesh offensichtlich doch nicht tot ist. Und doch gerate ich jetzt in Erklärungsnöte.

»Er muss sich weggeschleppt haben.«

»Aha«, meint der Polizist, angesichts der Blutspuren im Schnee nun doch verunsichert. »Und wo waren Sie und Ihr Freund vorher?«

»Bei Freunden in der Wohnung.«

»Na, dann gehen wir dort mal hin.«

Das sind die Gebrüder Risseck, wo man sitzen und kiffen kann. Aber man kann natürlich niemals, auf gar keinen Fall Polizei mitbringen, doch das habe ich in der Aufregung überhaupt nicht bedacht. Und auf einmal stehen wir mitsamt dem Polizisten bei denen im Wohnzimmer, das Dope offen auf dem Tisch, und die beiden Brüder gucken mich nur fassungslos an, wie um alles in der Welt ich so blöd sein kann, einen Bullen anzuschleppen. Selbst dem Beamten ist es peinlich, und zum Glück übersieht er geflissentlich, was er nicht sehen sollte.

»Der Ramesh«, wissen die Brüder immerhin, »der ist auf der Polizeiwache.«

Und dort finden wir ihn auch. Er sieht übel aus, völlig zerschlagen, ganze Haarbüschel hat ihm mein Vater ausgerissen. Ich will ihn dazu bewegen, Anzeige wegen Körperverletzung zu erstatten. Er will aber nicht. Wegen seiner Familie. Wegen dem Stress. Wegen allem. Ramesh will nur noch seine Ruhe.

Danach bieten uns die Polizisten an, uns nach Hause zu bringen. Ramesh wird nach seiner Adresse gefragt. Als er antwortet, steht mein Vater in der Nähe.

Am nächsten Tag klingelt das Telefon. Mein Vater ist dran.

»Kirchstraße 24«, sagt er nur, »sagt dir das was?«

Es ist Ramis Adresse.

»Wir sitzen hier mit geladenen Waffen und warten nur darauf, dass er nach Hause kommt. Dann bringen wir ihn um, deinen Freund. Oder du kommst zu mir zurück.«

In mir arbeitet es fieberhaft. Ich weiß, dass Ramesh nur noch vier Tage in Deutschland ist, dann fliegt er mit seiner Familie zurück in den Iran. Doch davon hat mein Vater keine Ahnung.

»Okay«, sage ich.

Ich packe meine Sachen. Elke weint. Ich weiß nicht warum, aber jetzt, wo es so weit ist, habe ich seltsamerweise kein bisschen Angst. Vier Tage muss ich aushalten und meinen Vater in Sicherheit wiegen, dann ist Ramesh außer Landes.

Mein Vater fährt vor, ich steige ein und fahre mit ihm dorthin, wo ich einmal zu Hause war.

17

Auf Schleuderkurs

Mein Vater war offenbar dermaßen froh, nicht mehr alleine zu sein, dass er die Liebenswürdigkeit in Person war. Ich räumte sein Chaos auf, wusch seine Wäsche, kochte für ihn. Wir verbrachten vier coole Tage miteinander, kein einziges lautes Wort, keine Gewalt.

»Meral«, sagte mein Vater überglücklich, »jetzt fangen wir ein ganz neues Leben an.«

Dennoch war es mir, als ginge ich wie auf Eiern, als könnte ein falsches Wort alles zerstören. Doch nichts geschah.

Als ich wusste, dass Ramesh in seinem Flugzeug saß, das ihn nach Teheran brachte, war es Zeit für meinen Rückzug.

»Da wir ja jetzt ein neues Leben anfangen, darf ich doch sicher Rhea besuchen, oder?«, fragte ich.

»Ja«, sagte er, »natürlich.«

»Fährst du mich hin?«

»Klar, mach ich.«

Also packte ich meinen ganzen Krempel zusammen.

»Warum nimmst du denn all dein Zeug mit?«, wollte mein Vater misstrauisch wissen.

»Och«, sagte ich, »das ist doch gar nicht alles. In meinem Zimmer steht ja noch der Koffer.«

Damit war er zufrieden.

Er lieferte mich bei meiner Freundin ab, und ich winkte ihm hinterher, als er wegfuhr. Am nächsten Tag wollte er mich wieder abholen.

Am selben Abend jedoch rief ich ihn an.

»Ich bin jetzt in Hamburg«, sagte ich.

»Was?«, schrie er. »Du kommst sofort zurück!«

»Nein!«

»Dann fahren wir in die Kirchstraße und machen diesen Kerl alle.«

Ich legte auf. Denn ich wusste ja, dass sie in der Kirchstraße niemanden mehr antreffen würden.

Ich war gar nicht in Hamburg, ich hatte einfach geblufft, saß nach wie vor bei meiner Freundin Rhea. Doch darauf kam mein Vater nicht.

Ich hatte ihn ausgetrickst, und darauf war ich stolz. Siehst du, sagte ich mir, du bist ihm gewachsen. Du musst nur schlauer sein als er.

In dieser Zeit machte ich auch ein Praktikum, das ich mir endlich selbst ausgesucht hatte, und zwar in einer Werbeagentur in Düsseldorf, wo ich mich sofort wohlfühlte und eine Menge lernte.

Und dennoch, trotz dieser Schritte in ein selbstbestimmtes Leben überfielen mich immer wieder ohne jede Vorwarnung schlimme Panikattacken, als ob die Angst mit beiden Händen nach mir griff und mich fest in ihrem Klammergriff hielt. Bis er langsam nachließ, bis ich mich wieder beruhigte.

Auch wenn ich noch so sehr versuchte, ihn aus meinem Leben auszuklammern, so schwebte mein Vater doch über allem wie ein Gespenst. Ich glaubte zu tun, was ich wollte, zum Beispiel in der Art, wie ich mich nun kleidete oder schminkte, und doch waren diese Extreme nur der Versuch, mir selbst zu beweisen, dass ich frei war. Heute weiß ich, dass ich alles andere als frei von ihm war und dass ich jetzt nur das Gegenteil von dem auslebte, wozu er mich ein Leben lang gezwungen hatte.

Nein, ich war ihn nicht los. Ich war mit meinen Freundinnen unterwegs, und auf einmal stand er da vorne an der Straßenecke und schaute mich an, als sei er Gott, als wollte er mir sagen: »Ich bin überall. Vor mir kannst du dich nicht verstecken. Ich sehe alles. Und wenn ich will, komme ich zurück.«

Die Wirkung, die diese plötzlichen Erscheinungen auf mich hatten, war katastrophal, ich verfiel in eine regelrechte Angstpsychose. War ich unterwegs und irgendwo fiel ein Blatt vom Baum, erschrak ich fast zu Tode. Es genügte, dass ich schnelle, feste Schritte hörte oder dass eine Tür laut ins Schloss fiel, und schon bekam ich solche Magenkrämpfe, dass ich mich wie ein Embryo zusammenkrümmen musste und keinen Schritt mehr weitergehen konnte, so groß war meine Angst. Es war mein Körper, der als Erstes reagierte, mit Krämpfen, Schmerzen, Lähmungserscheinungen. Die Gefühle folgten meinem Körper mit Todesangst. Es war, als strömte alle Lebenskraft, alle Wärme aus meinem Körper, und zurück blieb so etwas wie eine eisige Hand, die nach meinen Eingeweiden griff. Mein Vater brauchte gar nicht mehr aufzutauchen, allein die beständige Möglichkeit, ihn jederzeit irgendwo zu sehen, reichte aus, um mich völlig aus der Bahn zu werfen.

Auch zu Hause fanden wir keine echte Stabilität. Elke, die ohne Mann nicht sein konnte oder wollte, ging viel aus in diesem ersten Jahr ihrer Trennung von Hamid. Einmal ging sie mit ihren Arbeitskolleginnen auf ein Feierabendbier weg und kam die ganze Nacht und den ganzen nächsten Tag nicht nach Hause. Ich machte mir riesige Sorgen um sie: Hatte mein Vater ihr wieder aufgelauert? War sie in Schwierigkeiten? Sollte ich die Polizei alarmieren? Wo, verdammt noch mal, steckte sie?

Wir hatten nichts zu essen im Haus, weil der übliche Wochenendeinkauf am Samstagmorgen ausgefallen war. Ich konnte meinen Geschwistern nicht mal einen Toast machen. Das Einzige, was ich fand, waren Nudeln, und die machte ich dann. Nudeln mit nix, nannten wir das.

Ich werde nie vergessen, wie meine Geschwister dasaßen, Nudeln in sich hineinstopften und vollkommen in sich vergraben waren. Mourad, so schien mir, hatte nicht mehr aufgeschaut, seit er den Gameboy geschenkt bekommen hatte, er spielte sogar im Gehen damit. Und wenn es das nicht war, dann machte er Video-Spiele in seinem Zimmer.

Melissa war damals neun und ebenfalls völlig in sich zurückgezogen. Sie lebte wie unter einer Glasglocke, zeigte keine Regungen; ich fand nie heraus, wie es ihr wirklich ging. In ihrem Zimmer hatte sie eine merkwürdige Ordnung: Sie reihte alle ihre Sachen akkurat auf. Ihre Stofftiere saßen der Größe nach geordnet auf ihrem Bett, die Kosmetikartikel auf einen halben Millimeter Abstand genau auf dem Fensterbrett. Als ich einmal auf dem Weg nach draußen an ihrem Zimmer vorbeikam und kurz ihren Lippenpflegestift benutzte, flippte sie total aus, tobte wie eine Wahnsinnige. Da begriff ich, dass diese Ordnung die einzige in ihrem Leben war und dass sie die um jeden Preis verteidigen musste.

An jenem Wochenende tauchte Elke irgendwann am Samstagnachmittag wieder auf, bepackt mit Einkaufstüten und einem schlechten Gewissen. Jedem von uns hatte sie das mitgebracht, was wir an Süßigkeiten am liebsten mochten. Dann erzählte sie uns, dass sie einen Mann kennengelernt hatte, mit dem sie jetzt zusammen war. Ich konnte gut verstehen, dass auch sie ein neues Leben anfangen wollte, sie war schließlich erst Anfang dreißig. Mourad allerdings kam damit überhaupt nicht zurecht. Was Melissa dachte, fand keiner heraus.

Und ich hatte die Nase voll davon, die vernünftige Älteste zu sein, meine kleine Schwester ins Bett zu bringen, Essen zu machen, an den beiden die Mutterstelle zu vertreten. Das alles hatte ich viel zu lange getan.

Nun kam also Dieter in unser Leben, Elkes neuer Freund. Und wieder einmal war es so, dass der Mann in ihrem Leben an erster Stelle stand, noch vor ihr selbst und ihren Kindern. Die Sonnenblume in ihr richtete sich nach ihrem neuen Partner aus, und so kam es, dass wir uns mehr und mehr unerwünscht fühlten.

Ich blieb immer länger von zu Hause weg, ging nach der Schule zu Freundinnen und kam am Wochenende gar nicht erst heim. Ziellos holte ich all das nach, was mir früher versperrt gewesen war. Um meine Angst zu betäuben, nahm ich Drogen, und es kam vor, dass ich in Wohnungen aufwachte, von denen ich nicht wusste, wem sie gehörten. Elkes Wohnung wurde für mich in dieser Zeit mehr und mehr zum Basislager, in das ich zurückkehrte, wenn ich keine saubere Wäsche mehr hatte oder mich ausruhen musste. Dann war ich wieder weg und sagte keinem, wohin ich ging. Mehrmals meldete Elke mich als vermisst, doch eigentlich kam ich mir selbst abhanden in diesen fast zwei Jahren in Viersen. Und nicht nur mir, sondern auch meinem Bruder. So lange hatte ich auf ihn aufgepasst; nun war es, als müsste ich selbst meine Kindheit nachholen, denn all das, was ein Kind ausmacht, das war mir ja nie erlaubt gewesen. Ich hatte nie die Chance gehabt, zu Hause trotzig und frech zu sein, ungezogen und aggressiv. Zeigte ich im Ansatz ein solches Verhalten, wurde ich windelweich geprügelt. So war ich immer ein unglaublich vernünftiges Mädchen gewesen, das Elke schon viel zu früh als ebenbürtige Freundin behandelt hatte, bei der sie sich sogar oft Rat einholte und von der sie selbst manchmal sagte: »Du liebe Zeit, Meral, sei doch nicht immer so vernünftig.«

Jetzt war ich nicht mehr vernünftig und wollte es auch nicht mehr sein. Ich wollte nicht mehr Elke eine gute Freundin und meinen jüngeren Geschwistern eine Mutter sein. War ich früher nicht trotzig, frech oder aggressiv, dann war ich es jetzt, und zwar nicht nur in der Schule, sondern auch Elke gegenüber. Ich ließ mir nichts mehr sagen, hatte immer das letzte Wort, wollte meine Freiheit ausleben bis zum Exzess und vergaß darüber, dass da andere waren, die mich vielleicht gebraucht hätten. Mourad zum Beispiel, der inzwischen ätzende vierzehn Jahre alt geworden war und mit dem ich nur Streit hatte. Und so gingen wir uns aus dem Weg.

So kam es, dass ich eines Tages nach Hause kam und erfuhr, dass Mourad beschlossen hatte, zu unserem Vater zu ziehen. Ausgerechnet Mourad, der mit meinem Vater nie ein gutes Verhältnis gehabt hatte, von ihm grenzenlos gedemütigt und geschlagen worden war! Irgendetwas war geschehen zwischen Elke und ihm, und als ich versuchte herauszufinden, was eigentlich passiert war, stieß ich auf zwei völlig unterschiedliche, wirr klingende Geschichten. Tatsache war, dass Mourad mit seinen vierzehn Jahren kein Kind mehr war, und Elke mit ihm nicht mehr fertig wurde. Er war ja nicht ihr eigener Sohn, und auf einmal hatte sie einen hoch aufschießenden, pubertierenden jungen Mann in ihrem Haushalt. Was auch immer geschehen sein mochte, beide waren der Meinung, dass sie nicht mehr länger unter einem Dach leben sollten. Und so hatte Mourad seine Entscheidung getroffen.

Inzwischen war unser Reihenhaus längst verkauft, und mein Vater war in das Haus gezogen, das die Geschwister Al-Mer sich von dem Erbe der Oma Halima gekauft hatten, von dem Geld, das sie jahrelang abgezweigt, in ihrem BH versteckt und in einer Kiste unter ihrem Bett gehortet hatte. Hier wohnten alle Brüder meines Vaters. Mit Ausnahme von Onkel Momo, der Tina, eine Freundin von Elke, geheiratet hatte, waren sie noch ledig. Das Haus hatte drei Etagen, und hier wohnte nun also Mourad mit unserem Vater in einer Art Junggesellenwohnung. So sehr ich mit mir selbst beschäftigt war in dieser Zeit, so sehr bedauerte ich die Entscheidung meines Bruders, und noch heute denke ich, dass dies niemals geschehen wäre, hätte ich nicht während unserer Zeit in Viersen Mourad dazu überredet, seine kategorische Ablehnung unseres Vaters aufzugeben und hin und wieder mit ihm zu reden.

Mein Vater war aber noch lange nicht zufrieden. Er wollte

auch Meli »zurückhaben«, und so ging der Terror gegen Elke ungebrochen weiter. Bis ein Jahr später auch Meli unter dem steten Druck und Gezerre zwischen Hamid und Elke nachgab. Sie war zehn Jahre alt, als sie entschied: »Ich will mich nicht zwischen meiner Mutter und meinem Vater entscheiden müssen. Dann gehe ich lieber ins Heim.«

Nicht lange, nachdem Mourad zu meinem Vater gezogen war, geschah etwas, das meinem Leben wieder einmal eine neue Wendung geben sollte: Uns schräg gegenüber wohnte ein junger Mann Anfang zwanzig, mit dem ich mich ein bisschen angefreundet hatte. Behzad hatte lange, coole Dreadlocks, spielte in seiner Freizeit Bass, kam aus dem Iran wie mein alter Freund Ramesh und studierte Jura. Er bot sich an, mir bei Mathe zu helfen, dem Fach, in dem ich Schwierigkeiten hatte.

Nach der Sache mit Ramesh hatte ich etwas Wichtiges gelernt: Ich musste dafür sorgen, dass die Jungs, mit denen ich mich in der Öffentlichkeit sehen ließ, über die Gefahr Bescheid wussten, die von meinem Vater ausging. Nie werde ich die unsägliche Überraschung in Rameshs Gesicht vergessen, der gerne meinen Vater kennengelernt hätte, als dieser ihm stattdessen direkt ins Gesicht schlug. Es war besser, meine Begleiter waren auf eine solche Begegnung vorbereitet, dann konnten sie selbst entscheiden, ob sie das Risiko eingingen, sich mit mir in der Öffentlichkeit zu zeigen. Also erzählte ich Behzad davon.

Eines Abends war es über unseren Mathebüchern spät geworden. Wir bekamen Hunger und beschlossen, uns eine Pizza zu holen. An der Tür befiel mich ein komisches Gefühl, eine Art Vorahnung.

»Ist das klug?«, fragte ich noch. »Mein Vater kann jederzeit hier auftauchen.«

»Ach, komm«, sagte Behzad, »man wird sich doch noch eine Pizza holen können.«

Kaum waren wir aus dem Haus, strahlten grelle Nebelscheinwerfer auf. Wir waren geblendet. Ich wusste sofort: Das ist mein Vater. Ich hörte, wie sich diese unverwechselbaren Schritte näherten, entschlossen und hart.

»Ins Auto«, schrie ich, »und verriegeln. Ins Auto und verriegeln!«

Es war wie in einem Horrorfilm. Wir konnten uns gerade noch in Behzads Wagen retten, die Knöpfe runterdrücken, als mein Vater auch schon wie ein Wahnsinniger mit einer riesigen Stabtaschenlampe aus Metall begann, gegen das Seitenfenster auf der Fahrerseite zu schlagen.

»Los«, keuchte ich, »fahr los!«

Behzad steckte den Schlüssel ins Zündschloss und drehte ihn herum, doch der Wagen wollte nicht anspringen. Indessen ging das Seitenfenster zu Bruch, die Scherben fielen über Behzad, doch damit nicht genug. Mein Vater packte seinen Kopf und schlug unerbittlich mit der riesigen Stabtaschenlampe auf ihn ein. Ich versuchte, mit meinen Händen seinen Kopf zu schützen, während Behzad die ganze Zeit versuchte, den Wagen zu starten.

Endlich sprang er an. Behzad gab Stoff, der Wagen setzte sich mit einem Ruck in Bewegung und nahm Fahrt auf. Mein Vater, der ja halb im Seitenfenster hing, wurde noch eine Weile mitgeschleppt, dann stürzte er zu Boden. Ich glaubte eigentlich, dass er sich schwer verletzt haben müsste, doch als ich mich umsah, konnte ich erkennen, wie er sich aufrappelte und zu seinem eigenen Wagen rannte.

»Er wird uns verfolgen«, presste ich hervor. »Los, fahr schneller.«

»Wir fahren direkt zur Polizei«, sagte Behzad, dem das Blut vom Kopf rann. Quer durch die Stadt ging es in einer filmreifen Verfolgungsjagd. Mit quietschenden Reifen legte sich unser Wagen in die Kurven, über rote Ampeln brausten wir hinweg. Da!

Ein LKW, der von rechts angeschossen kam, wir nahmen ihm die Vorfahrt – ich weiß bis heute nicht, wie wir es schafften, gerade noch vor ihm über die Kreuzung zu brausen.

Endlich bogen wir in den Hof der Polizeiwache ein. Wir sprangen aus dem Wagen, rannten zur Tür. Die war verschlossen. Wir rüttelten an ihr, bis ich eine Klingel entdeckte und sie wie verrückt drückte. Ich war außer mir vor Panik. Vollkommen hysterisch versuchte ich dem Beamten, der endlich in aller Ruhe dahergeschlurft kam, um die Tür aufzuschließen, zu erklären, in welcher Gefahr wir uns befanden. Der musterte uns nur: eine bizarr gekleidete Sechzehnjährige und einen Typen mit langen Dreadlocks, dazu beide ganz offensichtlich Ausländer – er schien nicht sicher zu sein, ob er uns überhaupt ins Haus lassen sollte. Und dann passierten zwei Dinge: Mein Vater kam in vollem Karacho angefahren. Und Behzad fiel vor unseren Augen einfach um. Er hatte schwere Wunden am Kopf; ein Wunder, dass er es überhaupt noch bis zu der Polizeiwache geschafft hatte.

Da öffnete der Polizist endlich die Tür, und mein Vater fuhr wieder vom Hof. Wieder einmal kam der Rettungsdienst, wieder einmal hatte mein Vater jemanden krankenhausreif geschlagen. Ich fuhr mit dem Krankenwagen mit, blieb bei Behzad; ich sah mit an, wie man ihm seine wunderschönen Dreadlocks abrasierte, um seine Wunden am Kopf versorgen zu können. Da weinte ich, wieder einmal weinte ich um den Verlust von schönem Haar.

»Dieser Mann muss gestoppt werden«, sagte Behzad, während sie ihm eine Platzwunde zusammennähten. »Das kann so nicht weitergehen, dass der wie ein Terminator durch die Gegend rast!«

Als ich spät in der Nacht nach Hause kam, wählte ich die altbekannte Nummer, die einmal unsere gewesen war.

»Dieses Mal hast du einen Fehler gemacht«, sagte ich, als

mein Vater abnahm. »Du hast den Falschen erwischt. Er studiert Jura, er wird dich vor Gericht bringen. Für all das, was du tust, wirst du eines Tages büßen müssen. Eines Tages schlage ich zurück, das schwöre ich dir.«

Er lachte nur, wie so ein Gangster in einem schlechten Film. Aber das war mir egal. Ich hatte zum ersten Mal in meinem Leben meinem Vater seine Grenzen aufgezeigt, hatte ihm gedroht. Hatte ihm den Krieg erklärt.

Behzad ließ sich nie wieder die Haare wachsen. Er hörte nach diesem Ereignis auch auf, Bass zu spielen, und begann stattdessen, seinen Körper zu trainieren und einen Kampfsport zu lernen. War er vorher lustig und ausgelassen, voller verrückter Ideen gewesen, so war er nun ernst und still. Diese Veränderungen taten mir mehr weh als alle Schläge, die ich von meinem Vater je ertragen hatte.

Danach war klar, dass ich nicht länger in Viersen bei Elke wohnen bleiben konnte. Die Strecke zwischen meiner Schule und unserem Zuhause wurde mehr und mehr zu einer Falle: Hier konnte mich mein Vater jederzeit abpassen. Und so schlug das Jugendamt vor, dass auch ich ausziehen sollte und im Rahmen eines Programms mit »Betreutem Wohnen« in einer eigenen Wohnung leben sollte. Möglichst nicht in Mönchengladbach, wo mir jederzeit jemand über den Weg laufen könnte, der meinem Vater meinen neuen Aufenthaltsort verraten würde, sondern etwas weiter weg – in Neuss.

Ich werde meinen Abschied aus Viersen nie vergessen. Ich war entsetzlich traurig und niedergeschlagen, die Aussicht, von nun an ganz alleine zu wohnen, ängstigte mich. Weinend packte ich meine Sachen zusammen, während Elke und die Betreuerin vom Jugendamt danebenstanden und warteten. Elke war in solchen Situationen, in denen ich emotional reagierte, meist sehr gefasst und pragmatisch. Ich aber hatte das Gefühl, dass meine Kindheit nun endgültig vorüber war, oder wenigstens das, was davon übrig geblieben war.

In Neuss erhielt ich eine Wohnung in einem Industriegebiet, an das ein Neubaugebiet angrenzte. Die Sozialarbeiter und Betreuer hatten im selben Haus ein Büro, doch abends und nachts war ich die einzige Bewohnerin weit und breit. In meiner neuen Schule wurde niemand darauf vorbereitet, was ich hinter mir hatte, weder die Lehrer noch meine Mitschüler konnten verstehen, warum ich so seltsam war: Ja, ich war laut und aufmüpfig, launisch und fühlte mich rasch angegriffen. Da ich ständig stoned war, kam ich dauernd zu spät, war albern und quatschte dazwischen. Alle waren genervt, aber keiner fragte nach. Sie sahen meine äußere Fassade, und die war grell und provozierend, denn inzwischen gab es keinen mehr, der mir Grenzen aufgezeigt hätte. Elke hatte mir nie etwas verboten, und jetzt ließ ich mir schon gar nichts mehr von ihr sagen. Und so testete ich die Grenzen aus und überschritt sie mit Siebenmeilenstiefeln; ich trug Sachen, wie man sie eher bei einer Prostituierten erwartet, und schminkte mich krass. Dazu benutzte ich viel Kajal, umrahmte meine Augen und malte mir große Blüten in die Augenwinkel, verzierte sie mit Strass, die ich mit Sekundenkleber auf meine Haut auftrug. Und obwohl ich mich nach außen cool und selbstbewusst gab, fühlte ich mich extrem schnell angegriffen. Ich fühlte mich schrecklich allein – was ich ja auch war – und hätte mir gewünscht, dass jemand nach mir schaute und mir liebevoll einen Rahmen setzte und ihn mir auch erklärte. »Schatz, diese hochhackigen Schuhe solltest du nicht zur Schule anziehen, lass die mal lieber fürs Wochenende, wenn du ausgehst.« Oder: »Dieses Makeup ist klasse, ich finde aber, es passt besser für einen Discobesuch als für die Schule.« So aber urteilten die Lehrer schnell und taten mich als »dumme Tussi« ab.

Ich hatte eine nette Betreuerin, die ich gerne mochte. Barbara holte mich an manchen Tagen von der Schule ab und ging mit mir Lebensmittel einkaufen. Dabei war ich sehr stolz darauf, ganz sparsam zu sein und mit weniger Geld auszukommen, als mir eigentlich zugestanden hätte. Barbara kam nachsehen, ob alles in Ordnung war, ob ich auch was zu essen im Kühlschrank hatte, und vergewisserte sich, dass ich nicht im Chaos unterging. Allerdings merkte sie nicht, wie dringend ich jemanden gebraucht hätte, mit dem ich über meinen familiären Hintergrund hätte reden können. Denn noch immer hing mir das alles nach und sorgte dafür, dass ich in meiner neuen Schule Schwierigkeiten bekam.

Ich kiffte viel in dieser Zeit, hatte immer wieder wechselnde »Knutschfreunde«, mit denen zwar nichts Ernsthaftes lief, aber genug, um die ganze Klasse durcheinanderzubringen. Dabei bemühte ich mich sehr, die Anerkennung meiner Lehrer zu gewinnen. Besonders meine Religionslehrerin mochte ich sehr, und ihre Meinung war mir wichtig. Dabei besuchte ich gerade diese Stunden ja als Muslimin freiwillig, weil mich das Thema immer schon interessiert hatte.

Einmal gab uns diese Lehrerin eine ungewöhnlich kreative Aufgabe. Wir sollten von uns selbst eine Gipsmaske anfertigen und sie dann bemalen. Ich nahm diese Aufgabe sehr ernst und gestaltete die Maske folgendermaßen: Aus der einen Hälfte machte ich ein exaktes Abbild von meinem Gesicht samt meiner auffallenden Art, mich zu schminken. Und die andere Seite beschmierte ich mit meinem eigenen Blut und gestaltete sie mit Narben, dazu schlug ich Kerben in den Gips. Meine Klassenkameraden reagierten schockiert. Als die Maske fertig war, erkannte ich, was ich da gemacht hatte, und meine Lehrerin analysierte sie genauso:

»Aha«, meinte sie in einem eher distanzierten Ton, »das hier bist du also, wie du nach außen bist. Und das mit dem ganzen Blut und den Narben, so sieht es in dir drinnen aus.«

»Ja, genau«, sagte ich.

Eigentlich wartete ich darauf, dass meine Lehrerin noch irgendetwas zu mir sagen würde, dass sie mir vielleicht einen Rat geben könnte, mir ein Gespräch anbieten würde. Doch nichts geschah, die Sache war für sie damit erledigt.

Und so habe ich gemerkt, dass sich eigentlich niemand für mich interessierte, dass sich niemand wirklich um mich kümmerte, dass meine Signale, die ich auszusenden in der Lage war, wohl wahrgenommen, aber nicht verstanden wurden. Und schloss mich immer mehr in mich selbst ein.

Damals begann ich mit Drogen zu experimentieren, probierte alles Mögliche aus, hoffte auf Bewusstseinserweiterungen und fand sie mitunter auch. Ja, ich glaube heute tatsächlich, dass diese Erfahrungen mein Leben damals nicht nur bereichert haben, sondern mich auch davor bewahrten, verrückt zu werden. Ich lernte psychedelische Pilze kennen, die mir eine Tür zu einer anderen Welt öffneten. Ich habe sie als schamanische Instrumente benutzt und sie halfen mir, Kontakt zu meinen Ahnen aufzunehmen. Durch diese Erfahrungen lernte ich, auf den Fluss des Lebens zu vertrauen – ausgerechnet ich, die ich von frühester Kindheit an mit Schmerz, Gewalt und Todesangst konfrontiert worden war. Es tröstete mich unendlich, zu spüren, dass der Himmel mein Vater ist, die Erde meine Mutter, die Bäume meine Geschwister. Hier in dieser anderen Welt fand ich endlich die Familie, die mich niemals betrügen, niemals misshandeln oder verlassen würde. Ich fühlte mich nicht mehr so allein, fühlte die Verbindung zur Natur und zum Universum. Und das machte mich in all dem Gefühlschaos und inmitten der ständigen Bedrohung auf eine Weise ruhig, wie ich es vorher allenfalls bei meinen Meditationen mit Lukas ein Stück weit erahnt hatte.

Ich lernte damals den Unterschied zwischen Alleinsein und Einsamkeit – All-Eins-Sein. Ja ich kann sagen, dass ich damals meine Wurzeln, die ich bislang immer hinter mir hergeschleppt hatte, in die Mutter Erde versenkte. Bis heute geben sie mir einen gewissen Halt.

Natürlich machte ich auch eine Menge anderer Erfahrungen. Da ich die Einzige war, die in diesem Alter bereits eine eigene Wohnung hatte, hingen bei mir immer öfter irgendwelche Freaks ab, die zu Hause rausgeflogen waren: Drogendealer, die hier in aller Ruhe ihre Telefonate und Geschäfte abwickeln konnten. So kam ich auch an Drogen heran, die ich mir sonst überhaupt nicht hätte leisten können, zum Beispiel Kokain. Meine Bekannten konnten bei mir ihr Zeug konsumieren und in Ruhe ihre Sachen abwickeln, und darum bekam ich Koks umsonst.

Es dauerte nicht lange, und ich war auf demselben Trip wie mein Vater: Haschisch und Kokain. Ohne dass ich es merkte, war ich auch schon abhängig von Koks. Man hat da ja keine so auffallenden körperlichen Suchtmerkmale wie bei Heroin, sondern man ist einfach mies drauf, wenn man nichts nimmt. Aber mies drauf ist man ja auch so manchmal, nur wurde jetzt alles noch schlimmer.

Im Nachhinein betrachtet hatte ich damals immer wieder unfassbares Glück, denn ich geriet in dieser Zeit in Neuss in viele gefährliche Situationen. Trotzdem ist mir nie etwas passiert. Vielleicht schützte mich das Gefühl, dass nichts so schlimm sein konnte wie mein Vater und das, was er mir angetan hatte. Ich wohnte ja ganz allein dort draußen in der Nähe des Hafens. Und wie oft stakste ich in meinem ultrakurzen Outfit spät in der Nacht auf meinen hohen Schuhen nach Hause!

Einmal fuhr ich nachts mit der Bahn und fragte den einzigen anderen Typen, der noch unterwegs war, ob er vielleicht Drogen dabeihätte. Ich war auf Ecstasy aus, doch der Typ sagte, er habe nur Haschischöl, das habe er gerade frisch aus Holland geholt.

»Cool«, sagte ich, denn ich wusste, dass dieser Harzextrakt sehr selten zu bekommen und hochwirksam ist, und lud ihn in meine Wohnung ein.

Dort wickelte er etwas aus Alufolie aus, was mir aber gar nicht nach Haschischöl aussah, und bot es mir an.

»Mach du zuerst«, sagte ich, »ich weiß ja gar nicht, wie man das konsumiert.«

Und so baute der Mann sich sein Aluröhrchen und begann zu rauchen, und schon gingen bei ihm die Lichter aus.

»Ist ja langweilig«, dachte ich, denn ich wollte keine solche müde machende Droge, ich wollte wach sein und Energie bekommen, so wie von Ecstasy eben. Zwar nahm ich auch ein paar vorsichtige Züge, doch das Zeug wirkte bei mir nicht. Am nächsten Morgen war der Typ verschwunden. Und als ich meinen Freunden von diesem Erlebnis erzählte, meinten sie, dass das sicher Heroin gewesen sei. Vielleicht wollte der Typ mich anfixen. Doch Heroin kam für mich – trotz allem – nie in Frage.

Ein anderes Mal war ich zwei Männern in die Tiefgarage des Düsseldorfer Bahnhofs gefolgt, weil sie mir Stoff verkaufen wollten. Sie setzten sich vorn in ihren Wagen, ich hinten. Wir wickelten unser Geschäft ab, doch dann wurde es mit einem Mal ungemütlich: Der eine drehte sich um, packte mich an den Schultern und wollte zu mir nach hinten klettern. Ich duckte mich blitzschnell in den Fußraum des Wagens, machte die Tür auf und riss mich los. Der Dealer hing mit dem Oberkörper über der Fahrerlehne und musste sich erst aufrappeln. Da merkte ich, dass ich meine Handtasche vergessen hatte, riss noch einmal die Tür auf, wehrte die Typen ab, schnappte die Tasche, trat mich frei und rannte davon.

Die vielleicht gefährlichste Situation erlebte ich mit einem illegal in Deutschland lebenden Afrikaner. Wir waren in seiner Wohnung, als er die Tür abschloss und anfing, an mir herumzumachen. Da begann ich zu weinen.

»Kennst du Fufu?«, fragte ich ihn unter Tränen. »Das kann ich für dich kochen. Ich hab ganz viele afrikanische Freunde, und wenn du mich jetzt in Ruhe lässt, dann lernst du die alle kennen, wir kochen gemeinsam, trommeln, haben Spaß. Wie eine Familie. Aber wenn du mir jetzt was tust, dann bist du weiterhin ganz allein.«

Ich weiß nicht, welche Intuition mir diese Worte eingab. Alles stimmte, ich kannte viele Afrikaner, auch Fufu konnte ich kochen, ebenso wie andere afrikanische Gerichte. Und damit traf ich den Jungen mitten ins Herz. Er ließ mich los, schloss die Wohnung auf und ließ mich gehen.

Solche Situationen gab es viele. Ich umgab mich mit allen möglichen Leuten, denn wenn niemand bei mir war und meine Hand hielt, konnte ich oft nicht einmal ruhig atmen, geschweige denn einschlafen.

War ich allein in meiner Wohnung, hatte ich schreckliche Horrorvisionen. Darin sah ich meinen Vater durch die Tür kommen. Oder er stand davor und schlug sie ein, und mit jedem seiner Schläge gab sie ein Stückchen mehr nach. Ich konnte nichts dagegen tun; kaum entspannte ich mich, waren diese Bilder und Szenen da. Viele Jahre lang sollten sie mich verfolgen.

Dennoch sah es danach aus, als würde ich meinen Schulabschluss machen, als ginge alles nun seinen Gang. Ich war unglücklich, doch mithilfe der Drogen gelang es mir, einigermaßen auf Kurs zu bleiben, auch wenn es hin und wieder ein Schleuderkurs war.

Doch dann geschah etwas, das mich zunächst einmal völlig aus der Bahn warf.

18

In der Klapse

Noch immer war ich mit meinem Freund Ramesh, der im Iran lebte, in Kontakt. Wir schrieben uns Faxe und träumten davon, dass es eines Tages Handys mit Display geben würde, auf denen man sich sehen könnte, während man miteinander sprach. Doch es war das Jahr 1997, und die Welt war noch weit davon entfernt, so vernetzt zu sein wie heute.

Ramesh lud mich ein, ihn über Weihnachten in Teheran zu besuchen, und für mich war es eine ausgemachte Sache, dass ich die Einladung annehmen würde. Ja, diese Reisepläne waren ein Lichtblick am Horizont für mich in diesem schlimmen Jahr, und ich begann systematisch auf das Flugticket zu sparen. Dafür nahm ich Jobs an, kellnerte in einem Café, und irgendwann hatte ich das Geld zusammen. Ich beantragte ein Visum und bekam es. Elke kaufte das Flugticket für mich.

Alles stand bereits für meine Weihnachts-Reise nach Teheran fest. Meiner Betreuerin Barbara hatte ich nichts davon erzählt, und damit sie Bescheid wusste, wenn sie aus dem Weihnachtsurlaub zurückkam und mich in meiner Wohnung nicht antraf, schrieb ich einen Brief und warf ihn in den Briefkasten des Büros, das ja im selben Haus war.

»Macht Euch keine Sorgen«, schrieb ich, »wenn Ihr dies hier lest, bin ich verreist. Ich besuche einen Freund im Iran und bin zum Ende der Schulferien wieder zurück. Eure Meral.«

Am Morgen meiner Reise checkte ich in Düsseldorf ein und gab meinen Koffer ab. Meine Route ging über London, wo ich umsteigen musste. Es war alles in Ordnung, bis ich in London in das Flugzeug nach Teheran einsteigen wollte. Die Stewardess sah beim Boarding meinen Pass an, sagte: »Einen kleinen Moment bitte, warten Sie hier«, und eine Minute später hatte ich Kabelbinder an den Händen. Zu meinem Entsetzen kassierte mich die Polizei ein, führte mich ab und eskortierte mich mit dem nächsten Flieger zurück nach Deutschland.

Dort nahm mich die deutsche Polizei in Empfang und fuhr mich zu meiner Wohnung, wo schon mehrere Mitarbeiter des Jugendamts auf mich warteten. Barbara hatte ja Urlaub, also sah ich mich ihrer Vertretung gegenüber, die ich kaum kannte.

Ich war inzwischen rasend vor Zorn. Was fiel diesen Leuten eigentlich ein? Monatelang hatte ich auf das Ticket gespart, und jetzt war alles umsonst! Einzig und allein mein Koffer war nun unterwegs in den Iran, und diese Idioten behandelten mich wie eine Verbrecherin. Ich schrie und tobte, schlug um mich und war nicht zu beruhigen.

Sie versuchten mir zu erklären, dass ich noch zu jung sei, um eine solche Reise allein anzutreten; schließlich war ich noch nicht volljährig. Ich wollte diesen Quatsch nicht hören, natürlich konnte ich diese Reise machen, was dachten sie sich eigentlich, schließlich wohnte ich hier in diesem gefährlichen Viertel ganz allein und hatte schon viel schwierigere Situationen bewältigt.

Sie sperrten mich in meiner Wohnung ein, und mir blieb nichts anderes übrig, als diese vor Wut völlig zu verwüsten. Ich rief Rhea an, schrie sie an, sie müsse mich hier rausholen, dann tobte ich weiter. So ging das viele Stunden lang. Irgendwann schlossen sie die Tür wieder auf, vielleicht hatten sie gehofft, dass mir inzwischen die Luft ausgegangen sei, doch das war keineswegs der Fall. Auf diese Gelegenheit hatte ich nur gewartet. In meinem langen Mantel rannte ich hinaus ins Treppenhaus.

»Wenn ihr mich nicht in den Iran lasst«, schrie ich, »dann bringe ich mich um.«

Als sie mich wieder ergreifen wollten, machte ich meine Drohung wahr, kletterte auf das Treppengeländer und sprang. Ich wohnte im dritten Stock, doch schon im zweiten blieb ich mit meinem Mantel am Geländer hängen. Ich schrie, lachte, war völlig hysterisch, und als sie mich von dem Geländer gepflückt hatten, ging das »Fass-mich-nicht-an«-»Rühr-mich-nicht-an«-Gerangel weiter. In dem Durcheinander brach ich einer Mitarbeiterin des Jugendamts den Daumen, was die Frau mir nie verzeihen sollte. Irgendwann kam der psychiatrische Notdienst und überwältigte mich. Meine Reise, die so schön begonnen hatte, endete in der geschlossenen Abteilung der Jugendpsychiatrie.

Hier bekam ich klare Ansagen: »Entweder du benimmst dich jetzt, oder du bekommst diese Spritze!« Ich hatte die Wahl zwischen zwei Dingen, einen dritten Weg gab es nicht. Das war ein sehr seltsames Gefühl, denn zum ersten Mal, seit ich der Gewalt meines Vaters entronnen war, sah ich mich einer solchen Übermacht gegenüber. Es war eine unerträgliche und extrem demütigende Erfahrung für mich: Diese Leute konnten mir sagen, was passierte. Entweder ich gab Ruhe, oder sie taten mir Gewalt an. So schwer es mir fiel, ich riss mich zusammen.

Das alles war an einem Freitag passiert, und erst am Montag kam die zuständige Ärztin. Ich konnte es nicht erwarten, mit einem »vernünftigen« Menschen zu sprechen und ihm alles zu erklären, und ich war mir sicher, dass sich dann alles aufklären würde. Man tat mir Unrecht. Auch wenn ich erst sechzehn war und in wenigen Wochen siebzehn wurde, so war ich durchaus in der Lage, eine solche Reise anzutreten. Das ganze Wochenende hörte ich Curtis Mayfield, der ein Jahr zuvor querschnittsgelähmt worden war, als während eines Konzerts ein Beleuchtungsturm auf ihn stürzte. Seine Musik gab mir ungeheuer viel Kraft in diesen Tagen.

*Hush now child,
and don't you cry,
your folks might understand you
by and by.
Move on up
towards your destination.
You may find
from time to time
complications*

*Bite your lip
and take a trip.
Though there may be -
wet road ahead,
you cannot slip.
Just move on up
and peace you will find
into the steeple
of beautiful people,
where there's only one kind*

*So hush now child
and don't you cry.
Your folks might understand you
by and by.
Just move on up
and keep on wishing.
Remember your dreams
are your only schemes.
So keep on pushing,
take nothing less —
not even second best.
And do not obey —*

you must have your say.
You can pass the test

Move on up!

Auch der geregelte Ablauf in der geschlossenen Abteilung war im Grunde gut für mich: feste Zeiten beim Essen, Aufstehen, Zubettgehen, auch wenn ich das alles einfach nur furchtbar fand. Tagsüber gewöhnte ich mir an, stundenlang Tischtennis zu spielen, und irgendwann war auch dieses Wochenende vorüber.

Dass ich in den Iran reisen wollte und auf jeden Fall alt genug dafür sei, das war aber überhaupt nicht das Thema, um das es der Psychiaterin bei unserem Gespräch ging.

»Du wolltest dir das Leben nehmen«, sagte sie. »Du bist vom dritten Stock ins Treppenhaus gesprungen. Wir müssen dich so lange hier behalten, bis du nicht mehr den Wunsch hast zu sterben.«

»Aber ich will doch gar nicht sterben«, beteuerte ich. »Ich will in den Iran fliegen!«

»Ach so«, meinte sie. »Dann hast du also die Drohung, dir etwas anzutun, nur als Druckmittel verwendet, um dein Ziel zu erreichen?«

»Ja, genau«, sagte ich und hoffte, dass man mich nun endlich wieder gehen ließe.

»Aber das kannst du nicht machen«, fuhr die Ärztin fort. »Du kannst nicht jedes Mal, wenn du etwas willst, drohen, dass du dich umbringst.«

»Warum nicht?«, fragte ich.

»Weil das unfair den anderen Menschen gegenüber ist«, erklärte sie mir ganz ruhig und sachlich. »Was sollen sie denn bitte tun, wenn du ihnen mit Selbstmord drohst? Sollen sie zu Mördern werden? Das ist Erpressung. Sie können dann ja nichts anderes machen, als deinen Wunsch erfüllen.«

Ich schwieg überrascht. So hatte ich das noch nie betrachtet.

»Wenn du unbedingt sterben willst«, fuhr die Ärztin fort, »dann zieh keine anderen Leute da mit rein. Aber du hast selbst gesagt, dass du gar nicht sterben willst. Du musst lernen, dass du deine Probleme und Konflikte anders löst.«

Elke kam mich besuchen, und auch mit ihr sprach die Ärztin.

»Ich glaube Ihnen schon, dass Meral psychisch gesund ist«, sagte sie, »und ernsthaft suizidgefährdet scheint sie auch nicht zu sein. Dennoch muss sie lernen, dass das so nicht geht.«

Und so blieb ich noch zwei Wochen dort. Allerdings hatte ich keine Gespräche mehr, auch nicht mit einem Therapeuten. Ich hätte es gut gefunden, jeden Tag eine Stunde wenigstens mit jemandem so reden zu können wie mit dieser Ärztin. Doch die Tage vergingen, ich hörte Musik, spielte Tischtennis und rauchte Haschisch, das mir Elke auf meinen Wunsch hin heimlich brachte. Mehr passierte nicht.

Doch ich hatte etwas gelernt. Ich hatte Zeit gehabt, über alles nachzudenken, und sah ein, dass etwas Wahres dran war an dem, was die Psychiaterin gesagt hatte. Nicht, dass ich von nun an aufhören würde zu versuchen, mir das Leben zu nehmen. Doch von nun an zog ich niemand anderen mehr mit hinein.

Als ich entlassen wurde und nach Hause fuhr, fand ich meine Möbel im Treppenhaus – das Jugendamt hatte mir die Wohnung weggenommen. Wieder begann für mich eine Odyssee von Rhea zu Lukas, mit dem ich immer noch befreundet war. Die Mitarbeiter vom Sozialamt behandelten mich wie eine Aussätzige, keiner wollte mehr etwas mit mir zu tun haben. Ich entschuldigte mich bei der Frau, deren Daumen ich gebrochen hatte, das hatte ich wirklich nicht gewollt. Wie es mit mir weitergehen sollte, war unklar. Inzwischen wurde beim Jugendamt diskutiert, ob man mich auf ein Segelschiff schicken sollte, um mit schwer erziehbaren Jugendlichen ein Jahr lang über die Weltmeere zu schippern. Ich hatte keine Lust auf so etwas, schließlich war ich nicht schwer erziehbar. Bis auf die Toberei nach meiner abgebrochenen Reise hatte ich nie etwas angestellt, hatte mich weder geprügelt, noch geklaut oder Autos angezündet. Es war nicht leicht, mit mir umzugehen, ich hatte eindeutig ein Problem mit Autoritäten, aber, hallo, war es denn so schwer, darauf zu kommen, was die Ursache für mein Verhalten war? Von klein auf war ich von meinem Vater Hunderte Male brutal verprügelt worden. Doch das alles interessierte keinen.

In meiner Akte stand, dass ich damals in Büttgen aus dem Kinderheim abgehauen war, mich jetzt mit mehreren Mitarbeitern geprügelt und dabei sogar einer Kollegin den Daumen gebrochen hatte. Das genügte, damit keine Institution mich mehr aufnehmen wollte. Ich hatte nicht geahnt, dass man beim Jugendamt in Kategorien abrutschen kann; ich jedenfalls war in der untersten gelandet.

Als »letzte Chance« bot man mir einen Gesprächstermin an, und ich hoffte inständig, dass sie dieses Mal einen vernünftigen Vorschlag für mich hatten.

Als ich an jenem Tag aus der Schule kam, stand der Wagen meines Vaters davor. Er stieg aus und kam mit theatralisch ausgebreiteten Armen auf mich zu.

»Nun haben wir nur noch uns beide!«, schluchzte er.

Erschrocken bemerkte ich, dass er weinte.

»Was ist denn los?«, fragte ich und wich seiner Umarmung aus.

»Deine Mutter ist tot!«

Es dauerte eine Weile, bis ich begriff. Er meinte nicht Elke, sondern meine richtige Mutter, Saliha. Sie war also tot? Ein Wechselbad von undefinierbaren Gefühlen überspülte mich. War es Trauer? Nein, ich war nicht traurig. Ich kannte sie ja überhaupt nicht. Eher ein Bedauern, ein Schock, dass ich sie nie kennengelernt hatte. Und nun war es zu spät. Ich beobachtete befremdet, wie mein Vater weinte. Er hatte immer nur schlecht von ihr gesprochen. Kein einziges gutes Wort über Saliha war je über seine Lippen gekommen. Umso schwerer fiel es mir, ihm jetzt seine Trauer abzunehmen.

»Lass uns den Tag gemeinsam verbringen«, schlug mein Vater vor und schnäuzte sich.

Ich lehnte ab. Schließlich musste ich zu dem Termin beim Jugendamt. Doch ich war ganz durcheinander, und während ich mich auf den Weg zu diesem wichtigen Termin machte, musste ich dauernd an meine Mutter denken, die ich nie kennengelernt hatte. Erst nach vielen Stationen bemerkte ich, dass ich die falsche Regionalbahn genommen hatte. Am Ende kam ich eine Stunde zu spät zu dem Gespräch und hatte bereits alle Hoffnung fahren lassen. »Damit«, dachte ich, »habe ich mir garantiert meine letzte Chance vermasselt.«

Doch die Sozialarbeiterin, Frau Schilling, hatte auf mich gewartet. Sie war es, die entscheiden würde, ob sie meine neue Betreuerin werden wollte, trotz all der Dinge, die in meiner Akte standen.

Zuerst entschuldigte ich mich für mein Zuspätkommen. »Ich habe eben erfahren«, erklärte ich ihr, »dass meine Mutter gestorben ist. Ich bin noch ganz durcheinander ...«

Vom ersten Moment an verstand ich mich mit Frau Schilling. Sie war die Erste, die zuhörte, mich erzählen ließ und interessiert Fragen stellte. Und so begriff sie sofort, dass ich intensive Hilfe benötigte, eine Menge Redebedarf hatte und eine Hand brauchte, die mir half.

Sie erkannte auch, dass es für mich nicht gut war, so weit von meinen Freunden entfernt zu wohnen, und so zog ich wieder nach Mönchengladbach. Das Jugendamt wies mir hier eine unglaublich schreckliche Wohnung zu, und als Frau Schilling sah, dass ich das Beste aus ihr gemacht hatte, lobte sie mich.

»Du machst das toll«, sagte sie.

Ich glaubte meinen Ohren nicht zu trauen. Ich konnte mich

nicht erinnern, wann jemand das letzte Mal so etwas zu mir gesagt hatte.

»Doch«, lachte sie, »du kriegst das hin, davon bin ich überzeugt. Und jetzt sehen wir erst einmal weiter.«

Was mir an ihr gefiel, das war ihr Pragmatismus. Wenn sie mich besuchen kam, um nachzusehen, dass meine Wohnung nicht vermüllte, ich nicht vom Fleische fiel und ansonsten auch alles in Ordnung war, dann brachte sie mir nicht nur manchmal Zigaretten mit (»Meral, ob ich dir jetzt Geld gebe und du kaufst dir davon Zigaretten, oder ob ich dir gleich welche mitbringe, das läuft doch aufs Gleiche raus, oder?«), sondern jedes Mal auch Zeit. Wir saßen in meiner winzigen Bude und redeten. So fasste ich immer mehr Vertrauen zu ihr. Einmal erzählte ich ihr von einem Selbstmordversuch. Ich hatte mir ein Bad eingelassen, Kerzen angezündet und dann den Radiowecker zu mir ins Wasser gezogen. Ich erwartete zu sterben, doch stattdessen gingen plötzlich überall die Lichter aus – die Sicherungen im ganzen Haus waren rausgeflogen. Ja, damals habe ich nicht schlecht gestaunt, denn früher ging das ja, heutzutage gibt es aber diese Sicherungen, die den Stromtod in der eigenen Badewanne verhindern. Was für eine Enttäuschung! Kurz darauf klingelte die Nachbarin von unten. Ich kletterte aus der Badewanne, zog mir einen Bademantel über und öffnete. Und statt endlich von allem erlöst zu sein, stiefelte ich gemeinsam mit der Nachbarin in den Keller, um die Sicherungen wieder reinzudrücken.

Frau Schilling lachte sich erst halb tot. Dann fragte sie: »Sag mal, wie spät war es denn da?«

»Drei Uhr nachts.«

»Meral«, sagte Frau Schilling, so als würde sie mir erklären, wie man einen Kuchen richtig bäckt, »um drei Uhr nachts schläft man. Wenn du wieder mal solche Ideen hast, wartest du bis zum nächsten Morgen. Dann überlegst du es dir nochmal. Und wenn du morgens aufwachst und immer noch sterben willst …«

Aber mir war schon klar, dass einem bei Tage so etwas nicht mehr ganz so leichtfällt. Und ich nahm diesen Rat an: Bis heute treffe ich mitten in der Nacht keine wichtigen Entscheidungen mehr. Ich denke an Frau Schilling und höre sie sagen: »Alles Wichtige sollte man eine Nacht überschlafen.«

Es war alles andere als einfach für mich, doch mit ihrer Hilfe vollzog sich für mich eine ganz allmähliche positive Veränderung. Ich gewöhnte mir sogar meine krasse Sprache ab und begann »schön zu sprechen«, denn ich begriff, dass Worte Macht haben und man kein ausgeglichener Mensch werden kann, wenn man ständig die übelsten Ausdrücke benutzt. Ich liebe die deutsche Sprache und lernte sie immer mehr lieben.

Mit meinem Schulbesuch hatte es die vergangenen Monate nicht zum Besten gestanden, und nachdem wir uns ausgiebig darüber beraten hatten, meldete Frau Schilling mich bei der Abendschule an, wo ich auch meinen Schulabschluss machen konnte. Tagsüber arbeitete ich im Café, und abends ging ich zur Schule. Eine positive Nebenwirkung meines Intermezzos in der geschlossenen Psychiatrie war, dass ich von den verschiedenen Partydrogen, die ich hin und wieder konsumiert hatte, losgekommen war. Unter Frau Schillings liebevoller, unaufgeregter Begleitung wurde ich ruhiger und fasste Zuversicht.

Die Wohnung allerdings war die reinste Bruchbude, das Bett einen Schritt vom Herd entfernt, und im Grunde sah das ganze Haus aus wie ein Stundenhotel, was es wohl auch einmal gewesen war. Inzwischen hatte man es in lauter Miniapartments umgewandelt, im Erdgeschoss war ein Restaurant. Meine Nachbarn waren Schwerverbrecher, Drogendealer, die erst vor Kurzem aus dem Knast gekommen waren. Freimütig erzählten die mir, dass sie den Jungen, der da eigentlich wohnen sollte, herausgeprügelt hatten und seine Wohnung samt Telefonvertrag übernommen hatten. Wenn ich daran dachte, dass ich bedeutend schlechter lebte als mein Vater, der in einem tollen Haus wohnte und von seiner Familie unterstützt wurde, dann wurde mir ganz schlecht. Tagsüber besuchten ihn abwechselnd meine Tanten, um für ihn zu kochen. Und mich behandelte man wie eine Verbrecherin.

Da saß ich also, als Mitbewohner hatte ich Kakerlaken, und ständig wurden im ganzen Haus die Türen eingetreten. Mir war klar, dass das meine Nachbarn waren, und mit der Zeit entwickelte ich meine ganz eigene Strategie, mit diesen schweren Jungs umzugehen. Wenn ich ein paar Tage wegfahren musste, dann ging ich rüber zu ihnen und sagte: »Hey, habt ihr das auch schon bemerkt? In diesem Haus gibt es ein paar Typen, die treten überall die Türen ein und räumen die Wohnungen aus. Ihr zwei seid die Einzigen, denen ich vertraue. Und ihr passt doch sicher auf, dass das bei mir nicht passiert, oder?«

Da reagierten die beiden ganz süß: »Ja, Meral, wir passen schon auf.«

Und tatsächlich ist bei mir nie etwas passiert.

Einmal jedoch schob Frau Schilling in meiner Abwesenheit mein Wochengeld, 50 Mark, in einem Umschlag unter der Tür hindurch, und als ich wiederkam, war da nur noch der leere Umschlag. Ich wusste genau, wer das gewesen war. Also klingelte ich bei den Jungs.

»Ach«, sagte ich und heulte ein bisschen, »ist das ein Scheißtag! Stellt euch vor, mir hat doch tatsächlich einer das einzige bisschen Geld geklaut, das ich habe! Jetzt weiß ich überhaupt nicht, wie ich überleben soll ...« Und ich spielte die Verzweifelte.

Von da an fand ich jedes Mal, wenn mich einer von den beiden besuchen kam, ein bisschen Geld auf dem Stuhl, auf dem er gesessen hatte, mal eine Mark, mal zwei, bis sie mir nach Monaten schließlich alles zurückgegeben hatten.

Irgendwann sagte Frau Schilling: »Das geht so nicht mehr weiter. Meral, was für eine Wohnung hättest du denn gern?«

»Ach«, sagte ich, »mehr Platz wäre toll. Und ein Garten ... Aber so etwas gibt es doch sowieso nicht für mich.«

»Warum nicht?«, fragte sie.

Ein paar Wochen später hatte sie tatsächlich eine solche Wohnung für mich gefunden. Ich war überglücklich! Vor Kurzem hatte ich meinen ersten richtigen Freund kennengelernt, Norman, mit dem ich heute noch befreundet bin. Mit ihm erlebte ich eine wundervolle Romanze, er holte mich mit dem Auto abends von der Schule ab, lud mich zum Essen ein, am Wochenende machten wir Ausflüge miteinander. Und Norman half mir nun, meinen Krempel zusammenzupacken und in die neue Wohnung in der Volksgartenstraße einzuziehen.

Als Frau Schilling mich das erste Mal nach dem Umzug besuchte und sah, wie schön ich die Wohnung eingerichtet hatte, sagte sie: »Das hast du richtig toll gemacht, Meral.«

Ich kann gar nicht sagen, wie sehr mich das freute. Frau Schilling sagte oft solche Sachen. Zum Beispiel: »Du bist ein richtig vernünftiges Mädchen, Meral.«

»Ich?«, fragte ich erstaunt. »Vernünftig?«

»Ja«, sagte sie. »Du machst das alles ganz super. Du schaffst das. Da bin ich mir völlig sicher.«

Dass sie an mich glaubte, veränderte mein Leben. Nach dem Umzug fuhren Norman und ich zusammen in Urlaub nach Südfrankreich. Obwohl ich noch keine achtzehn war, erlaubte Frau Schilling es mir. Es war herrlich. Seit jenem Urlaub in der Türkei, als mein Vater mich umbringen wollte, war ich nicht mehr weg gewesen. Nun verbrachte ich zum ersten Mal in meinem Leben unbeschwerte Wochen. Und obwohl mir das wohl keiner geglaubt hätte und mein Vater schon vor Jahren überzeugt davon gewesen war, dass ich keine Jungfrau mehr war, erlebte ich mit Norman in diesem Sommer mein allererstes Mal.

19

Die Anzeige

Nach der Sache mit Behzad hatte ich mir vorgenommen, irgendwann meinem Vater Einhalt zu gebieten. Ich wollte ja wirklich nur endlich in Frieden leben. Doch noch immer drängte sich mein Vater herein, trotz des Kontaktverbots. Er stand auf der anderen Straßenseite, wenn ich das Haus verließ, wartete in seinem Wagen vor meiner Schule. Oft rief er an. Und das ging mir gewaltig an die Nerven, denn ich wusste nie, was als Nächstes passieren würde. Manchmal wollte er einfach nur reden, dann wieder versuchte er mich zu überreden, zu ihm zurückzukommen. Eigentlich durfte er mir ja seit mehr als einem Jahr nicht mehr näher kommen als fünfhundert Meter. Doch er hielt sich nur selten daran. Und immer lauerten hinter allem seine Drohungen, mich eines Tages umzubringen, wenn ich nicht tat, was er wollte.

So kam es, dass ich es vermied, die Wohnung zu verlassen. Das tat ich nur noch, wenn es wirklich nötig war. Statt ein normales Leben zu führen, mich mit Freunden zu treffen, einkaufen oder ins Kino zu gehen, igelte ich mich zu Hause ein. Kaum verließ ich das Haus, befiel mich wieder diese undefinierbare Todesangst, ich reagierte schreckhaft auf jedes kleinste Geräusch. Und wenn ich auch nur in der Ferne einen Schwarzkopf entdeckte, der meinem Vater und seinen Brüdern irgendwie ähnelte, bekam ich Schweißausbrüche.

Frau Schilling bemerkte schon in den ersten Wochen unserer Zusammenarbeit, dass es Tage gab, an denen ich schrecklich durch den Wind war.

»Was ist los, Meral?«, fragte sie dann.

Und ich erzählte ihr kurz, was geschehen war, dass mein Vater wieder mitten in der Nacht angerufen und mich stundenlang wachgehalten hatte, sodass ich am Morgen wie gerädert war. Oder dass er mir aufgelauert hatte. Allmählich begriff sie, dass ich nicht einfach nur ein Trennungskind mit den üblichen Problemen war, wie es im Bericht des Jugendamts stand, sondern dass mehr dahintersteckte. Sie stellte Fragen, hörte aufmerksam zu. So erfuhr sie, dass es hier um Kindesmisshandlung, Belästigung und ein paar weitere strafbare Handlungen ging. Oft traf sie mich bei ihren Besuchen wie ein verschrecktes Tierchen an, das nicht wagt, den Bau zu verlassen. Und irgendwann sagte sie: »So geht das nicht weiter.«

Einen solchen Fall wie mich hatte Frau Schilling noch nie betreut. Die anderen Mädchen kamen meist aus guten Familien, wo es Probleme gegeben hatte, und nach ein paar Wochen oder Monaten im Betreuten Wohnen kehrten sie wieder nach Hause zurück. Manche waren schwanger und heirateten oder fanden sonst einen Weg, sich mit ihren Familien auszusöhnen. Insofern war meine Geschichte absolutes Neuland auch für sie. Doch das war kein Grund für Frau Schilling, sich lieber zurückzuhalten.

»Weißt du eigentlich«, sagte sie eines Tages, »dass du deinen Vater anzeigen kannst?«

Für Frau Schilling waren die Dinge immer eindeutig. Schwierigkeiten und Probleme waren für sie »Phasen«, die vorüberzugehen hatten, wie zum Beispiel meine Drogenerfahrungen. Nachdem ich Vertrauen zu ihr gefasst hatte, erzählte ich ihr auch davon, vielleicht um zu sehen, wie sie darauf reagieren würde.

»Ach, weißt du«, sagte sie zu meinem Erstaunen in aller Ruhe, »das nimmt doch jeder mal in seinem Leben. Das sind Erfahrungen, die du machen willst, aber irgendwann ist das langweilig, und dann brauchst du es nicht mehr.«

Oder die Art, wie ich mich kleidete. »Na ja, im Moment findest du das halt schön. Ist doch egal. In ein paar Jahren hast du Lust, dich anders anzuziehen.«

Sie vertraute mir, und das war eigentlich das größte Geschenk, das sie mir machen konnte. Wenn sie mich zu Hause nicht antraf, hinterließ sie mir jedes Mal Postkarten, die sie sorgfältig auszuwählen schien, denn immer trafen sie etwas, das mit meinem Leben oder mit den Themen, mit denen ich mich gerade beschäftigte, zu tun hatte. Einmal war es eine Postkarte mit einem Foto von Jimi Hendrix. Und sie schrieb Sachen wie: »Liebe Meral, geht es Dir gut? Bitte denk daran, dass Du am Donnerstag diesen Termin beim Jugendamt hast. Ich hoffe, Du hast einen schönen Tag, Deine A. Schilling.« Ich habe jede einzelne Karte von ihr aufgehoben.

Den größten Vertrauensbeweis erhielt ich von ihr, als sie mir glaubte, dass mir meine kriminellen Nachbarn das Wochengeld geklaut hatten. Ihr Vertrauen stärkte mich und sorgte dafür, dass ich sie nicht enttäuschen wollte.

Nun aber fand sie, dass die »Phase« mit meinem Vater eindeutig zu lange dauerte. »Es wird Zeit«, sagte sie, »dass ihm Grenzen aufgezeigt werden. Er muss lernen, dass man in Deutschland nicht ungestraft seine Tochter jahrelang misshandeln, fast vergewaltigen und ständig belästigen und bedrohen darf. Das hat er jetzt lange genug gemacht, jetzt muss er sich etwas anderes suchen, womit er sich beschäftigen kann. Du musst in Ruhe deine Schule machen.«

Es war nicht das erste Mal, dass ich zu hören bekam, ich solle meinen Vater anzeigen. Doch ich fürchtete mich vor diesem Schritt. Wie würde das ablaufen? Würde er mich nicht ganz einfach umbringen, noch bevor die Verhandlung richtig begonnen hatte? Wie musste ich das anpacken? Das alles würde ohnehin nur Sinn machen, wenn er hinter Schloss und Riegel verschwinden würde; dann erst würde ich mich sicher fühlen. Doch was, wenn er mit einer Geldstrafe davonkäme oder mit Bewährung? Wer würde mir helfen, mich vor seiner Rache beschützen? All diese Überlegungen hatten mich bislang davon abgehalten, den Schritt zu wagen.

Doch Frau Schilling sagte: »Meral, wenn du deinen Vater anzeigen willst, dann bin ich bei dir. Und ich bleibe bis zuletzt an deiner Seite. Egal wie es ausgeht, wir finden dann schon eine Lösung.«

Das hatte noch niemand gesagt. Ich wusste: Was Frau Schilling verspricht, das hält sie auch. Gemeinsam, so war ich mir sicher, würden wir das schaffen.

Da diese Materie ja auch für meine Betreuerin neu war, machten wir unsere Erkundigungen und Recherchen gemeinsam. Wir hörten uns um, vereinbarten Beratungsgespräche mit verschiedenen Einrichtungen. Wenn ich bei ihr im Wagen saß und wir durch die Stadt fuhren, war ich manchmal fast glücklich. Dann kamen alte Erinnerungen hoch: »In dieser Straße war es, wo mein Vater Ramesh zusammengeschlagen hat, genau an dieser Kreuzung …«, und so erfuhr Frau Schilling nach und nach immer mehr Details aus meiner Geschichte. Ich mochte es, wie sie mir zuhörte, immer mit viel Mitgefühl und doch mit einem professionellen Abstand und dem ihr ganz eigenen Pragmatismus. Immer wieder zeigte sie mir meine Grenzen, aber auf eine freundliche und nachvollziehbare Art und Weise, die ich gut annehmen konnte und für die ich ihr sogar dankbar war.

Als ich so weit war und meinen Vater tatsächlich anzeigen wollte, sagte sie: »Dann gehen wir jetzt zur Polizei und erkundigen uns mal, was man da machen muss.«

Auf der Polizeidienststelle wurden wir von einem Beamten zum nächsten weitergereicht. Mehrmals musste ich meine Geschichte erzählen. Ich erinnere mich gut daran, wie wir schließlich in einem Büro mit einem Polizisten landeten, der das Protokoll aufnahm. Mir war es äußerst unangenehm, mit einem Mann über so intime Details zu sprechen wie zum Beispiel, ob mein Vater mir in jener Nacht, als er mich vergewaltigen wollte, die Strumpfhose ganz ausgezogen hatte, und so fort. Frau Schilling bemerkte das und sagte: »Ich glaube, es wäre besser, wenn da eine Frau wäre, die solche Aussagen aufnimmt.«

Natürlich sprach ich auch mit Elke darüber, dass ich Hamid anzeigen wollte. Wir sahen uns oft, und unser Verhältnis glich mehr und mehr dem von zwei Freundinnen. Elke war mit ihren dreiunddreißig Jahren selbst noch wie eine Jugendliche auf der Suche. Ich staunte immer wieder darüber, wie sehr sie sich verwandelte, und bemerkte, dass sie sich an mir zu orientieren schien. Sie begann, so ähnliche Kleider wie ich zu tragen. Während sie vorher eher der Schlabberjeans-Typ war, trug sie jetzt kurze Röcke und hohe Absätze. Ihr Haar färbte sie rot. Und fast täglich kam sie vorbei, um sich von mir einen Joint drehen zu lassen, weil sie das selbst nicht so gut hinkriegte.

Als ich bei einer dieser Gelegenheiten zu ihr sagte: »Ich hab mich jetzt entschlossen, Hamid anzuzeigen«, antwortete sie: »Wirklich? Na ja gut, wenn du meinst. Was kann ich denn dabei machen?« Immer mehr wurde unser Verhältnis so, dass ich sagte, was zu tun sei, und ich mich auch darauf verlassen konnte, dass sie tat, was ich sagte. Die Jahre mit meinem Vater hatten offenbar dazu geführt, dass es ihr schwerfiel, selbst Entscheidungen zu treffen. Aber sie war perfekt in der Ausführung von Anweisungen oder Vorschlägen.

»Sag Bescheid«, meinte sie, »wenn es losgeht.«

Und so griff sie mit wachsender Begeisterung den Gedanken auf, als Nebenklägerin ebenfalls gegen ihren Exmann vorzugehen.

Als Nächstes mussten wir einen Rechtsanwalt suchen. Frau Schilling hatte mir erklärt, dass so ein Anwalt sehr teuer ist und dass wir jemanden finden müssten, dessen Honorar das Jugendamt übernahm. Frau Schilling erkundigte sich und fand eine Anwältin, die sich auf Gewaltdelikte gegen Frauen spezialisiert hatte. Ich fand das toll, denn ich stellte mir vor, dass wir eine eingeschworene Phalanx aus lauter Frauen sein würden, die für Freiheit und Gerechtigkeit unseres Geschlechts kämpften – Frau Schilling, die Anwältin, Elke und ich. Doch bei unserem ersten Besuch war ich eher befangen, denn unsere Rechtsanwältin war eine unglaublich elegante und distanzierte Frau, die mir wie aus einer amerikanischen Fernsehserie vorkam. Sie trug ein schickes Kostüm, war mit Schmuck behängt, und ihr Büro war superedel eingerichtet. Ich hatte mir Sorgen gemacht, dass ein Anwalt, dessen Honorar vom Staat bezahlt wird, vielleicht keine gute Arbeit leisten würde, doch wenn ich auch mit unserer Anwältin nie ein freundschaftliches Verhältnis fand, so war sie doch die richtige Wahl, wie sich später zeigen sollte.

Nun galt es, die Sache richtig anzupacken. Ich wollte unbedingt, dass mein Vater, wenn ich diesen ganzen Aufwand schon betrieb, auch zu einer hohen Strafe verurteilt würde. Die Anwältin erklärte mir, dass unsere Chancen umso größer wären, je mehr Zeugen wir vor Gericht aufbieten könnten. Also machte ich mich an die Arbeit.

Mourad und Meli lehnten es von vornherein ab, vor Gericht zu erscheinen. Mit viel Mühe fand ich Leylas Telefonnummer in Marokko heraus. Nach ihrem Aufenthalt im Krankenhaus war sie bei Elkes Eltern untergekommen. Die bezahlten auch die Krankenhauskosten, denn Leyla war ja nicht versichert. Wie Pa und Ma es schafften, Leyla aus dem Krankenhaus herauszubekommen, ohne dass die Behörden das Mädchen einkassierten, weiß ich bis heute nicht. Sie finanzierten auch einen Eingriff, bei dem Leylas Jungfernhäutchen restauriert wurde, und kauften ihr ein Ticket in die Heimat. Das war ungeheuer großzügig von Ella und Manfred, und doch rammte ihnen mein Vater noch den Dolch in den Rücken, obwohl sie ja nichts anderes taten, als seinen »Müll aufzuräumen«: Er zeigte sie an, dass sie eine illegale Ausländerin in ihrem Haus versteckt hielten. Das war sehr bitter für sie, denn dies hatte Auswirkungen auf ihren Einbürgerungsantrag, den sie für Holland gestellt hatten. Auch mit Leyla trennten sie sich damals nicht im Guten, denn die war nach wie vor wie ein schwankendes Blatt im Winde und ließ sich auch nach dem großen Knall immer wieder mit meinem Vater ein.

Vielleicht hätte ich es mir denken können, doch damals war ich von meiner Mission erfüllt und überzeugt wie Jeanne d'Arc von ihrem Feldzug. Ich konnte mir nicht vorstellen, dass ein Mädchen nicht gegen jemanden aussagen würde, der sie zwei Jahre ihres Lebens eingesperrt gehalten hatte, nachdem er sie vergewaltigt hatte.

»Hör zu«, sagte ich am Telefon zu ihr, »es ist ganz einfach. Der Flug wird dir bezahlt. Alles, was du tun musst, ist herkommen und erzählen, was passiert ist.«

Doch sie hatte offenbar schon wieder eine Gehirnwäsche hinter sich: »Ach, lass das doch«, sagte sie. »Was vorbei ist, ist vorbei. Überhaupt, was macht Hamid denn so, wie geht es ihm?«

»Wie, ›Was macht er so‹ – ich kann hier nicht atmen, und du willst wissen, wie es ihm geht? Sein Terror hat sich vom Haus auf die ganze Stadt ausgeweitet. Du musst mir helfen!«

»Ja, aber«, wandte sie ein, »er hat sich doch beruhigt. Und so viel Alkohol trinkt er auch nicht mehr …« Da wurde mir klar, dass sie offensichtlich wieder Kontakt zu meinem Vater hatte. Was ich auch sagte, um sie umzustimmen, sie lachte nur albern. Ich war unsagbar enttäuscht. Ihre Aussage hätte unserer Klage mit Sicherheit mehr Gewicht verliehen und letztlich das Strafmaß meines Vaters noch bedeutend erhöhen können.

Dann war da noch Hannah, jene Freundin von Elke, die mein Vater ebenfalls vergewaltigt hatte. Damals hatte sie sich Elke anvertraut, doch die war ja stets darauf bedacht gewesen, den Hausfrieden irgendwie aufrechtzuerhalten. Zudem hatte sie sich konsequent geweigert, überhaupt zur Kenntnis zu nehmen, dass ihr Mann mit anderen Frauen rummachte, also war damals nichts geschehen. Inzwischen hatte Hannah beschlossen, das Ganze auf sich beruhen zu lassen. Keinesfalls wollte sie ihren Familienfrieden riskieren; sie war unsicher, wie ihr Mann reagieren würde, der ja von nichts wusste. Auch Ramesh wollte nicht aus Teheran anreisen, um auszusagen, wie mein Vater ihn damals zusammengeschlagen hatte. Einzig und allein Behzad schloss sich unserer Klage an, wenigstens er.

Und so kam die Sache ins Rollen.

War mein Vater überrascht, als er die Klageschrift zugestellt bekam? Er wurde nicht in Untersuchungshaft genommen, weil angeblich keine Fluchtgefahr bestand.

»Warum nicht?«, fragte ich mich. »Wer sagt denn, dass er nicht morgen in die Türkei geht und nicht mehr wiederkommt?«

Zunächst sah ich mich stattdessen einer immer massiver werdenden Verfolgung ausgesetzt. Mein Vater hatte seine kleine »Armee« mobilisiert, die aus seinen Brüdern, Schwagern, Cousins und Freunden bestand. Täglich lungerte nun mindestens einer von denen vor meinem Haus herum. Außerdem bombardierten meine Verwandten mich mit Anrufen.

»Das kannst du doch deinem Vater nicht antun«, hieß es. »Das macht eine Tochter einfach nicht. Zieh die Anzeige zurück, und alles ist wieder gut! Aber wenn nicht ...«

Auf der Straße konnte es passieren, dass auf einmal ein Onkel neben mir herging und auf mich einredete. Allein ihre ständige Gegenwart bedeutete ungeheuren Stress für mich. Stets hatte ich eine Sprühdose mit Tränengas bei mir, falls mich einer angreifen sollte. Sie verfolgten mich mit dem Auto und zu Fuß. In der ganzen Stadt hatten sie an neuralgischen Punkten, an denen ich mich oft aufhielt, Posten aufgestellt, zum Beispiel vor den Häusern meiner Freunde, vor dem Café, in dem ich arbeitete, und vor meiner Abendschule. Ich konnte deutlich sehen, wie sie aktiv wurden, sobald sie mich sichteten, ihr Handy zückten und eifrig telefonierten. Kurze Zeit später waren sie dann alle da, postierten sich sternförmig um mich, kesselten mich ein.

Ich erwirkte eine richterliche Verfügung gegen jeden Einzelnen von ihnen, sodass auch sie mir nicht näher kommen durften als auf fünfhundert Meter. Das schreckte sie eine Weile ab, doch nur kurz. Wenn ich sie nicht immer wieder anzeigte und sie daraufhin ein Bußgeld bezahlen mussten, konnte ich sie mir nicht vom Leib halten.

Damals besuchte ich eines Tages während der Mittagspause meine Tante Suheila in dem Kindergarten, in dem sie arbeitete. Sie war immer die Vernünftigste von allen gewesen, und ich wollte ihr erklären, warum ich mich dazu entschlossen hatte, meinen Vater anzuzeigen. Denn noch immer war mir wichtig, dass meine Familie mich verstand. Sie hörte sich alles in Ruhe an und meinte schließlich: »Wenn das so ist, Meral, dann musst du das tun.«

Später jedoch fiel auch sie mir wieder in den Rücken.

Während jenes Gesprächs kam auf einmal, ich weiß nicht mehr wie, die Sprache auf meine richtige Mutter, von der ich ja glaubte, dass sie gestorben sei.

»Nein, nein«, entgegnete Suheila, »das stimmt nicht. Vor einem Jahr musste Saliha ins Krankenhaus, ich weiß nicht, was sie hatte. Aber es geht ihr schon lange wieder gut.«

Ich hätte beinahe mein Teeglas fallen lassen.

»Wieso sagt mir das denn keiner?«, rief ich aus. Mir wurde ganz schwindelig. Die ganze Zeit über hatte ich gedacht, Saliha sei tot.

Ich dachte viel an meine Mutter in dieser Zeit. Jetzt erwog ich zum ersten Mal die Möglichkeit, dass wir uns einmal wiedersehen könnten.

20

Der Prozess

In jener Zeit lebte ich in einer seltsamen Stimmung. Einerseits hatte eine Art Euphorie von mir Besitz ergriffen, denn endlich geschah etwas, endlich hatte ich die Initiative ergriffen, nach all der Zeit des Duldens und Hinnehmens. Auf der anderen Seite rechnete ich jeden Tag damit, dass es mein letzter sein würde. Jeder Gang zum Gericht war ein Risiko. Auch wenn mich Frau Schilling, die treu zu mir stand, mit dem Auto abholte, so gab es doch jede Menge Gelegenheiten für einen Schützen, mich ohne Probleme zu treffen, wenn er es wirklich wollte. Paradoxerweise waren ausgerechnet jene Momente die ungesichertsten, wenn wir bei Gericht ankamen, aus dem Wagen stiegen und das Gebäude betraten. Denn mein Vater, der stets von seiner Gang umgeben war wie ein Rockstar, kam meist zur selben Zeit dort an.

Eines Morgens bekamen wir bei genau dieser Gelegenheit tatsächlich einen Riesenschrecken. Wieder einmal betraten wir fast gleichzeitig das Gebäude, und auf einmal stürzte sich mein Vater auf mich. Mir blieb fast das Herz stehen. In diesem Moment hätte alles passieren können – mein Vater jedoch wollte mich angeblich nur theatralisch in die Arme schließen. Ich weiß nicht, was er damit bezweckte, ob er »der Welt« zeigen wollte, dass er seine kleine Tochter liebte und ihr niemals etwas Böses getan hatte? Oder ob er demonstrieren wollte, dass er mir großmütig verzieh? Vielleicht wollte er einfach auch nur herausfinden, wie schnell die Ordnungskräfte reagierten. Tatsächlich waren sie sofort da und zerrten ihn von mir weg. Ob es allerdings schnell genug gewesen wäre, hätte mein Vater ein Messer oder eine Pistole gehabt, das bezweifle ich.

Eigentlich wollte das Gericht die Öffentlichkeit ausschließen, wie es bei einem solchen Fall üblich ist. Doch ich kämpfte dafür, dass öffentlich verhandelt wurde. Das wunderte viele. Der Grund dafür war: Ich wollte unbedingt, dass meine gesamte Familie hören konnte, was ich zu sagen hatte. Ja, ich hatte die Hoffnung, dass ich nicht nur vor einem deutschen Gericht Gerechtigkeit erfahren würde, sondern auch vor meiner Familie. Dass sie endlich verstanden, warum ich diesen Schritt getan hatte: damit sie erfuhren, was mein Vater mir angetan hatte. Ich wollte, dass sie einsahen, warum ich mich von ihm abgewandt hatte und nicht mehr mit ihm leben konnte. Alles was ich suchte, war Verständnis und Frieden. Wie gerne wäre ich bei Familienfesten wieder dabei gewesen, ja, es schmerzt mich heute noch, wenn ich bei diesen Gelegenheiten ausgegrenzt werde, denn schließlich bin nicht ich diejenige, die etwas verbrochen hat. Ich wollte, dass sie verstanden, dass es mein Vater war, der Hass und Streit in unsere Familie gebracht hatte, nicht ich.

Und darum inszenierte ich meine Auftritte vor Gericht wie meine eigene, persönliche Performance. Ich hatte mir vorher alles genau überlegt. In dieser Zeit lief ich stets barfuß, und so kam ich auch barfuß zu den Verhandlungen. Ich trug einen langen Rock und Blusen, dazu ein Kopftuch, was ich sonst nie tat. Damit wollte ich ein Zeichen setzen. Ich wollte ein wenig Verwirrung stiften und der Öffentlichkeit – und meiner Familie – zeigen, dass ich unsere Tradition achtete. Dass ich eine moderne Frau war, das hörte man an meinen Aussagen, die mitunter sogar den Richter verblüfften, zum Beispiel als ich über meinen Vater sagte: »Ich glaube, dass Verzweiflung des Verstands zu Gewalt führt«, und damit auf die Unterforderung des Intellekts meines Vaters und seine daraus resultierende Frustration anspielte. Solche Worte von einem jungen Mädchen zu hören, das angezogen war wie eine Frau aus einem anatolischen Dorf, das musste einfach verwirren. Ich wollte auch mit den überall verbreiteten Vorurteilen aufräumen, dass eine Frau, die sich so kleidet, nichts im Kopf hat, und der deutschen Sprache nicht mächtig sein kann. Im Grunde kleidete ich mich wie meine Mutter, wie Saliha.

Vor Gericht ging es um die vielen Gelegenheiten, bei denen mein Vater mich misshandelt und beinahe getötet hatte. Ganz besondere Bedeutung hatte jener Abend, an dem er mich beinahe vergewaltigt hätte. Aber auch Leylas Geschichte spielte natürlich eine Rolle, außerdem seine Attacken auf Ramesh und Behzad.

Mein Vater stritt alles kategorisch ab. »Das hat sie sich alles ausgedacht«, behauptete er, »in Zusammenarbeit mit meiner Exfrau.«

Als er merkte, dass es eng für ihn wurde, überredete mein Vater seine Brüder, Falschaussagen zu machen. Sie bestritten, dass sie jemals miterlebt oder auch nur davon gehört hätten, dass ich geschlagen oder sonst misshandelt wurde. Lediglich der Onkel, der noch heute beim Bundesgrenzschutz tätig ist, ruderte nach seiner ersten Aussage wieder zurück, als er begriff, dass ihn diese Falschaussage seinen Job kosten könnte. Mein Vater versuchte auch Freunde zu kaufen oder zu erpressen, unter anderem den Bruder von Banu, dem kleinen Mädchen, dem er einmal in unserem Badezimmer zu nahe getreten war. Doch dieses Mal geriet er an jemanden, der sich nicht einschüchtern ließ, auch nicht, als die Al-Mer-Gang seine Autotür zuklebte und ihn massiv bedrohte. Stattdessen ging er zur Polizei und erstattete ebenfalls Anzeige. Er sagte aus, dass mein Vater ihm Geld schulde und ihn erpressen wolle, damit er in meinem Fall eine falsche Aussage vor Gericht machte.

Nachdem mein Grenzschutz-Onkel nicht mehr aussagen konnte, schickte er seine Frau zum Gericht. Plötzlich lief mir also auf dem Flur diese angeheiratete Tante über den Weg. Ich mochte sie gern und freute mich, sie nach so langer Zeit wiederzusehen. Auch sie schien sich zu freuen, jedenfalls fiel sie mir um den Hals und drückte mich fest. Ich lud sie zu mir in die Wohnung ein, machte Tee, und wir sprachen ganz offen miteinander.

Meine Tante begann, mir von ihrer schrecklichen Ehe zu erzählen und davon, wie sehr sie mein Onkel schlug.

»Du musst da auch raus«, beschwor ich sie. »Wenn du willst, helfe ich dir. Du musst dir das nicht gefallen lassen, auch du kannst deinen Mann anzeigen …«

In meiner Euphorie versuchte ich, auch ihr zu helfen. Es war ein inniges Gespräch, und als sie ging, umarmten wir uns herzlich.

»Ach ja«, sagte ich an der Tür, »eine Frage habe ich noch. Kannst du mir sagen, wo mein Vater seine Waffen versteckt? Ihr lebt doch im selben Haus.«

»Klar«, sagte sie. »Hamid bewahrt sie in der Hundehütte auf.«

Ich war nicht wenig überrascht, sie kurze Zeit später im Gerichtssaal wiederzusehen, umringt von meinen Onkeln. Ich grüßte sie vorsichtig, wollte sie nicht in Schwierigkeiten bringen. Doch sie tat so, als sähe sie mich gar nicht.

Später wurde sie tatsächlich in den Zeugenstand berufen – und zwar von dem Anwalt meines Vaters. Was nun kam, war eine haarsträubende Geschichte: Es sei schon lange mein Plan, meinen Vater fertig zu machen, erzählte sie. Das hätte ich ihr erst neulich selbst erzählt und ihr bei der Gelegenheit angedroht, sie zu schlagen, wenn sie jemandem etwas davon verraten würde. Und so ging es weiter. Der Richter hörte sich den offensichtlichen Unsinn an, dann sagte er: »Ist Ihnen klar, dass Sie wegen dieser Falschaussage ins Gefängnis kommen können? Wohnen Sie nicht mit dem Bruder des Angeklagten zusammen? Ist es nicht eher so, dass es der Vater der Klägerin war, der Sie bedroht hat? Sie haben jetzt zwei Möglichkeiten: Entweder Sie verlassen diesen Raum und wir streichen Sie als Zeugin, oder Sie wiederholen das alles, und wir nehmen es zu Protokoll. Dann werden wir überprüfen, ob Sie die Wahrheit sagen. Und wenn nicht, müssen Sie mit einer Haftstrafe rechnen.«

Meine Tante zeterte noch ein wenig herum, doch dann verließ sie schleunigst den Gerichtssaal. Während dieser Auftritt die anderen eher amüsierte, war ich tief verletzt von ihrem Verrat. Sie hatte in meiner Wohnung gesessen und meinen Tee getrunken. Sie hatte sich von mir trösten lassen. Und jetzt dies. Die Waffen meines Vaters wurden übrigens nie gefunden, wahrscheinlich hat meine Tante zu Hause gebeichtet, dass sie mir das Versteck verraten hatte. Und ich kam mir vor wie in einem Thriller, in dem keiner dem anderen mehr trauen kann.

Es gab Situationen während des Prozesses, in denen ich sehr niedergeschlagen war. In den Pausen musste ich mich in einem Nebenraum verschanzen, während meine Familie den Flur bevölkerte, sich frei bewegen und Essen und Kaffee holen konnte. Klar, Frau Schilling brachte auch mir etwas, aber wenn ich so durch den Türspalt sah, wie es sich meine Verwandten da draußen gut gehen ließen, dann fand ich das schon bitter.

Mehr und mehr begann ich daran zu zweifeln, dass sich meine Hoffnungen tatsächlich erfüllen könnten, dass meine Familie mir zuhören und ihre Position überdenken würde. Die Verhandlungen fanden ein- bis zweimal in der Woche statt, und unsere Angehörigen kamen nach der Arbeit vorbei. Und jedes Mal, wenn einer von ihnen eintrat, bäumte sich mein Vater auf, begann zu fluchen und dazwischenzureden. Dafür bekam er andauernd Verwarnungen und schließlich, als er nicht einsichtig war, eine Geldstrafe nach der anderen. Mich beachteten meine Verwandten überhaupt nicht, würdigten mich keines Blickes. Sie schienen auch nur mit einem Ohr zuzuhören, es interessierte sie nicht, was dieses deutsche Gericht da verhandelte; sie kamen nur, weil mein Vater dies von ihnen erwartete. Und selbst er hörte nicht zu, wenn ich meine Aussagen machte. Nur wenn der Richter das Wort ergriff, wurde er aufmerksam.

Mein Vater benahm sich so unmöglich, dass schließlich sein Verteidiger sein Mandat niederlegte. Frau Schilling und ich trafen ihn später zufällig, und da sagte er uns, dass er es nicht mit seinem Gewissen vereinbaren könne, ihn weiter zu verteidigen. Danach erhielt mein Vater einen Pflichtverteidiger, doch dem war deutlich anzusehen, dass auch er keine große Begeisterung an den Tag legte. Statt seinen Verteidigern einfach die Wahrheit zu sagen, damit sie sich eine Strategie zurechtlegen konnten, machte mein Vater ihnen jede Menge Vorschläge, wie sie das Gericht austricksen könnten. Ganz klar, dass das in Deutschland nicht funktionieren kann.

In einem Schreiben vom Amtsgericht habe ich heute noch Schwarz auf Weiß folgende Äußerung über meinen Vater: »Dem Gericht ist der Beklagte mit seinen theatralischen Gesten inklusive seiner kaum verdeckbaren Aggressivität, die sich zum Teil auch im Gerichtssaal gegen das Gericht gewandt hat, bestens bekannt ...« Bei dieser Sache ging es darum, dass mein Vater während des Prozesses wieder einmal die »Bannmeile« von fünfhundert Metern überschritten hatte.

Irgendwann kam ich mir vor wie in einem Film. Zum Beispiel, als ich eines Tages mit meinen Freundinnen im Auto nach Holland unterwegs war und wir im Radio einen Bericht über meinen Prozess hörten. Zu hören, wie fremde Leute unsere Auftritte interpretierten und erzählten, was während des letzten Verhandlungstages geschehen war, bewirkte, dass mir mein eigenes Leben immer unwirklicher erschien.

Große Hoffnung setzte mein Vater auf die psychologischen Gutachten, die sowohl für mich als auch für ihn in Auftrag gegeben wurden. Er selbst versuchte, als verrückt eingestuft zu werden, und darum erschien er eines Tages mit einer Kette um den

Hals, die er sich aus aufgefädelten Makkaroni-Nudeln selbst gemacht hatte. Der Psychologe durchschaute diesen Kinderkram, bestätigte ihm aber eine »narzisstische Persönlichkeitsstörung«. Da mein Vater behauptete, »Stimmen zu hören«, die ihm angeblich eingegeben hatten, mich zu misshandeln, kamen noch »schizophrene Wahnvorstellungen« hinzu. Doch das reichte nicht aus, um als unzurechnungsfähig zu gelten und dadurch einer Bestrafung zu entgehen. Verschiedene Psychologen kamen unabhängig voneinander zu dem Ergebnis, dass Hamid Al-Mer durchaus schuldfähig sei.

Danach verfolgte mein Vater den Plan, *mich* als unzurechnungsfähig zu entlarven. Ich durchschaute das Spiel, und eines Tages erlaubte ich mir einen Scherz mit meinen Onkeln, die mal wieder vor meiner Haustür herumlungerten und nur darauf warteten, dass ich etwas Ungewöhnliches tat, damit sie den psychiatrischen Notdienst rufen konnten.

Gegenüber von meinem Haus war eine Schule. Nun zog ich mir ein rosarotes Brautkleid an, tänzelte barfuß über die Straße und betrat ein Klassenzimmer. Es war gerade Kunstunterricht, und ich fragte den Lehrer, ob ich mich dazusetzen dürfte.

»Klar«, meinte der Kunstlehrer ganz locker, »setz dich zu uns und mach mit, wenn du willst.«

Als die Stunde zu Ende war, lief ich wieder nach Hause. Rasch zog ich mir das Kleid aus und Jeans und ein T-Shirt über. Und schon klingelte die Polizei an meiner Tür.

Zuerst musterten sie mich, sichtlich verunsichert, von Kopf bis Fuß.

»Ja?«, fragte ich freundlich. »Kann ich Ihnen irgendwie behilflich sein?«

Da räusperte sich einer der Beamten und meinte: »Ihre Familie macht sich Sorgen um Sie. Wir haben einen Anruf bekommen, dass Sie … in einem rosafarbenen Hochzeitskleid über die Straße liefen … Stimmt das?«

»Ja, das stimmt«, sagte ich. »Ich finde das schön. Das ist doch nicht verboten, oder?«

Die beiden wechselten wieder Blicke und schienen sehr verlegen.

»Nein«, beeilte sich der eine zu sagen, »natürlich nicht. Aber die Anrufer sagten auch, dass Sie barfuß waren.«

»Ist denn Barfußlaufen verboten?«, fragte ich sehr interessiert.

Die beiden schüttelten den Kopf.

»Okay«, sagte ich. »Ein rosarotes Brautkleid tragen und barfuß laufen ist also nicht verboten. Das haben wir geklärt, oder? Aber jetzt sehen Sie sich bitte diese Leute da an. Was würden Sie sagen, wie weit sind die von hier entfernt?«

Jetzt waren die beiden völlig verwirrt.

»Sind das fünfhundert Meter oder eher zwanzig, dreißig? Was würden Sie sagen?«

»Na ja«, meinte einer von den beiden und kratzte sich am Kopf, »mehr als dreißig Meter sind das nicht.«

»Aha«, sagte ich. »Dabei gibt es für jeden einzelnen von denen eine richterliche Verfügung darüber, dass sie sich mir höchstens auf fünfhundert Meter nähern dürfen. Wer verstößt hier gegen Gesetz und Ordnung?«

Das Ende vom Lied waren wieder Bußgelder für meine Onkel. Und für mich ein kleiner Triumph.

Als er merkte, dass er außer seinem Verteidiger, der auf seine genialen, aber leider krummen Vorschläge überhaupt nicht einging, bei Gericht niemanden hatte, der seine Partei ergriff, fasste mein Vater einen radikalen Plan: Er beschloss ein Zeichen zu setzen, an dem die Welt nicht vorbeikonnte. Und so verfiel er auf die Idee, sich mit Benzin zu übergießen und einen Märtyrertod zu sterben. Als Schauplatz wählte er den Platz vor der israelischen Botschaft aus, die sich damals noch in Bonn befand. Warum er ausgerechnet dorthin ging, das bleibt sein Geheimnis – vielleicht wollte er gleich mehrere Zeichen auf einmal setzen, als Vater gegen den Prozess und als Araber gegen Israel? Jedenfalls stellte er sich vor die mit Sicherheit bestbewachte Botschaft in Bonn, übergoss sich mit Benzin und zündete sich tatsächlich an. Die israelischen Sicherheitskräfte, die natürlich glaubten, es mit einem Selbstmordattentäter zu tun zu haben, retteten ihn in Sekundenschnelle.

Für erhebliche Brandverletzungen hatte es immerhin ausgereicht. Er kam in eine Spezialklinik und danach – nun also doch – in die Psychiatrie.

Bei mir lief wieder das Telefon heiß. Meine Onkel riefen der Reihe nach an, danach die Tanten. »Du musst Gnade vor Recht ergehen lassen, Meral«, beschworen sie mich. »Das hat dir doch alles nur Elke eingeredet, eine Tochter macht so etwas nicht. Den eigenen Vater vor Gericht zu zerren, das ist das Schlimmste, was eine Tochter ihm antun kann«, hieß es weiter, die alte Leier. »Klar hat er dich mal gehauen, wir alle haben in unserer Jugend Schläge bekommen, und geschadet hat es uns nicht ...«, und so weiter und so fort.

Eines Tages besuchte mich einer der Onkel.

»Dein Vater stirbt«, sagte er. »Wenn du ihn sehen könntest! Es ist furchtbar, ihm geht es so schlecht. Er bereut alles, glaub mir. Sein einziger Wunsch ist es, dich noch einmal zu sehen ...«

»Also, wenn er tatsächlich stirbt«, überlegte ich mir, »dann will ich ihn mir noch einmal anschauen.« Und ich fuhr mit meinem Onkel in die Klinik.

Es war dieselbe Einrichtung, in der ich nach meinem dramatischen Selbstmord-Treppensprung zwei Wochen verbracht hatte. Hier ein Jahr später vorzufahren war ein seltsames Gefühl für mich. »Wie viel«, dachte ich, »hat sich inzwischen doch bei mir geändert!«

Als wir ins Zimmer kamen, begann mein Vater zu winseln und laut zu schluchzen. Ich musterte ihn ungläubig, denn er trug ein Stirnband, so wie die Kämpfer der PKK, dabei hatten wir mit

Kurden überhaupt nichts zu tun. An den Wänden hingen Poster von Che Guevara, Haile Selassi und dem türkisch-kurdischen Regisseur Yilmaz Güney, der mit seinem Film *Yol* international bekannt geworden war. Mein Vater trug nicht nur ein Stirnband, sondern auch ein Palästinensertuch. Das riss er sich nun vom Hals und zerrte an den Verbänden an seinen Schultern, um mir seine Wunden zu zeigen.

»Meine Tochter!«, rief er in weinerlichem Ton aus. »Mein Mädchen, mein Kind, mein Ein und Alles. Komm! Setz dich auf meinen Schoß!«

Ich dachte natürlich nicht im Traum daran, mich meinem Vater wie in alten Zeiten auf den Schoß zu setzen. Ich war erwachsen, und außerdem lief zwischen uns ein Gerichtsverfahren wegen versuchter Vergewaltigung und einiger anderer Gewaltdelikte.

Er weinte furchtbar, laut und theatralisch, Rotz und Tränen liefen ihm über das Gesicht. Ich weiß nicht, was er sich von diesem Treffen versprochen hatte. Glaubte er wirklich, ich würde meine Anklage zurückziehen, wenn ich ihn so sah? Tatsächlich sorgte dieser Auftritt dafür, dass ich ihn zu verachten lernte. Ihm ging es überhaupt nicht so schlecht, von Sterben konnte nicht die Rede sein. Wieder einmal hatte er mich manipuliert, wieder einmal durch seine Brüder. Er wollte, dass ich ihn so sehe, hoffte, dass ich klein beigeben würde. Wenn mich schon Drohungen nicht einschüchtern konnten, dann wollte er nun an mein Mitleid, an mein gutes Herz appellieren.

Ich ging kopfschüttelnd durch diesen seltsam ausstaffierten Raum und blickte meinen Onkel an. »Was erwartest du von mir«, fragte ihn mein Blick. »Glaubst du wirklich, dass ich auf eine solche Schmierenkomödie hereinfalle?«

Auf dem Weg nach draußen versuchte ich meinem Onkel zu erklären, was ich fühlte und dachte. Denn noch immer wünschte ich mir, nach dem Prozess eines Tages wieder bei den

Tanten sitzen und Tee trinken zu können, einfach dazuzugehören. Ich wollte wieder bei Elke wohnen können, ohne verfolgt zu werden. Denn ich war und bin ein Familienmensch, und diese Trennung war nicht mein Wunsch, sie war eine reine Überlebensnotwendigkeit, von der ich hoffte, dass sie irgendwann einmal nicht mehr nötig sein würde.

»Meral, hab Erbarmen«, sagte mein Onkel. »Du hast jetzt gesehen, wie elend es ihm geht. Er hat doch versprochen, sich zu bessern, dich in Ruhe zu lassen und alles ...«

Ich sah meinem Onkel ins Gesicht, versuchte herauszufinden, ob er tatsächlich an das glaubte, was er da sagte. Ich für meinen Teil hatte meine Entscheidung getroffen.

»Ich glaube ihm kein Wort«, sagte ich mit Nachdruck.

Und sah die Reaktion auf diese Worte in den Augen meines Onkels. Es war wie ein Erkennen, gemischt mit Entsetzen. »Dass du so hart sein kannst ...«, sagte er.

»Vielleicht wäre ich nicht mehr am Leben«, dachte ich, »wenn ich diese Stärke nicht hätte.«

Kaum war mein Vater aus der Psychiatrie entlassen, beschloss er, wieder zu heiraten. Dazu fuhr er mehrere Male in die Türkei. Für mich bedeutete seine Abwesenheit, ganz wie es früher schon gewesen war, ein Aufatmen, eine Zeit der Ruhe. Denn auch meine Onkel widmeten sich dann wieder ihren eigenen Angelegenheiten und ließen mich in Frieden. Doch kaum war mein Vater zurück, gingen die Verfolgungen und Einschüchterungen wieder los.

Bald hatte mein Vater eine passende Frau gefunden und heiratete. Ja, er schaffte es sogar, in der Zeit des Prozesses ein Kind zu zeugen, was ihm später Hafterleichterung einbrachte und seine Strafe verkürzte. Doch seine eigene, neue Familie änderte nichts daran, dass er den Kampf mit mir immer weiterführte, mich beschatten ließ und verfolgte.

21

Die Melancholie des Sieges

Meine Familie sagte von mir, dass ich ein kluges Mädchen sei, doch in ihrer Welt war das gleichbedeutend mit böse und verdorben. Immer wenn ich solche Fragen stellte wie: »Warum darf ich nicht alleine rausgehen? Wieso können Jungen das machen und ich nicht?«, dann verdrehten sie ihre Augen himmelwärts und seufzten. Wer dumm ist, der stellt keine Fragen, der nimmt hin und akzeptiert, was ihm gesagt wird. Wer dumm ist, der ist ein gutes Kind. Ich aber wollte von klein auf verstehen, warum die Dinge so oder so sein sollten.

Ich galt als verloren, und verloren war für mich in diesen Jahren während des Prozesses, der sich vom Frühjahr 1998 bis in den Januar 1999 hinzog, auch mein Bruder. Mourad wollte von all dem, was mich beschäftigte, nichts wissen, er lehnte es ab, für mich auszusagen, lebte in seiner eigenen Welt. Während ich Drogen nahm, ging er, ohne dass ich davon wusste, unter die Drogendealer. Er wurde geschnappt und zu drei Wochen Jugendstrafe verurteilt. Heute sagt er, es wäre besser gewesen, ihn eine gewisse Zeit lang soziale Dienste leisten zu lassen, denn im Knast lernte er erst die »richtigen«, sprich: noch kriminelleren »Freunde« kennen. Die beiden neuen Kumpels und er nutzten die Zeit im Jugendvollzug, um neue Pläne zu schmieden, die die bisherigen kleinen Geschäfte bei Weitem in den Schatten stellen sollten.

Kaum wieder auf freiem Fuß, machte sich das Trio daran, seine Pläne in die Tat umzusetzen. Die beiden anderen Kumpels verfügten über Kapital, und so fuhren sie alle drei nach Holland, um im großen Stil Drogen einzukaufen. Auf der Rückfahrt fuhren sie getrennt: Die Freunde mit dem Stoff im Kofferraum ihres Wagens und Mourad mit dem restlichen Geld, etliche tausend D-Mark, in einem anderen. Wie das Leben so spielt, kamen Mourads neue Freunde prompt in eine Verkehrskontrolle. Der Stoff wurde gefunden, die Freunde verhaftet. Sie waren vollkommen davon überzeugt, Mourad müsse sie verraten haben, damit sie eingelocht würden und er das anvertraute Geld für sich behalten konnte. Wie sonst wäre die Polizei wohl auf die Idee gekommen, sie so zielsicher aus dem Verkehr zu ziehen? Schon beim ersten Verhör verpfiffen sie ihn.

»Obwohl ich von all dem nichts wusste«, erzählte mir Mourad viele Jahre später, »wurde ich plötzlich mitten in der Nacht wach und dachte, dass es vielleicht besser wäre, das Geld zu verstecken. Es war einfach eine Ahnung, mehr nicht.«

Und so stand Mourad auf und verbarg das Geld in einer leeren Zigarettenschachtel, die er in den Mülleimer schob, direkt unter die Plastiktüte. Minuten später wurde die Wohnung unseres Vaters, in der Mourad damals wohnte, von Spezialeinheiten der Drogenfahndung gestürmt.

Auch wenn sie die Wohnung noch so auf den Kopf stellten, das Geld, dessen Summe die beiden Drogendealer haargenau angegeben hatten, fanden sie nicht. Dennoch nahmen sie Mourad mit. Im Gehen sagte er zu seinem Vater auf Türkisch, sodass die Beamten ihn nicht verstehen konnten: »Das Geld ist im Mülleimer. Heb es für mich auf.«

Während der Verhöre, die bis in die Morgenstunden dauerten, leugnete Mourad unerschütterlich, irgendetwas mit dem Drogenfund und seinen Kumpels zu tun zu haben. Schon sah es so aus, als müssten sie ihn wieder laufen lassen, denn außer der belastenden Aussage hatten die Fahnder nichts gegen ihn in der Hand. Da stürmte am Morgen Hamid auf die Polizeiwache, das Geld in der Hand.

»Mein Sohn ist nur ein wenig irregeleitet«, sagte er. »Hier ist das Geld, das Sie suchen. Ich will nichts mit der Sache zu tun haben.« Und so brachte er seinen Sohn erst so richtig in Schwierigkeiten.

Dieses Mal hatte mein Bruder Glück: Statt einer Haftstrafe wurde er zu Sozialdiensten verurteilt. In dieser Zeit verbrachte er viel Zeit mit seiner Freundin, die einige Jahre älter war als er, und zog schließlich zu ihr. So gelang es ihm, die Dealerszene hinter sich zu lassen und sich endlich von meinem Vater zu lösen.

Nach seinem missglückten Versuch, sich selbst zu verbrennen, hatte sich mein Vater für die Gerichtstermine eine andere Taktik ausgedacht: Von nun an starrte er mich aus seinen schwarzen Augen an mit jenem Blick, der mir in meiner Kindheit solche Angst eingejagt hatte. Es war der Blick, der mir früher gesagt hatte, dass ich gleich fürchterlichen Strafen ausgesetzt sein würde. Der Blick, der heute sagte: »Meral, du bist tot. Du bist so gut wie tot.«

Ich hielt ihn aus, auch wenn er mir mitunter immer noch an die Nieren ging. Diesem Blick ausgesetzt zu sein und dennoch nicht vor Angst zu erstarren, zeigte mir jeden Tag aufs Neue, wie weit ich mich bereits von ihm gelöst hatte. Er besaß keine Macht mehr über mich. Nur in den Nächten, wenn mich die Albträume quälten. Nur an den Tagen zwischen den Verhandlungen, wenn ich wieder einmal nicht wagte, das Haus zu verlassen. Doch ich war auf dem Weg, er würde mich nicht aufhalten. Es hatte in jener Nacht begonnen, als ich Behzad ins Krankenhaus begleitete und mitansehen musste, wie seine wunderschönen Dreadlocks fielen. Damals hatte ich den Schwur getan und die verzweifelte Kraft gefunden, noch in derselben Nacht meinen Vater anzurufen, um ihm zu sagen, dass er für alles bezahlen würde. Damals hatte in mir eine Art Bombe zu ticken begonnen, und jene Mischung aus Furcht und Rache, dieser bittere

Geschmack von Todesangst und Entschlossenheit, hielten mich über Wasser und trieben mich voran. »Und wenn ich sterbe«, dachte ich oft. »Und wenn es mein Tod sein sollte. Aber dieser Terror muss ein Ende haben.« Jemand musste meinem Vater Einhalt gebieten. Und wenn es niemand anderer tat, dann eben ich.

Mitunter war das Gericht zu wohlwollend mir gegenüber. Zum Beispiel war da ein psychologischer Gutachter, für den es eine ausgemachte Sache schien, dass mein Vater verurteilt werden sollte. So passierte ihm ein Fehler, und das war nicht gut für mich.

Es ging um die halbmondförmige Narbe, die ich davongetragen hatte, als mein Vater mir seine brennende Zigarette über der Stirn direkt unter dem Haaransatz ausgedrückt hatte. Der Gutachter wurde für das Protokoll gefragt, ob diese Narbe deutlich zu sehen wäre. Er bejahte, ohne richtig hinzusehen. Da wandte der Verteidiger meines Vaters ein, dass er genauso weit von mir entfernt säße und die Narbe nicht sehen könne. Daraufhin wurde ein unbefangener Dritter geholt, der bestätigte, dass man die Narbe aus der Entfernung, die der Gutachter angegeben hatte, unmöglich sehen könne. Auf diese Weise wurde er unglaubwürdig, und das hat uns leider geschadet. Bei solchen Gelegenheiten wachte mein Vater jedes Mal aus seiner Lethargie auf, nickte heftig, blickte wild um sich und erwartete, dass nun endlich eine Entscheidung zu seinen Gunsten kommen müsste.

Eine andere Situation brockte ich mir selbst ein. Es ging um die Frage, ob ich damals in dem Hotelzimmer in der Türkei Todesangst empfunden hatte, als mir mein Vater die Pistole an die Schläfe gesetzt hatte.

»Nein«, antwortete ich wahrheitsgemäß. Aber nicht, weil ich daran gezweifelt hätte, dass mein Vater ernst machen würde, sondern weil ich inzwischen mit dem Leben abgeschlossen hatte. Doch das Gericht wertete mein »Nein« so, dass die Situation insgesamt nicht lebensbedrohend gewesen sei. Von diesen beiden Situationen abgesehen, schien unser Fall glasklar, und die Schuld meines Vaters ebenso.

Mein Vater störte so oft den Fortgang des Gerichts, dass er hohe Summen an Ordnungsgeldern bezahlten musste – alternativ summierten sich die Tage, die er stattdessen im Gefängnis verbringen konnte. Am Ende legte er Teilgeständnisse ab. Doch bis zuletzt behauptete er, er sei das Opfer eines Komplotts zwischen Elke und mir.

Der Prozess steuerte auf seinen Höhepunkt zu. Zu dem Plädoyer der Staatsanwältin wusste Hamid Al-Mer nur zu sagen: »Das sagt eine Frau. Das geht bei mir zum einen Ohr rein und zum anderen wieder raus«, woraufhin er prompt weitere 500 Mark Ordnungsgeld aufgebrummt bekam. Auch den Richter selbst beleidigte er mehrfach, und als das Urteil verkündet wurde, erklärte er, dass er mich töten würde, und wenn nicht er, dann würde sich schon ein anderer aus der Familie finden, der das für ihn erledigte.

Im Januar 1999, kurz vor meinem 18. Geburtstag, wurde mein Vater zu zweieinhalb Jahren Haft verurteilt. Das Gericht sah es als erwiesen an, dass sich Hamid Al-Mer der gefährlichen Körperverletzung, Bedrohung, des sexuellen Missbrauchs einer Schutzbefohlenen, der Sachbeschädigung und Vergewaltigung schuldig gemacht hatte.

Ich war erleichtert. Endlich war er hinter Schloss und Riegel. Für mich bedeutete das, ich musste nicht mehr unter seiner direkten Bedrohung leben. Und doch fand ich keinen Frieden. Seine Drohungen nach der Urteilsverkündung schürten meine tiefsten Ängste. Niemand machte Anstalten oder traf irgendwelche Vorkehrungen, mich zu schützen. Noch war ja nichts passiert. Auf meine Genugtuung folgten darum Phasen der Verzweiflung und Todesfurcht. Wir hatten gewonnen – doch zu welchem Preis?

Mein Vater wollte zunächst Berufung gegen dieses Urteil einlegen. Doch dann gingen ihm wohl die Mittel aus: Er war arbeitslos, hatte Frau und Kind, ein zweites Kind war unterwegs.

So froh ich über das Urteil war, so sah ich doch mit Verwunderung, wie mein Vater alles Mögliche angeboten bekam, kostenlose Therapie und vieles mehr, während ich zusehen konnte, wie ich mit meinen Traumata zurechtkam. In jenen Wochen und Monaten nach der Urteilsverkündung fiel ich in ein tiefes Loch. Mir wurde bewusst, wie wenig man sich um die Opfer von Gewalttaten kümmert, während die Täter alle möglichen Hilfsangebote erhalten. Einerseits war ich euphorisch über unseren Sieg, andererseits merkte ich, dass ich nun dringend Abstand von der ganzen Sache brauchte.

Man könnte sagen, ich tauchte ab in dieser Zeit, wollte so weit wie möglich weg aus Mönchengladbach, wo zwar mein Vater inzwischen hinter Gittern saß, jedoch meine gesamte Familie vor Wut schäumte. Ich wusste, keiner meiner Onkel hatte persönlich etwas gegen mich. Genauso wusste ich aber auch aus Erfahrung, dass mein Vater seine Brüder voll im Griff hatte. Und ich lag mit meiner Angst nicht falsch: Viele Jahre später sollte mir mein Bruder erzählen, dass unser Vater von ihm verlangt hatte, mich umzubringen, was für Mourad allerdings niemals in Frage kam.

Und so schloss ich einfach meine Wohnung ab und fuhr nach Barcelona. Von Freunden hatte ich gehört, dass es dort cool sei, einer kannte einen anderen, und so landete ich in einem besetzten Haus in dieser faszinierenden Hauptstadt Kataloniens, wohnte unter Hippies, Musikern und Malern, Punks und Lebenskünstlern. Wir machten Straßenmusik auf der Rambla, probierten dies und das aus, ich improvisierte meine ersten Songs, philosophierte auf der Plaza Real mit den anderen über Gott und die Welt und genoss es, weit, weit weg zu sein von meinem

Vater, von Mönchengladbach, von allem, was mich an den Prozess erinnerte, der hinter mir lag. Endlich war das alles vorbei.

Es war eine Zeit der Befreiung, des Aufatmens, und tatsächlich dachte ich überhaupt nicht mehr an meinen Vater, was völlig neu für mich war. So verlebte ich einen herrlichen katalanischen Sommer, doch irgendwann wurde es Herbst, mir ging das Geld aus und auch die Ideen, das Wetter war auch nicht mehr so toll, und schließlich fuhr ich wieder nach Hause.

Da saß ich nun in meiner Wohnung, ging wieder zur Abendschule und tagsüber arbeitete ich, denn das war mir wichtig.

Und nun konnte ich endlich etwas nachholen: Ich wollte unbedingt in den Iran fahren und Ramesh besuchen. Damals hatte man mich in London abgefangen, doch inzwischen war ich volljährig, hatte meinen Schulabschluss und konnte tun und lassen, was ich wollte. Wieder sparte ich auf das Ticket. Zu Weihnachten wünschte ich mir nichts anderes, als Beiträge dazu. Und als ich nach Holland zu Ma und Pa fuhr, um dort wie früher Weihnachten zu feiern, hatte ich den Flug bereits gebucht. Gleich nach den Feiertagen sollte es losgehen.

Vielleicht war es ein Fehler zu glauben, man könne dort wieder anknüpfen, wo man als Kind einmal glückliche Tage verlebt hat. Für einen Abend, am 24. Dezember 1999, wollten wir wieder so tun, als sei die Welt heil. Doch das war sie nicht. Sie war es nie gewesen, und jetzt wurde überdeutlich, dass wir nicht mehr vollständig waren. Mourad fehlte. Und mein Vater, der sich bei Ma und Pa immer vorbildlich benommen hatte und Pa als Familienoberhaupt für diesen Tag voll akzeptiert hatte. Bei Ma war es Brauch, dass sie für jeden Gast einen Teller mit seinen Initialen gestaltete, und nun sagte sie: »Wie schade! Heute fehlen zwei Namen.« Und schon waren mein Vater und Mourad unsichtbar wieder präsent.

Ich fühlte eine enorme Traurigkeit in mir aufsteigen. Ma hatte wieder einmal alles perfekt vorbereitet. Der Baum war wunderschön, Ma hatte wie wild Plätzchen und Stollen gebacken, ein herrliches Feuer prasselte im Kamin, aus den Lautsprechern erklang klassische Musik, der Tisch war festlich gedeckt, und wie immer an Heiligabend gab es leckeren Kartoffelsalat und Würstchen. Ich saß mit den anderen am Tisch, schaute in die Runde, die nach Hamids Fernbleiben durch Ute und ihre Lebensgefährtin ergänzt war, und begriff: Eigentlich hatte ich hier überhaupt nichts verloren. Meine Schwester Melissa war immerhin Elkes Kind, war die richtige Enkeltochter von Ma und Pa, doch ich war im Grunde genommen nichts weiter als ein Kuckuck, der im fremden Nest saß, ein Überbleibsel aus Elkes geschiedener Ehe, eine Erinnerung für die anderen, und zwar keine angenehme. Zum ersten und nicht zum letzten Mal war mir meine große physische Ähnlichkeit mit meinem Vater unangenehm. Musste ich nicht jeden, der mich ansah, an Hamid erinnern, von dem es zwei Seiten gab, eine gute und eine böse? Die gute vermisste man, und die Erinnerung an die böse Seite trübte die Stimmung. In meiner überempfindlichen Gefühlslage, in die ich mehr und mehr geriet, glaubte ich immer wieder kleine Nadelspitzen und Anspielungen in diese Richtung zu hören: dass ich eigentlich gar nicht dazugehörte.

Weihnachten ist immer ein spezielles Fest, wenn man dem Kindesalter entwächst, umso mehr mit unserer Familiengeschichte. Wehmut machte sich breit, vor allem bei Ma. Und doch bemühten sich alle um Fröhlichkeit.

Mitten während des Essens geriet ich in einen sehr seltsamen Zustand. Die klassische Musik, das Klappern des Bestecks auf den Tellern, die Kaugeräusche, das Prasseln des Kaminfeuers – auf einmal konnte ich das alles nicht mehr ertragen und musste weinen. Und aus dem Weinen wurde ein unbezähmbares Schluchzen.

»O nein«, sagte Ma, »das schöne Weihnachten!«

Immer wieder sagte sie diesen Satz, und mir wurde klar, dass

ich allen das Fest versaute mit meinem Geheule, das überhaupt nicht ins Programm passte, genauso wenig wie ich selbst.
»Das schöne Weihnachten!«
Ich hatte alles verdorben. Und dabei hatte ich mich doch auch so sehr auf dieses Weihnachtsfest gefreut! Vielleicht war ich die Einzige, die begriff, dass es einfach nicht möglich ist zurückzuholen, was einmal war. Festliche Stimmung kann man nun mal nicht konservieren und zusammen mit dem Baumschmuck und den Strohsternen in Schachteln verpacken und erwarten, dass sie alle Jahre wieder daraus aufersteht, frisch und unverbraucht wie beim allerersten Mal.
Nein, es war kein schönes Weihnachten, weil dieser Heilige Abend wie kein anderer Tag deutlich machte, dass unsere Welt unwiederbringlich zerbrochen war, dass nichts mehr war wie zuvor. Eigentlich gab es doch auch keinen Grund, wehmütig diesen Zeiten nachzutrauern, in denen wir, kaum waren wir wieder zu Hause, zusammengeschlagen und gequält worden waren. Und doch war gerade Weihnachten in Holland bei Ma und Pa immer »heile Welt« gewesen, und wie das Erinnern nun mal funktioniert, wenn es »der Stimmung wegen« alles Schlimme herausfiltert, so war es einfach schrecklich traurig, dass es so hatte kommen müssen.
Später, während der Bescherung, nahm mein Opa mich ganz fest in den Arm und drückte mir Geld in die Hand, was mich wieder sehr befremdete. Doch nach einer Weile begriff ich seine Hilflosigkeit. Wahrscheinlich dachte er, wenn sonst nichts hilft, vielleicht freut sie das. Schließlich hatte ich allen gesagt, dass ich keine Geschenke wollte, sondern mir Geldbeiträge für meinen Iran-Flug wünschte.
Ein paar Tage später ging es dann tatsächlich nach Teheran. Für diese Reise hatte ich mir extra einen Tschador von einer iranischen Klassenkameradin ausgeliehen, doch als ich mir kurz vor der Landung das Ding überzog, fiel ich völlig aus dem Rah-

men. Alle anderen jungen Frauen banden sich lässig ihr Kopftuch um, zogen ihre mehr oder weniger langen Trenchcoats über und starrten mich neugierig an in meinem bis zum Boden reichenden schwarzen Umhang, der auch mein Haar verbarg. Bei Ramesh angekommen stopfte ich das Ding in den Koffer, lieh mir von seiner Mutter Kopftuch und Mantel, und so war es okay.

Diese zehn Tage waren ein absolutes Kontrastprogramm zu meinem missglückten Versuch, kindliche Weihnachten wieder aufleben zu lassen. Ich war Gast einer reichen Familie, die sich mit dem Regime offenbar gut arrangiert hatte, und so lernte ich auch nur die goldene Seite des Landes kennen. Wie es der armen Bevölkerung erging, das erfuhr ich nicht, doch ich wusste natürlich, dass es viele Parallelwelten zu der meines Freundes Ramesh geben musste.

Eigentlich war alles verboten, und dennoch war alles möglich. Die Frauen waren unter ihren Mänteln sogar noch krasser angezogen als ich in meiner wildesten Phase. Ich war während des Ramadan dort, und so konnte man nicht einmal einen Apfel in der Öffentlichkeit essen, ohne eine Strafe zu befürchten. Auch westliche Musik, ja alle europäische und amerikanische Kultur war verboten. Als wir einmal im Auto fuhren, wurden wir von Sicherheitskräften angehalten und stundenlang aufgehalten – nur weil ich vorne auf dem Beifahrerplatz gesessen hatte, statt hinten.

Doch wie immer findet sich unter einem rigiden Regime auch jede Menge Subkultur, und so kam es, dass ich auch in Teheran eine Band traf, die Musik von den »Doors« spielte und Songs aus dem Musical *Hair* sang. Es war ein Freund von Ramesh, der uns durch verschwiegene Gassen führte, durch Hauseingänge und Kellergewölbe, bis wir auf einmal diese Musik hörten. Da war eine Band, die heimlich probte, während man nicht einmal im Radio Musik hören durfte. Es rührte mich sehr, dass auch hier die jungen Leute von der Musik bewegt waren, die mir so viel bedeutete. Die Bandmitglieder trugen alle Mullah-Bärte, während sie »Come on, Baby, light my fire« und »This ist he dawning of the age of aquarius« sangen – es war einfach großartig.

Rameshs Eltern besaßen ein riesiges, wunderschönes, palastartiges Haus, und ich kam mir vor wie in einem Märchen aus Tausendundeiner Nacht. Ich wurde nicht müde, die Schönheit und Eleganz bis in die winzigen Details der Architektur, der Möbel bis hin zum Geschirr zu bewundern. Da im Iran in der Öffentlichkeit so gut wie nichts stattfinden kann, ist das gesamte Leben auf das Haus konzentriert. Und so gibt es prächtige private Gärten, die jetzt im Winter unter einer feinen Schneeschicht in ihrer Schönheit erstarrt waren; alles, was im Sommer an Wasser floss, stand still, die Pflanzen ruhten, und in dieser Pracht fand ich auch den eleganten weißen Schäferhund, den ich schon von den Fotos kannte, die Ramesh mir geschickt hatte, nur dass er jetzt in einem Zwinger im Garten fror und seine Ohren kupiert waren.

Nach zwei, drei Tagen in Teheran fuhr Ramesh mit mir nach Damavand, das im Gebirge in einem Skigebiet liegt und wo Rameshs Eltern eine Hütte besaßen. Stundenlang saßen wir vor dem Kaminfeuer und redeten.

Mit Ramesh verbindet mich bis heute eine enge Freundschaft, auch wenn unsere Welten – wie ich bei meinem Besuch damals über dem Jahreswechsel 1999/2000 feststellte – sehr verschieden voneinander sind. Immer wieder muss ich an die Band mit den Mullah-Bärten denken, wie sie voller Inbrunst meine geliebten Songs spielte. Im Grunde, so zeigte mir dieses Beispiel, sind wir jungen Leute über alle Konventionen hinweg miteinander verbunden.

22

Neue Ufer

Wieder zu Hause, saß ich in meiner Wohnung und fragte mich: »Und was jetzt? Wie soll es weitergehen?«

Ich hatte keine Idee mehr, was ich in Mönchengladbach anfangen sollte. Auch die Tatsache, dass mein Vater nun im Gefängnis war, beruhigte mich nicht. Ich konnte immer noch nicht ohne schlimme Angstattacken durch die Straßen gehen. Bei jedem schwarzhaarigen Lockenkopf, den ich von ferne erblickte, krampfte sich mein Bauch zusammen, und ich war nur noch Angst. Jedes überraschende Geräusch fuhr mir durch Mark und Bein. Auch wenn ich mich einige Kilometer außerhalb von Mönchengladbach aufhielt, in Krefeld oder sonst in der Umgebung, fühlte ich mich im Freien nur sicher, wenn jemand meine Hand hielt. Wenn das nicht möglich war, mussten vier Wände um mich sein, die mich beschützten. Jede Autotür, die irgendwo zugeschlagen wurde, sorgte dafür, dass sich mein Magen anfühlte wie ein Klumpen Blei. Dazu kamen noch andere seltsame Empfindungen wie zum Beispiel, dass jemand meinen Kopf gegen eine Wand oder auf den Boden schlüge. Dann sah ich grundlos Sternchen.

Es war also das Beste, ich verließ meine Heimat, so schwer es mir auch fiel, denn mein Freundeskreis war mir damals ein großer Halt. Die Welt stand mir offen, doch wohin sollte ich mich wenden?

Schließlich beschloss ich, zunächst ein soziales Jahr zu machen. Und dann geschah eine winzige Begebenheit, die wieder einmal mein Leben auf einen neuen Kurs brachte. Während eines Besuchs bei Freunden sah ich im Flur eine Pinnwand mit vielen Fotos, Sprüchen, Karten. Auf einer dieser Karten stand: *»Geh doch nach Berlin! Wo die Verrückten sind, da jehörste hin!«*

Es war wie ein Stromschlag, der mich traf, so als hätte man diese Karte ganz allein für mich gedruckt. Natürlich! Da wo die Verrückten sind, da gehörte ich hin. Und was bot sich in diesen Jahren mehr an als Berlin? Wenig später fuhr ich für ein Wochenende dorthin, und danach war die Sache beschlossen.

Nun ging alles sehr schnell. Ich kündigte meine Wohnung, stellte meine Sachen bei meinen Freunden unter, fand innerhalb eines Wochenendes schon eine Wohnung im Kiez, im Stadtteil Prenzlauer Berg. Damals wusste ich nicht, dass man auf gar keinen Fall eine Wohnung im Erdgeschoss des Vorderhauses nehmen sollte, denn zunächst einmal ist es hier immer dunkel, und außerdem wohnt man dort quasi auf dem Präsentierteller: Tagsüber führen die Leute ihre Hunde Gassi, und während der seinen Haufen schön unters Fenster setzt, glotzen dir Herrchen und Frauchen direkt aufs Bett. Nachts treffen sich hier die Nachtjacken, stellen ihr Bier auf deinem Fensterbrett ab und unterhalten sich, während du versuchst zu schlafen. In den frühen Morgenstunden rattern die Berliner Zeitungsverkäufer mit ihren Karren vorbei, dann ist es endgültig aus mit dem Schlaf. Da ich mit Großeltern aufgewachsen war, die in Holland lebten, hatte ich keine Vorhänge – und habe bis heute keine –, und so lebte ich also völlig ungeschützt wie in einem Schaufenster.

Genau so eine Wohnung hatte ich, noch dazu mit Ofenheizung – ich, die keine Ahnung hatte, wie man ein solches Ding anzündet. Ich hatte mir diese Wohnung ausgesucht, weil sie so schöne hohe Decken hatte; außerdem gab es eine freistehende Badewanne, gusseisern mit Löwenfüßen, in die ich mich sofort verliebte. Zwar war die Wohnung total verwohnt und heruntergekommen, doch ich stellte mir vor, dass ich alles schön renovieren würde und dann Schaumbäder in dieser tollen Wanne genießen könnte. Das mit den Schaumbädern habe ich auch gemacht, doch das Renovieren kriegte ich nicht hin. Wie denn auch, ich kannte ja niemanden in dieser Stadt.

Es fehlte mir nicht an Elan und gutem Willen; einmal kaufte ich in einem Baumarkt Holzdielen für den Fußboden, denn da war nur kalter Estrich drauf, und ich hatte ständig kalte Füße. Weil ich niemanden kannte, der ein Auto hatte, transportierte ich die Dielen im Taxi nach Hause, was natürlich teuer und extrem uneffektiv war. Da lagen sie nun, doch zum Verlegen kam es nie.

Es gab in diesen ersten Monaten viele Tage, an denen ich schrecklich deprimiert war. Wenn ich zum Beispiel kein Geld hatte und Zitronenteepulver löffelte oder mir allenfalls Nudeln mit Ketchup leisten konnte. Mein Vater hatte mir immer prophezeit, dass ich in der Gosse landen würde, vor allem während des Prozesses hatte er das immer wiederholt. Und nun saß ich in meiner kalten, klammen Wohnung, und je nachdem, wie schlimm es mir ging, dachte ich: »Ja, er hat wohl recht«, oder: »Nein! Ich will nicht, dass er recht behält.«

Ich kannte mich damals mit den Berliner Gepflogenheiten überhaupt nicht aus, wusste nicht einmal, dass es einen Unterschied gibt zwischen Kalt- und Warmmiete. Schließlich kam die kalte Jahreszeit, und ich kämpfte mit meinen Öfen. Irgendwann schickte mir die Hausverwalterin einen bösen Brief, dass ich doch endlich mal die Kaution bezahlen sollte.

Ich rief sie an und sagte: »Wofür bitte soll ich Kaution bezahlen, komm doch mal vorbei und sieh dir an, in welchem Loch ich hause.«

Das tat sie dann auch, und obwohl sie zunächst ziemlich mürrisch war, nach dem Motto: »Kommt aus'm Westen, kennt den Unterschied zwischen Warm- und Kaltmiete nicht und kann noch nicht mal die Öfen bedienen!«, siegte irgendwie doch ihre Barmherzigkeit, als sie bei mir in der Wohnung stand und sich umsah.

»Nee, du«, sagte sie schließlich. »Du brauchst echt was anderes. Ich muss mal sehen, was ich machen kann.«

Mein Soziales Jahr machte ich in einem Café, in dem es Therapieangebote für ehemalige Drogenabhängige gab. Ich selbst war seit meinem Aufenthalt in der Psychiatrie vollkommen drogenfrei und fand es gut, mich hier zu engagieren. Ich sorgte dafür, dass die Leute ein ordentliches Frühstück bekamen, machte Kaffee, kochte Yogi-Tee.

Dennoch waren der erste Herbst und Winter in Berlin ein echter Schock für mich. Schließlich kam ich aus dem herzlichen Rheinland und war mitten in einer Stadt gelandet, in der mich die Kellnerin anmotzte, wenn ich nicht sofort wusste, was ich wollte: »Weeste endlich, wat de willst? Wattt?! Ham wa nüscht!«

Ich erinnere mich noch gut an einen verregneten, grauen Novembertag, an dem ich ganz allein auf der Landsberger Allee in der Nähe der Haltestelle stehe. An mir geht eine Frau mit aufgespanntem Regenschirm vorüber, und mit dem bleibt sie in meinem Haar hängen. Statt sich zu entschuldigen und vorsichtig ihren Schirm aus meinen Locken zu befreien, zerrt, zieht und reißt sie daran, während sie schimpft: »Pass doch uff, wo de rumstehst!«

Ja, auch das war Berlin. Menschen, die aneinander vorüberhetzten. Passanten, die einen nicht wahrnahmen. Und an die berühmte Berliner Schnauze musste ich mich auch erst gewöhnen.

Hinzu kam die bittere Erkenntnis, dass ich in Viersen bei Elke kein warmes Zuhause mehr hatte, in das ich immer mal wieder kurz zurückkehren konnte, um mich innerlich und äußerlich aufzuwärmen. Elke wohnte inzwischen bei Dieter, den sie auch irgendwann heiratete, und schon von meinem ersten Besuch an hatte ich das Gefühl, dass ich nicht mehr willkommen war. Das zeigte sich zum Beispiel an der lieblosen Schlafstatt, die mir irgendwo hingeworfen wurde, obwohl es genügend

Platz in dem großen Haus gab und ich gut irgendwo ein eigenes Bett und sogar ein Zimmer hätte bekommen können. Ich wurde nicht als Gast behandelt, auch nicht als jemand, der dazugehört, sondern fühlte mich mehr und mehr als Eindringling. Und eigentlich war ich das auch.

Nach jenem letzten Weihnachten in Holland verbrachte ich dieses Fest noch ein einziges Mal gemeinsam mit Elke. Mein Zug kam erst am Abend an, und keiner holte mich ab. Als ich am Bahnhof von Mönchengladbach ausstieg, überfiel mich wieder die alte Angst, ich könnte jemandem aus meiner Familie in die Hände laufen. Ich hatte kein Geld für ein Taxi, und so machte ich mich zu Fuß auf den Weg, bis ich endlich gegen 20 Uhr das Haus erreichte. Da hatten sie bereits gegessen, und die Geschenke waren auch schon alle aufgerissen. Niemand wartete auf mich, niemand erwartete mich. Niemand freute sich, weil ich kam, niemand brauchte mich. Es gab keinen Menschen auf der ganzen Welt, den es kümmerte, was mit mir geschah. Diese Erkenntnis war so schlimm, dass ich sie fast nicht ertragen konnte.

Doch auf den Winter folgte ein Frühjahr, so prächtig, wie ich es nur in Berlin erlebte. Da gab es dann Momente, in denen ich im Sonnenschein auf meinem Fahrrad durch die Stadt fuhr und mich so wunderbar frei fühlte wie nie zuvor und am liebsten die Arme ausgebreitet hätte, wenn es mich dann nicht auf die Schnauze gehauen hätte. Ich wusste, mein Vater kann hier nirgendwo auftauchen, ich bin frei, frei, frei! Noch heute erlebe ich solche intensiven Momente des Glücks, auch wenn es inzwischen mehr und mehr zur Normalität für mich geworden ist. Dann fühle ich, dass ich nicht nur äußerlich frei bin, sondern auch ganz tief in mir drin, dass ich mein Leben in der Hand habe, dass es keine Probleme gibt, die sich nicht lösen lassen.

In jenem ersten Frühling in Berlin fand Violetta, meine Vermieterin, eine wundervolle Wohnung für mich, drittes Obergeschoss Seitenflügel in der besten Gegend des Kiezes, und hier wohnte ich die nächsten acht Jahre für eine unglaublich günstige Miete. Von Anfang an gefiel es mir im Berliner Osten. Hier herrschte – zumindest damals – ein toller Zusammenhalt, und das Leben war längst nicht so anonym wie im westlichen Teil der Stadt.

Mein Vater hatte mich mein Leben lang vor Männern gewarnt, aber so langsam kam ich dahinter, dass er dabei eigentlich nur sich selbst gemeint haben konnte. Weder in Berlin noch auf meinen Reisen durch die Welt ist mir bis heute jemand begegnet, der so brutal zu mir war wie er; überhaupt ist mir nie etwas geschehen. Tatsächlich hatte ich in der Fremde immer mehr Schutz als in meiner eigenen Familie.

Und nachdem ich im Kiez richtig angekommen war, fügte sich endlich eines zum anderen. Da befreundete ich mich mit jemandem, der mir sein Klavier als Leihgabe vermachte. Ich war mit dem Vorsatz nach Berlin gekommen, hier meine eigene Band zu gründen. Und als ich beschloss, diesen Plan in die Tat umzusetzen, erlebte ich, dass in Berlin alles nur auf mich zu warten schien.

Für die Band brauchte ich einen Schlagzeuger. Eines Tages traf ich einen Typen auf der Straße, der fragte mich: »Sag mal, singst du?«

»Ja«, sagte ich.

»Cool«, strahlte er, »ich spiel nämlich Schlagzeug und kenne einen super Gitarristen ...«

»... und ich will sowieso eine Band gründen!«

»Na, das trifft sich doch gut. Brauchen wir nur noch einen Bassisten ...«

Also fuhr ich mit dem Fahrrad durch die Gegend, auf der Suche nach einem Bassisten. Da begegnete ich einem, der aussah, als müsste er einer sein: dunkle glatte Haare, die ihm tief in die Stirn fielen, das Gesicht blass und unter den Augen Ringe – nicht von dieser Welt. Später stellte sich heraus, dass er Model für Dior war, weil dieser fertige Look damals total angesagt war. Heute sehen die Jungs in Berlin Mitte fast alle so aus, doch Clemens ist das Original.

Ich sprach ihn an und fragte: »Spielst du Bass?«

Er sah mich verblüfft an: »Ja. Wieso?«

»Na ja«, sagte ich, »du siehst einfach so aus, als würdest du Bass spielen. Hast du Lust, mit uns in einer Band zu spielen?«

Er strich sich die Haare aus der Stirn und starrte mich an.

»Du wirst es nicht glauben«, sagte er, »aber eben hab ich da drüben im Park zu meiner Freundin gesagt, dass ich mir unbedingt wieder eine Band suchen muss!«

Tatsächlich spielen wir heute noch zusammen.

Und so hatte ich bald alles, was ich brauchte. In Berlin konnte man damals mit wenig Geld auskommen; alles war so günstig, die Miete war niedrig, alles schien auf der Straße zu liegen. Brauchte ich einen Tisch, ging ich raus und fand einen. Damals standen viele Häuser leer, die Möbel lagen auf der Straße, da konnte man eine Menge toller Sachen entdecken. Eine Weile war das fast ein Zeitvertreib für mich: Menschen finden, Dinge finden. Damals machte ich eine wichtige Erfahrung, die bis heute gilt und sehr wichtig für mich geworden ist: Wenn ich in Bewegung bin, dann ist alles andere um mich herum auch in Bewegung, und alles, was ich brauche, findet sich.

In dieser Zeit bekam ich ein Stipendium, um an einer Berliner Musikakademie zu studieren, und das machte ich auch einige Monate, wenn auch nur mit halbem Herzen. Denn eigentlich war ich am liebsten mit meiner Band im Proberaum und sang mich gesund. Das war die beste Therapie für mich, in der Musik fand ich Heilung. In meine Songs, die ich selbst schrieb, legte ich all meine Gefühle, meine Verletzungen und meine Freude, und diese Energie übertrug sich auf die Zuhörer. Wir spielten, wo immer wir auftreten konnten, und wenn es irgendwo auf der Straße war.

Von Anfang an lief es mit unserer Band gut und dann immer besser; bald hatten wir unsere ersten Verträge, nahmen Songs auf und die erste Platte kam heraus. Wir tourten durch ganz Deutschland, und schließlich führte uns unsere erste Tournee nach Sankt Petersburg. Danach kam Griechenland. Wir nahmen jedes Angebot an, manchmal gab es mehr Geld und manchmal weniger, wir sahen es als Erfahrung, und ich fühlte mich lebendig und ausgefüllt. Alles, was ich mir jemals unter einem Leben in Freiheit vorgestellt hatte, wurde nun von der Realität übertroffen. Und durch einen Auftritt im Lokalradio geriet ich an einen Reporter, der mein Talent zum Erzählen entdeckte.

Natürlich überfielen mich auch in dieser Zeit immer wieder die Gespenster der Vergangenheit, dann stürzte ich in ein dunkles Loch, und oft war es mühsam, mich daraus wieder hochzuarbeiten. Auch der tägliche Überlebenskampf kostete mich viel Kraft. Was die Musik noch nicht einspielte, deckte ich mit kleinen Nebenjobs ab, arbeitete in Cafés und Second-Hand-Shops, organisierte auch Kulturveranstaltungen. Ich wollte frei sein für die Musik, fürs Komponieren und Texten und für die Arbeit mit der Band, und darum war diese Lösung die beste.

Während unserer Auftritte lernte ich eines Tages den Moderator einer Musiksendung kennen, und der brachte mich zum Sender des rbb, Rundfunk Berlin-Brandenburg. Er zeigte mir in Crashkursen, wie man selbst Beiträge produziert, und hier konnte ich mein Produktionstalent, mein Gespür für spannende Themen, Geschichten und Sound optimal einsetzen.

Nachdem ich ein halbes Jahr beim rbb gearbeitet hatte, machte ich eine Porträt-Reihe. In dieser Reihe stellte ich verschiedene Menschen vor und kombinierte ihre Interviews mit Soundcollagen. Dafür gewann ich einen wichtigen Medienpreis und wurde für mehrere andere nominiert, was mir eine aufregende Zeit mit vielen Reisen bescherte. Ich werde nie vergessen, wie ich eines späten Abends zusammen mit Frau Maischberger und Herrn Elstner im Schloss von Ljubljana saß, und auf einmal kommt dieser Tatortkommissar vorbei, zieht mich auf die Bühne und singt mit mir »Knocking on heaven's door«.

Viele spannende Dinge sind passiert. Eine wichtige Begegnung für mich war die im Jahr 2004 mit dem Filmregisseur Fatih Akin, mit dem ich viele Gespräche führte über meine Kultur, die ja, ob ich es will oder nicht, von dem arabisch-türkischen Hintergrund meiner Familie geprägt ist. Ich nahm bei dem Casting für die Hauptrolle im Film *Gegen die Wand* in Hamburg teil und kam unter die letzten drei Bewerberinnen. Ich konnte mich mit der Geschichte der Sibel nur zu gut identifizieren, und die Beschäftigung mit dem Thema bedeutete für mich den Anfang meiner Versöhnung mit meiner Kultur. Ich war damals aber noch zu jung und unerfahren, um diese Rolle ausfüllen zu können.

Immer klarer wurde mir allerdings, dass ich meine Geschichte eines Tages aufschreiben musste, sei es als Buch oder als Filmdrehbuch. Wieder begann ich, viele Erinnerungen niederzuschreiben. Ich führte das Leben, das ich mir immer gewünscht hatte. Jetzt hatte ich auch die Freiheit, mich mit meiner Geschichte zu befassen.

Ja, auf einmal war ich das, was ich immer hatte werden wollen, und wovon mein Vater gesagt hatte, dass ich das nicht werden dürfe. Ich produzierte schöne Radiosendungen und ertappte mich bei dem Gedanken, dass mein Vater stolz auf mich wäre, wenn er das hören könnte. Dass er vielleicht auch gerne so etwas gemacht hätte. Und dann dachte ich wieder, dass er das gar nicht glauben würde, wenn es ihm jemand erzählte.

Irgendwann wurde mir klar, dass es nicht mehr wichtig ist, was er denkt. Doch das kam erst viel später.

23

Abschied von Elke

Als ich im Frühjahr 2000 von Mönchengladbach nach Berlin zog, brachte mich Elke zum Zug. Alles schien wie immer. Ich war fröhlich und aufgekratzt, denn jetzt würde etwas Neues in meinem Leben beginnen. Ich stand bereits in der Zugtür, als ich mich noch einmal umdrehte und wir uns in die Augen sahen. Und da war es mir, als nähme sie endgültig Abschied. Es fühlte sich an wie ein kleiner Tod, im Bruchteil einer Sekunde zog eine ganze Zeitreise an mir vorüber, alles, was wir gemeinsam erlebt hatten, und ich denke, es ging ihr ebenso.

»Moment mal«, wollte ich sagen. »Ich fahr doch nur mal eben nach Berlin. Ich will doch weiterhin nach Hause kommen und mich an deinen Tisch setzen, in meinem Kinderzimmer wohnen …« Aber es war ganz deutlich: Elke entließ mich aus ihrer Obhut. »Von nun an«, schien ihr Blick zu sagen, »bin ich nicht mehr für dich verantwortlich.«

Es war ein kleiner Schock für mich; noch war ich nicht darauf vorbereitet, ganz alleine in der Welt zu stehen. Aber auch wenn ich diesen Augenblick schnell wieder verdrängte und die Botschaft, die in ihm verborgen war, nicht wahrhaben wollte, so war es tatsächlich nie wieder wie zuvor. Nie wieder gab es »zu Hause«, wie ich Elkes neues Haus immer noch im Stillen nannte, wo sie mit ihrem zweiten Mann Dieter nun lebte, ein warmes Essen für mich, wenn ich kam, nicht mal an Weihnachten.

Damals begann ich, über mein Verhältnis zu Elke nachzudenken, mich zu erinnern, wie es in meiner Kindheit gewesen war.

Zum Beispiel die Szene im R4 nach Kornelias Tod, wo ich schon damals gespürt hatte, dass sie meinen Vater wollte und mich nur in Kauf nahm. Jene, als Mourad wissen wollte, ob sie uns alle gleich lieb hätte. Ich erinnerte mich an das Gefühl, wenn sie mir morgens beim Anorak-Anziehen das Kinn in den Reißverschluss klemmte, ihre Ungeduld und Morgenmuffligkeit, wenn sie mich vor der Arbeit noch rasch mit dem Fahrrad zum Kindergarten brachte. Die vielen Male, wenn ich mit ihr kuscheln wollte und sie mich abwehrte. Und ich erinnerte mich an einen Abend, als ich im Alter von vier oder fünf Jahren mit Bauchschmerzen im Bett lag.

Kornelia hatte immer Babysprache mit mir gesprochen. Darum sagte ich solche Sachen wie »Wauwau« zu Hund und »aua Bauch«, wenn ich Bauchschmerzen hatte. Kornelia hatte stets ein Hausmittel, wenn es mir irgendwo wehtat, und jede Menge Trost.

Also rief ich, nachdem Elke meine neue Mutter geworden war: »Mama! Aua Bauch!«

»Das heißt nicht ›aua Bauch‹«, wies mich Elke zurecht. »Das heißt: Ich habe Bauchschmerzen.«

Das stimmte. Aber außer dieser Belehrung gab es nichts für mich: Keine Wärmflasche, keinen Kamillentee, kein Bauchstreicheln. Ich lag in meinem Bettchen und es hallte in mir nach: Das heißt nicht aua Bauch, das heißt: Ich habe Bauchschmerzen.

Ich war nun selbst eine erwachsene Frau, sogar etwas älter als Elke damals gewesen war, als sie meine dritte Mutter wurde. Mit Anfang zwanzig hatte sie sich in einen Mann verliebt und als Dreingabe eine vierjährige Tochter bekommen, wenige Jahre später sogar noch einen Sohn, von dessen Existenz sie bis dahin nichts gewusst hatte. Sie hat all diese Aufgaben mutig und ohne Wenn und Aber übernommen, und ich nehme an, sie tat ihr Bestes. Von Anfang an behandelte sie mich allerdings nicht so richtig als Kind, sondern wie eine Freundin, eine Vertraute. Es galt damals wahrscheinlich sogar als fortschrittliche und aufgeschlossene Erziehungsmethode, das Kind als ebenbürtig anzusehen. Und doch habe ich immer darunter gelitten.

Ich bekam alles von Elke, nur nicht eine Mutter. Und dabei war es doch genau das, wonach ich mich mein Leben lang so sehr sehnte.

Elke tat alles, um sich in die Familie und Kultur ihres Mannes zu integrieren. Sie konvertierte zum Islam, las Buch um Buch, um die fremde Kultur zu verstehen, ließ sich zeigen, wie man die Gebete vollzieht, die rituellen Waschungen. Sie lernte die Lieblingsgerichte meines Vaters kochen, und auf unseren Reisen besuchten wir jede Moschee zwischen Istanbul und Damaskus, und das nicht meines Vaters wegen. Sie setzte ihre eigenen Interessen hinter die ihres Mannes, war hundertprozentig bezogen auf ihn und nahm für ihn sogar in Kauf, neun Jahre lang ihre Schwester, mit der sie sich gut verstand, nicht zu sehen. Im Grunde ist die Geschichte unserer Familie die eines doppelten Scheiterns: So wie mein Vater daran scheiterte, das Leben eines Deutschen, der er auf dem Papier längst war, wirklich zu leben, so scheiterte Elke in ihrem Versuch, sich mitten in Deutschland in eine muslimische Familie zu integrieren. Und dazwischen ich, Kind orientalischer Eltern mit der Erziehung und Denkweise einer Deutschen, die mit großer Klarheit schon früh dies alles erkennen konnte, deren Bedürfnisse jedoch überhaupt keine Rolle spielten.

Damals, als ich frisch nach Berlin gezogen war und in dieser entsetzlichen Wohnung lebte, kam Elke einmal zu Besuch. Dass ich eventuell Hilfe gebrauchen könnte, sah sie nicht oder wollte nicht sehen. Sie schaute sich nur in meiner Bruchbude um und entschied: »Hier schlafe ich nicht.« Ich kochte Tee, wir setzten uns hin und redeten ein bisschen. Dann zog sie weiter. Sie fragte nicht: »Wie geht es dir?«, auch wenn es offensichtlich war, dass es mir nicht gerade prächtig ging. Ich hatte vorne und hinten kein Geld, doch sie kam nicht einmal auf die mütterliche Idee, mich wenigstens ins Café um die Ecke auf eine Mahlzeit einzuladen.

Ich habe ihr diese gleichgültige Haltung lange übel genommen. Habe mich an ihr abgearbeitet, Briefe geschrieben, vor allem, als ich endlich eine Therapie beginnen konnte und nach und nach all den Schrecken aufarbeitete, der meine Kindheit geprägt hatte. Sie war dabei gewesen, und ich hatte das drängende Bedürfnis, mich mit ihr darüber auszutauschen, wollte von ihr hören, wie sie diese oder jene Situation erlebt hatte. Schließlich hatte sie all die Jahre meinen Vater gedeckt. Wenn Außenstehende fragten, warum sie mir während der Exzesse meines Vaters nie zur Hilfe kam, verteidigte ich sie stets, sagte, dass sie mir nicht helfen konnte, dass jeder Versuch zum Scheitern verurteilt gewesen wäre. Die wenigen Male, als sie es versucht hatte, führten nur dazu, dass auch sie misshandelt wurde.

Auch Kornelia hatte mich vor der Gewalt meines Vaters nicht schützen können, doch sie hielt wenigstens im Hintergrund kühlendes Eis, Salben und Verbände bereit, tröstete mich und Mark, wenn alles vorüber war. Elke tat das nicht. Sie ließ mich oft genug im Stich, und auch darüber wollte ich gerne mit ihr reden. Warum sie so lange ausgeharrt hatte bei einem Mann, der sie selbst und uns Kinder tyrannisierte und quälte; warum sie nicht früh genug die Konsequenzen gezogen hatte, wenn schon nicht für sich selbst, dann uns Kindern zuliebe. Auch ihre leibliche Tochter hatte schließlich darunter gelitten. Dabei ging es mir nicht darum, ihr Vorwürfe zu machen, sondern in erster Linie wollte ich endlich verstehen, was eigentlich passiert war.

Aber Elke hatte irgendwann keine Lust mehr, über all das zu sprechen. Im Grunde kann ich das heute auch verstehen. Und doch: Wenn es für mich überlebensnotwendig war, diese Dinge alle noch einmal anzuschauen, wieso war ihr das dann so gleichgültig? War sie mir nicht wenigstens diese Gespräche schuldig, nach allem, was geschehen war?

»Jedes Mal, wenn Meral kommt«, sagte ihr neuer Mann eines Tages, »dann stellt sie diesen Eimer Scheiße auf den Tisch.« Und Elke erzählte mir das prompt weiter.

»Ja, aber«, wollte ich schreien, »diesen Eimer hast doch auch du vollgemacht!« Doch ich schwieg.

Noch immer betrachtete ich Elke als meine Mutter, die sie niemals gewesen war. Uns verband eine Schicksalsgemeinschaft, kein Mutter-Tochter-Verhältnis. Doch es dauerte lange, bis ich das endlich begriff. Zuerst brauchte ich nochmal einen heftigen Schlag ins Gesicht, bevor auch ich Elke endlich aus meinem Leben entlassen konnte, so wie sie es bereits bei meinem Weggang nach Berlin mit mir getan hatte.

Es war in meiner Anfangszeit in Berlin, ich steckte in einer tiefen Depression. Der einzige Lichtblick, so schien mir, war mein Plan, den Weg einer professionellen Musikerin einzuschlagen. Ich wollte mit meinen Songs irgendwann Geld verdienen können. Wir hatten begonnen, mit unserer neuen Band zu arbeiten. Und jemand hatte mir erklärt, dass ich mich bei der GEMA anmelden müsste, damit meine Rechte an meiner Musik gesichert seien. Doch dafür brauchte ich Geld: 50 Euro, die ich nicht hatte.

Es war spät am Abend, draußen regnete es in Strömen, und in mir war alles wund und weh. Da raffte ich mich auf und rief Elke an. Ich erzählte ihr von meinem Plan und bat sie, ob sie mir die 50 Euro vorfinanzieren könnte. Noch nie hatte ich sie um Geld gebeten, weder für meine Fahrkarten »nach Hause«, noch für ein bisschen Essenszuschuss. Wenn ich bei ihr anrief mit meiner Prepaid-Karte, kam sie nie auf die Idee, zu sagen: »Hör mal, ich rufe dich zurück.« Das alles war in Ordnung gewesen. Doch jetzt brauchte ich wirklich ihre Hilfe. In meiner deprimierten Stimmung schienen mir diese 50 Euro der Schlüssel zu meinem Glück, das Ticket zu einem besseren Leben – und tatsächlich sollte sich später erweisen, dass ich damit recht hatte. Doch Elke wurde ärgerlich.

»Du bist wie dein Vater«, schimpfte sie. »Der wollte auch immer nur mein Geld. Mach doch mal was Vernünftiges! Du musst endlich lernen, selbst für dich zu sorgen.«

Der Vergleich mit meinem Vater traf mich an meinem wundesten Punkt. Sie wusste genau, wie sehr mich das verletzte; schon lange litt ich darunter, dass ich äußerlich fast sein Ebenbild bin. Außerdem war ihr Vorwurf ungerecht. Ich versuchte ihr zu erklären, wie wichtig für mich diese GEMA-Anmeldung war, dass daran quasi meine letzten Hoffnungen hingen, denn an diesem düsteren Abend erschien es mir tatsächlich so.

»Dann häng dich doch auf!«, schrie sie ins Telefon. »Du langweilst mich mit deinem immer gleichen Gejammer. Werd doch mal erwachsen!«

Und damit legte sie auf.

Das traf mich hart. Denn dass ich immer wieder Schwierigkeiten hatte, im Leben klarzukommen, daran trug sie doch ebenfalls Schuld, wie ich fand. Dass sie da nie auf die Idee kam, mir irgendwie beizustehen, mal einen Therapieplatz klarzumachen, einfach nur einen Schrank aufzuhängen nach meinem Umzug oder jetzt 50 Euro für die Anmeldung bei der GEMA beizusteuern – das enttäuschte mich tief. Ich wusste genau, dass sie eher für einen Esel in Afghanistan spenden würde, als mir zu helfen.

Ich schrieb ihr einen bitterbösen Brief, in dem ich quasi »Schluss mit ihr machte«. Ich schrieb, dass ich nie wieder etwas mit ihr zu tun haben wollte, und ich meinte es so. Ein paar Monate später kam eine Karte von ihr, auf der stand: »Liebe Meral, lass uns eine Friedenspfeife rauchen. Was gesagt wurde, ist gesagt, man kann die Zeit nicht zurückdrehen.«

Früher wäre ich mit fliegenden Fahnen zu ihr zurückgekehrt,

so groß war mein Bedürfnis nach Familie und Harmonie. Dieses Mal aber hatte ich begriffen, dass mir das nicht guttun würde. Ja, damals betrachtete ich eine Versöhnung als Zeitverschwendung.

Es gab in dieser Zeit Tage und Wochen, da hielt ich die Einsamkeit fast nicht aus. Geburtstage und Weihnachten waren besonders schlimme Termine. Mein Bruder sagte später zu mir: »Du warst wie dieses Küken in dem Cartoon, das sein Leben lang dieser Ente hinterherläuft, mit den Eierschalen am Kopf. Dabei ist es doch ein Huhn.« Elke war nun einmal nicht meine Mutter, war es nie gewesen, das musste ich endlich begreifen. Und so löste ich mich ganz allmählich auch innerlich von ihr. Dass es mir irgendwann tatsächlich gelungen war, merkte ich, als es mir egal geworden war und meine Wut auf sie verrauchte.

Nach jenem Telefonat erlebte ich noch eine heftige emotionale Talfahrt; dann lieh ich mir die besagten 50 Euro von einem Bandkollegen und meldete mich bei der GEMA an. Mit unserer Band ging es aufwärts, und ich verdiente Geld durch meine Musik – dank meiner GEMA-Mitgliedschaft. Bald danach bekam ich den Job beim Radio und zahlte die 50 Euro meinem Kollegen sofort zurück und kaufte mir ein eigenes Klavier. Und es erwies sich, dass ich recht gehabt hatte, dass es kein Hirngespinst gewesen war in jener Nacht, als ich beschlossen hatte, den Weg einer Musikerin zu gehen.

Heute sehe ich das alles viel entspannter, trage keinen Groll mehr in mir. Ich weiß, dass ich unter anderen Umständen nie etwas mit Elke zu schaffen gehabt hätte, wenn mein Vater sie nicht zufällig geheiratet hätte. Letztendlich hat sie mir durch ihre ablehnende Art dabei geholfen, meine eigenen Kräfte und Stärken zu mobilisieren und es alleine zu schaffen. Heute muss ich niemandem dankbar sein, nur meinen Freunden und Kollegen, die zu mir hielten und an mich glaubten, mich als die nehmen, die ich war und bin. Ihnen bin ich dankbar – und mir selbst.

24

»Schöne Grüße von deiner Mutter!«

Im Jahr 2003 gab es viele Tage, in denen mein Himmel voller Fragezeichen hing. Damals arbeitete ich in einem Suppenladen, machte ein Praktikum im Tonstudio und hatte die Band. Und während ich all das tat, trug ich eine undefinierbare, riesengroße Sehnsucht in mir: nach Antworten, nach irgendeinem Halt und Zuspruch. Denn seit ich verstanden hatte, dass Elkes Familie nicht die meine war, fühlte ich mich wie eine Seiltänzerin ohne Netz und doppelten Boden.

Oft dachte ich an meinen Bruder, mit dem ich all die Jahre keinen Kontakt mehr gehabt hatte und der mir damals während des Prozesses hatte ausrichten lassen, dass er den auch nicht mehr wünschte. Dennoch wollte ich schon lange zwischen uns einige Dinge klarstellen, und oft dachte ich darüber nach, ihn anzurufen, auch wenn es das einzige Mal wäre, dass wir wieder miteinander sprachen, auch wenn er danach bei der Entscheidung bleiben sollte, keinen Kontakt mit mir zu haben. Ich wusste, dass das, was ich ihm sagen wollte, dennoch etwas bei ihm bewirken würde, dass er nach einem Gespräch die Dinge zwangsläufig anders sehen musste. »Und wer weiß«, dachte ich, »vielleicht gerät ja auch bei ihm dann etwas in Bewegung.«

Also rief ich bei ihm an.

»Hallo«, sagte ich, »hier ist Meral.« Und ich betonte, wie es meine deutschen Freunde taten, meinen Namen auf der ersten Silbe. Gespannt lauschte ich in die Leitung, wie mein Bruder auf diesen Überfall reagieren würde.

»Wer?«, fragte Mourad. »Meeeral oder Meralll?« Und er betonte meinen Namen so, wie er in unserer Sprache klingen muss, mit der Betonung auf der zweiten Silbe und einem rollenden R in der Mitte.

Wir lachten. Und damit war das Eis erst mal gebrochen. Ich war überrascht; Mourad klang so erwachsen, so ruhig und ausgeglichen. Ich rechnete nach: Sieben Jahre waren vergangen, seit wir uns das letzte Mal gesehen hatten. Die Zeit der Pubertät, die damals unsere Emotionen durcheinandergewirbelt hatte, war vorüber, und ich begriff, dass sie auch bei uns eine echte Ausnahmesituation gewesen war. Ich kann gar nicht sagen, wie erleichtert ich war. Ich hatte immer gehofft, dass wir uns am Ende des Tunnels irgendwann im Erwachsenenleben wieder begegnen würden, und das war nun tatsächlich möglich. Ich hatte wieder einen Bruder, ich stand nicht mehr so allein in der Welt.

Und ich wollte Mourad erinnern. An unseren Zusammenhalt, unsere unverbrüchliche Liebe. An das, was er gesehen und selbst erlebt hatte, auch wenn er das alles während der Zeit der Gerichtsverhandlung angeblich vergessen hatte. Vieles gab es zu erzählen, so manche Lücke aufzuarbeiten, Bilder wachzurufen, die er verdrängt hatte und die mit meiner Rückkehr in sein Leben wieder in sein Bewusstsein traten. Mir selbst ging es auch um eine Art »Realitätscheck«, ein Abgleichen der Erinnerungen, denn wie konnte ich mir sicher sein, dass sich das alles bis in jede Einzelheit so zugetragen hatte, wenn da niemand war, der es ebenfalls erlebt hatte und mir heute Rückmeldung geben konnte? Es ist unendlich schwierig und verwirrend, der oder die Einzige zu sein, der sich angeblich erinnern kann.

Ich lernte, dass mein Bruder auf der Suche nach Anerkennung den falschen Leittieren hinterhergelaufen war. So wie ich Elke in meinem übergroßen Wunsch nach Zugehörigkeit hinterherlief, nach ihr rief und sie zu greifen versuchte, wenn ich mich wieder mal mittel- und hoffnungslos fühlte oder einfach nur einen Rat brauchte. Hilfe, meinen Verstand wiederzufinden in den Phasen meiner angelernten Todessehnsucht.

Ebenso war Mourad meinem Vater und seinen Brüdern hinterhergelaufen; auch er wollte irgendwo dazugehören. Dennoch ist er bis heute keiner von denen geworden.

Er erzählte mir, dass er die Gerichtsverhandlung als beschämend empfunden hatte und einfach so tat, als könnte er sich an nichts erinnern. Tatsächlich hatte er damals seine eigenen Verletzungen vorläufig verdrängt. Er hatte noch nicht das Bewusstsein, sich zu positionieren, so sagte er, es war einfacher, die Seite zu wechseln, das war bedeutend cooler, als sich selbst ständig in der Opferrolle zu sehen.

Einmal hatte Mourad unseren Vater zum Ausgang aus dem Gefängnis abgeholt. »Da erzählte er mir«, berichtete mein Bruder, »dass er angeblich aus sicheren Quellen wisse, dass du in Hamburg gelandet seist, wo du als Prostituierte arbeitest.«

Ein Sohn, wie ihn mein Vater sich wünschte, hätte nun von selbst verstehen müssen, dass er seine Ehre wiederherstellen und mich an seiner Stelle erschießen müsste.

»Klar verstand ich, was er meinte«, sagte Mourad, »aber ich übersah diesen ›Wink‹ ganz einfach. Denn ich konnte mir nicht vorstellen, dass er recht hatte.«

Im selben Jahr, als ich mich bei meinem Bruder nach all der Zeit wieder meldete, hatte Mourad zum ersten Mal, seit er mit fünf Jahren aus seinem Dorf verschleppt worden war, unsere Mutter wieder besucht. Auch er war auf der Suche nach seiner wahren Identität. Seine Machophase, in der er seinem Vater und seinen Onkeln nacheifern wollte, war längst vorüber. Unser Vater hatte eine neue Familie gegründet, und Mourad fühlte, dass für ihn dort kein Platz war. Im Grunde machte er ähnliche Erfahrungen wie ich mit Elke. Und nun begann er, sich an seine Ursprünge zu erinnern. An seine Mutter, an Saliha.

Verwandte der neuen Frau unseres Vaters, die ja aus derselben Gegend stammte wie unsere Mutter, halfen ihm, sie ausfindig zu machen. Er telefonierte mit Saliha, was damals gar nicht so einfach war, denn das einzige Telefon befand sich im Dorfladen. Sie mussten lange suchen, Mourads Erinnerungen waren nur bruchstückhaft.

»Es war im Frühling«, erzählte er mir mit leuchtenden Augen, »und als wir endlich das Haus gefunden hatten, in dem Saliha heute mit ihrem zweiten Mann und ihren Kindern wohnt, da lief sie mir schon entgegen.«

Ich konnte ihm ansehen, wie tief ihn dieses Wiedersehen aufgewühlt hatte.

»Ich konnte nur diesen einen Tag bleiben«, berichtete er weiter, »aber am nächsten Tag kam ich wieder.«

»Und«, wollte ich wissen, »wie war es?«

Mourad lächelte verlegen, wie es seine Art ist, rieb sich das Kinn.

»Eine Mischung aus allem«, sagte er, »ein undefinierbarer Gefühlsknäuel. Sie weinte. Wir heulten, glaube ich, alle …«

Er schwieg. Trank seinen Tee aus. Ich schenkte ihm nach.

»Und jetzt?«, wollte ich wissen. »Geht es dir jetzt besser als vorher?«

Mourad sah aus dem Fenster. Dann auf seinen Tee.

»Nein«, sagte er schließlich. »Irgendwie schon, aber eigentlich auch nicht. Das tut alles schon verdammt weh …«

Nach seiner Rückkehr beschloss Mourad, wieder zur Schule zu gehen und seinen Realschulabschluss nachzumachen. Mit der Familie unseres Vaters hat er immer Kontakt gehalten, doch er ließ sich nicht mehr von ihnen vereinnahmen.

Mein Bruder und ich sind die Einzigen, die man nicht einsortieren kann. Wir gehören nicht hierhin und auch nicht dorthin – wir sind einzeln. Während unserer ersten Wiederbegegnungen und in den vielen Gesprächen, die wir seither führten, haben wir beide das begriffen. Und uns daran erinnert, dass es immer schon so gewesen ist. Uns beide hat man in jungen Jahren verpflanzt, und das führte dazu, dass wir von beiden Welten etwas in uns tragen: von der Mutterwelt und der Vaterwelt, von dem Erbe der syrischen Nomadenvölker und der Welt des deutschen Rheinlands. Wir haben uns das nicht ausgesucht, und doch hat es uns geprägt und verbindet uns bis heute.

Unsere Mutter hatte es Mourad damals mitgegeben: Wir gehörten zusammen, für immer. Wir sollten uns nie aus den Augen verlieren, sondern füreinander da sein, einander an den Händen halten, auch wenn um uns herum die Welt unterging. Gerade dann. Und irgendwie tat sie es ja auch.

Mit meiner Kontaktaufnahme zu Mourad stellte sich für mich natürlich die Frage nach unserer kleinen Schwester. Auch sie sah ich wieder, aber eigentlich nur, weil Mourad sie hin und wieder »zwang«, sich mit mir zu treffen. Aus freien Stücken hätte sie das nie getan, denn ich war in ihren Augen die Verfemte, die Verräterin, das abschreckende Beispiel. Melissa war durch die Gehirnwäsche meines Vaters gegangen, und dies waren die Folgen.

Über Melissa habe ich bislang nicht viel erzählt; es ist nicht einfach, mein Verhältnis zu meiner Halbschwester zu beschreiben. Viele Jahre lang hatte Meli alles, und ich hatte nichts – so empfand ich das damals. Ich war für sie das, was sie – so mein Vater – nie werden sollte, und darum wollte sie es natürlich auch nicht. Und sie war all das, was ich nie war.

»Du kennst mich doch«, sagte sie eines Abends, als wir drei Geschwister uns trafen. »Ich schwimme immer mit dem Strom.«

Das war sehr ehrlich von ihr. Aber genau das verletzte mich ja immer so. Es ist einfacher für sie, mit dem Strom zu schwimmen. Und da sich die Mehrheit der Familie von mir abgewandt hatte, hielt auch sie nicht zu mir.

Ich bin anders als sie, für mich wäre es nicht so leicht gewesen, einfach meine Schwester aufzugeben, nur weil die Familie es so will. Mich enttäuschte ihr Opportunismus; es nervte mich, dass sie kein Rückgrat hatte. Schließlich hatte auch ich sie, wenn man es mir erlaubte, in den Schlaf gesungen, sie vom Kindergarten abgeholt, ihr zu essen und zu trinken gegeben. Ihre allerersten Schritte hatte sie an meiner Hand gemacht. Und doch hat sie mich verleugnet, und das in meinen Augen ohne echten Grund. Es hätte ihr nichts an Rückhalt in der Familie genommen, wenn sie mich hin und wieder verteidigt oder in Schutz genommen hätte.

Immer war sie Papas und Mamas Liebling, und ich gebe zu, dass ich oft eifersüchtig auf sie war. Dabei war Meli alles andere als die folgsame Tochter, die sie immer spielte. Sie hat nichts von dem gelebt, was mein Vater von ihr erwartete, und nichts ausgelassen, weswegen ich verurteilt wurde.

Damals dachte ich oft: »Ich bin allein. Und Meli hat alles. Ich wurde der Wahrheit wegen verstoßen, und Meli der Lüge wegen geschützt.« Daran hatte auch Elke ihren Teil. Ich konnte nicht verstehen, warum sie zuließ, dass diese Kluft zwischen mir und meinen Geschwistern entstehen konnte. Damals dachte ich während meiner schwärzesten Stunden: »Wenn ich mich eines Tages aufhänge, dann wegen dieser Ungerechtigkeit, wegen dieser Härte und Kälte. Weil in unserer Familie jeder immer nur an sich denkt und jeder sich selbst der Nächste ist. Weil sie es riskieren, dass ich auf der Strecke bleibe, und es ist ihnen vollkommen egal.«

Es war seltsam für mich zu erleben, dass fremde Menschen klarer, liebevoller und verständnisvoller mit mir umgingen als meine eigene Familie.

Das alles ist heute zum Glück lange her. Ich hege keinen Groll mehr gegen meine Schwester, denn ich habe erkannt, dass auch sie nur das Produkt einer wahnwitzigen Sozialisierung in einer kranken Familie ist, und versucht hat, ihr eigenes, wackeliges Lebensschiffchen durch alle Klippen heil hindurchzusteuern.

Inzwischen ist sogar ganz Unglaubliches geschehen. Melissa fiel tatsächlich aus ihrer Prinzessinnenposition, und sie fiel tief. Inzwischen ist sie Mutter eines süßen Kindes, doch weil sie keinen Vater dazu vorweisen konnte, wurde sie von unserem Vater und dem gesamten Al-Mer-Clan zu guter Letzt verstoßen. Am Ende tat sie das, was man mir immer unterstellt hatte, und auch sie wurde ein Opfer der Doppelmoral, der sogenannten Familienehre. Mir tut das leid, ich hätte meiner Schwester so etwas niemals gewünscht. Und doch wird die Zeit vieles wieder zurechtrücken: Die ersten zaghaften Besuche bei unseren Tanten haben bereits wieder stattgefunden.

Doch damals, als ich die ersten Kontakte mit meinen Geschwistern wieder aufnahm, konnte ich das alles noch lange nicht so entspannt sehen wie heute. Wenigstens stand Mourad wieder zu mir. Und eines Tages sagte er: »Ich soll dir übrigens schöne Grüße sagen.«

»Ja?«, fragte ich. »Von wem denn?«

»Von deiner Mutter.«

»Von Elke?«

»Nein«, sagte er, »von Saliha. Sie fragt jedes Mal nach dir.«

»Echt?«, fragte ich erstaunt.

Wenn ich an meine Mutter dachte, dann war da immer eine ganz seltsame Stille in mir.

»Wann besuchst du sie denn mal?«, wollte Mourad wissen.

Tatsächlich gab es nichts mehr, was mich hinderte. Und doch schob ich es hinaus. Warum? Lange Zeit konnte ich es selbst nicht sagen.

Ich dachte darüber nach und fand heraus: Es war die Furcht, dass sie mich ablehnen würde, wenn sie mich erst einmal sah. Alle lehnten mich ab. Bei ihr war noch alles offen, und so konnte ich mir ein Treffen mit ihr je nach Stimmung ausmalen: An meinen schlimmen Tagen dachte ich, dass sie mich nicht mögen würde. Ich sah meinem Vater viel zu ähnlich. Würde sie nicht erschrecken, wenn sie mich sah, zurückzucken, sich erinnert fühlen, *ihn* in mir sehen? War es möglich, dass sie mich, Meral, wahrnehmen könnte, und nicht andauernd ihn in meinen Zügen entdeckte?

2005 heiratete unsere Halbschwester Fatima, und wieder ließ ich eine Gelegenheit verstreichen, gemeinsam mit Mourad zu dieser Hochzeit zu fahren. Denn auch dies war eines meiner Schreckensbilder, die ich mit einem Besuch bei Saliha verband: Würde nicht auch ihre Familie mich sofort verheiraten wollen? In meinen schlimmsten Visionen sah ich mich dort in diesem Dorf, wie ein finsterer Onkel mein Gepäck durchwühlt und mir meinen Pass wegnimmt. Ich hatte das bereits einmal erlebt, als mein Vater mich wochenlang in meinem Zimmer eingesperrt hatte und schon das Ticket kaufte, um mich in Anatolien zu verheiraten.

»Du spinnst doch«, sagte Mourad.

Und fuhr allein zu Fatimas Hochzeit.

Saliha hatte bereits vor Mourads Weggang nach Deutschland wieder geheiratet, einen sieben Jahre jüngeren Ziegenhirten, und mit ihm sechs weitere Kinder bekommen. Fatima war die älteste Tochter aus dieser Ehe, also meine jüngere Schwester.

Es gab Momente, da malte ich mir unser Wiedersehen in den schönsten Farben aus. Noch hatte ich die Freiheit dazu, noch war die Realität nicht dazwischengekommen und hatte ihren unveränderlichen Stempel auf mein Verhältnis zu Saliha gedrückt. Dann dachte ich, dass ich gerne ihr Essen probieren würde, ja es gab Momente, da war die Sehnsucht übermächtig, von ihr bekocht zu werden, Mutterspeisen zu kosten, und ich stellte mir vor, dass sie ganz besonders gut schmecken müssten. Ich hatte noch nie ein warmes Gericht von meiner Mutter probiert, und je besser ich selbst kochen lernte, desto dringender wurde der Wunsch danach. Dann stellte ich mir vor, dass ich irgendwann einmal einen Tag mit ihr verbringen und eine Nacht unter ihrem Dach schlafen würde. Wie eine »To-do-Liste«, die ganz hinten in meinem Bewusstsein entstand, mit dem Erledigungsdatum »Irgendwann«.

Denn natürlich hatte ich eine brennende Sehnsucht nach meiner Mutter. Die wurde wach, wenn meine Freundinnen mit ihren Müttern shoppen gingen oder dies und das unternahmen. Wenn ich Mutter und Tochter gemeinsam in der Stadt traf, wenn ich hörte, wie sie zusammen kochten und aßen.

Wenn mein Bruder mich darauf ansprach, warum ich nicht mal bei Saliha anrief oder gar einen Flug nach Antakya buchte, fand ich allerdings jahrelang Ausreden. Immer fiel mir etwas ein, was unbedingt dagegen sprach: meine Arbeit oder ein geplanter Urlaub woanders – mir fiel immer irgendein Grund ein, warum es gerade jetzt nicht möglich war.

Verlor ich mich aber einmal wieder in der Masse der Dinge, hatte ich Kummer, dann hörte ich die leise Stimme in mir, die »Mama! Mama!« rief.

Und doch stand mein Entschluss schon lange fest. Eigentlich schon damals während des Prozesses, als ich erfahren hatte, dass Saliha gar nicht tot war, wie es mir mein Vater ein Jahr zuvor weisgemacht hatte. Es war klar, dass ich hinfahren würde. Die Frage war nur, wann.

Inzwischen besuchte Mourad unsere Mutter und ihre Familie jedes Jahr einmal. Dazwischen telefonierte er hin und wieder mit ihnen.

»Und?«, fragte ich meinen Bruder nach einem dieser Besuche. »Wie fühlt es sich an, dort hinzukommen? Ist es ein Nachhausekommen?«

Mourad schüttelte den Kopf.

»Nein«, sagte er, »ich bin dort ja nicht zu Hause. Eher wie ein Familienbesuch. Als würde ich eine Tante oder so etwas besuchen. Auf eine Art ist sie mir voll vertraut. Aber zu Hause ... nein. Eher so ein ... Zwischending ... Schwer zu erklären.«

Meine Halbschwester Fatima bekam ein Mädchen und ließ mich fragen, ob ich damit einverstanden wäre, wenn sie sie nach mir »Meral« nannte. Gerührt ließ ich ausrichten, dass mich das sehr freue. Im Jahr 2007 sandte ich über meinen Bruder zum ersten Mal ein Geldgeschenk zum Zuckerfest. Das war das Erste und vorläufig Einzige, was von mir dort ankam.

Von meinem Bruder wusste Saliha nun, dass ich alleine lebte, nicht verheiratet war, dass ich Musik mache. Im türkischen Fernsehen wurde auf dem Sender TRT, der der deutschen ARD entspricht, eine Dokumentation über Musikerinnen in Berlin ausgestrahlt, und dafür wurde ich porträtiert. So kam es, dass meine Mutter mich zuerst, ehe sie mich persönlich kannte, im Fernsehen sah. Danach dachte die ganze Familie, ich sei reich und viel beschäftigt.

»Wann kommt sie endlich?«, fragte meine Mutter Mourad jedes Mal, wenn er mit ihr sprach. »Was hindert sie daran, ihre Mutter zu besuchen?«

25

Die Reise

Ja, was hinderte mich eigentlich?

Jahr um Jahr verstrich, und ich schob meine Reise, die auf alle Fälle stattfinden sollte, da war ich mir ganz sicher, immer wieder auf. Wenn man etwas, das andere von einem erwarten und das man sich selbst auch heimlich sehr wünscht, zu lange aufschiebt, dann wird die Hürde immer größer. Inzwischen hatte ich den Ordner, in den ich bislang meine Aufzeichnungen gepackt hatte, hervorgeholt und das Geschriebene geordnet. Ich ergänzte es und versuchte zum ersten Mal, nicht nur einzelne Szenen zu schreiben, sondern eine richtige Geschichte mit einem Anfang, einer Mitte und einem Ende. Ich stellte fest, dass das gar nicht so einfach ist, immer wieder holten mich die Emotionen und Erinnerungen ein und ich musste die Arbeit beiseitelegen.

Und wieder geschah es, dass ich genau das fand, was ich gerade nötig brauchte: Ich lernte Ivana kennen, die Kreatives Schreiben studierte und mich immer wieder unglaublich darin ermutigte, dieses Vorhaben wirklich in die Tat umzusetzen. Sie erklärte mir, wie man Kontakte zu Literarischen Agenten und Verlagen knüpft. So kam eins zum anderen, und schließlich fand ich nicht nur einen Verlag, der sich für meine Geschichte interessierte, sondern traf auch die Schriftstellerin Beate Rygiert. Ich zeigte ihr meine Aufzeichnungen, erzählte ihr, wie alles begann. Als ich damit fertig war und sie alles durchgelesen hatte, sagte sie: »Nun fehlt uns noch das Ende.«

»Das Ende?«, fragte ich erstaunt.

»Oder besser gesagt: das Wichtigste. Das Treffen mit deiner Mutter.«

»Ja, klar«, sagte ich schnell. »Das habe ich ja auch vor. Eines Tages fahre ich hin.«

»Wann genau?«, wollte Beate wissen.

Ich merkte, dass sie es ernst meinte. Und mir wurde klar, dass sich die Sache nun nicht länger aufschieben ließ. Als ich daran dachte, bekam ich wieder Angst. Was, wenn mich die Familie dort einkassierte? Was, wenn sie mich an den Dorffriseur verheiratete? Was, wenn mich einer der Verwandten meines Vaters, die ja auch in der Gegend lebten, umbrachte? Aber was mich noch viel tiefer ängstigte: Was, wenn meine Mutter mich nicht mochte? Wenn sie mich ablehnte, weil ich aussah wie Hamid?

»Sie ist deine Mutter«, gab Beate zu bedenken. »Mütter haben liebende, gnädige Augen. Sie urteilen nicht nach dem Augenschein.«

Vielleicht hatte sie recht. Und da kam mir eine Idee. Wenn ich nicht alleine hinfuhr, sondern jemanden dabeihätte, so dachte ich, dann würde ich mich sicherer fühlen.

»Kommst du mit?«, fragte ich Beate.

»Klar«, sagte sie und zückte ihren Terminkalender. »Wann soll es losgehen?«

Auf einmal war alles ganz einfach. Mourad erklärte sich bereit, uns zu begleiten. Ohne Probleme fanden wir einen gemeinsamen Termin schon einen Monat später und kauften uns Flugtickets nach Antakya. Und eines Morgens fand ich mich im Flieger wieder.

»War doch gar nicht so schwierig«, grinste Mourad.

»... wenn der richtige Zeitpunkt gekommen ist«, ergänzte Beate.

Wir hatten uns bei Saliha nicht angemeldet und fuhren auch nicht direkt zu ihr: Ich brauchte die langsame Annäherung. Zuerst wollten wir Antakya erkunden, uns »akklimatisieren« und die nächsten Schritte planen.

Bei unserer Ankunft gab es eine Überraschung. Keiner von uns hatte daran gedacht, dass gerade Feiertag war, und zwar *Ulusal Egemenlik ve Çocuk Bayramı*, was übersetzt so viel heißt wie »Feiertag der Nationalen Souveränität und des Kindes zur Erinnerung an die Eröffnung der Nationalversammlung«. Jedenfalls ist dies ein Familienfeiertag, an dem die Kinder im Mittelpunkt stehen und traditionell Familienbesuche unternommen werden. So kam es, dass mein Vater in der Stadt war, genauer gesagt, in dem Dorf ganz in der Nähe, aus dem er stammte. Mourad hatte versehentlich erzählt, dass er an diesem Tag nach Antakya kommen würde, und konnte nur mit Mühe abwenden, dass unser Vater uns am Flughafen abholte – ohne zu wissen, dass Mourad nicht alleine reiste. Ein unverhofftes Wiedersehen am Flughafen von Antakya war das Letzte, was ich mir wünschte, und so war ich mehr als erleichtert, als wir im Hotel ankamen, ohne meinem Vater über den Weg gelaufen zu sein.

Beim Abendessen läutete andauernd Mourads Mobiltelefon. Es war unser Vater, der ihn noch in derselben Nacht unbedingt sehen wollte. Mir tat es leid zu sehen, welchen Stress mein Bruder damit hatte, dafür zu sorgen, dass sich unsere Wege nicht kreuzten.

»Ruf ihn doch an«, schlug ich vor, »und sag ihm, er soll hier vorbeikommen. Ich habe nichts dagegen, mit ihm einen Tee zu trinken.«

Mourad und Beate machten große Augen.

»Das halte ich für keine gute Idee«, wandte Beate ein. »Wer weiß, wie er drauf ist. Wir wollten eigentlich deine Mutter besuchen und nicht riskieren, dass dich dein Vater hier über den Haufen schießt. Vergiss nicht, du hast ihn immerhin ins Gefängnis gebracht.«

Das stimmte. Mir wurde klar, dass ich tatsächlich manchmal

immer noch denke, wir könnten alles beiseiteschieben und noch einmal von vorn anfangen. Vielleicht ist das so, weil ich selbst nicht nachtragend bin. Tatsächlich male ich es mir heute noch in stillen Stunden aus, wie es wäre, ihn wiederzusehen. Warum ist das so?

»Weil du ihn immer noch liebst?«, schlug Beate als Antwort vor.

Gut möglich. Ich habe meinen Vater einmal so sehr geliebt, dass es wahrscheinlich unmöglich ist, mir diese Liebe vollends aus dem Herzen zu reißen. Allerdings hatte ich niemals so handeln wollen, wie er es von mir erwartete: reumütig auf ihn zuzugehen. Meine Verwandten haben das wiederholt ausrichten lassen: Ich müsste einen »heiligen Tag« auswählen für meinen Besuch, allen Älteren der Familie die Hand küssen und um Gnade und Verzeihung bitten. Und darauf hoffen, dass man sie mir dann auch gewähren würde. Das kommt für mich natürlich nicht in Frage. Es gibt nichts, worum ich um Verzeihung bitten muss, das Gegenteil ist der Fall.

Am nächsten Morgen wachte ich vom Gesang des Muezzins auf. Es brauchte eine Weile, bis ich mich erinnerte. Ich war in Antakya, Anatolien, kurz vor der türkisch-syrischen Grenze. Zwanzig Kilometer von meiner Mutter Saliha entfernt.

Die Nervosität fuhr mir durch alle Glieder. Panik ergriff mich. Ich musste ganz ruhig atmen, dann wurde es ein wenig besser. »Heute noch nicht«, sagte ich mir. »Heute schauen wir uns Antakya an und gehen auf den Basar. Tun so, als wären wir Touristen.«

Beim Frühstück meckerte Mourad an dem Ausschnitt meiner Bluse herum, weil er ihn zu tief fand. Ich schnauzte zurück. Doch in Wirklichkeit beschäftigten mich meine Ängste. Was, wenn wir alle drei sie morgen besuchten, und sie würde mich nicht gehen lassen? Was, wenn Beate am Abend zurück ins Hotel fahren würde, und ich bliebe alleine dort zurück? Und was, wenn Saliha mich überhaupt nie wieder gehen lassen würde, was sollte ich dann tun? Ich hatte eine solche Angst davor, dass sie meinen Besuch mit einer endgültigen Rückkehr verwechseln würde. Hamid hatte mich damals einfach entführt. Sie hatte mich gehen lassen in der Meinung, mich gleich wiederzusehen, und inzwischen waren fast dreißig Jahre vergangen – wer konnte es einer Mutter verdenken, wenn sie ihre Tochter nach all der Zeit dabehalten wollte?

An diesem ersten Tag gelang es mir, meine Sorgen zu verdrängen. Die spröde Schönheit der Stadt, die in der Antike Antiochia geheißen hatte und an dem sagenhaften Fluss Orontes liegt, der unter dem Balkon meines Hotelzimmers vorüberfloss, lenkte mich ab. Spätestens als wir in die Fülle des Basars eintauchten mit seinen Farben und Düften, lebte ich wieder auf. Wir schauten uns die Auslagen der Schmuckläden an, staunten über den prächtigen Goldschmuck, für den Antakya berühmt ist, wurden kleinlaut angesichts der Preise. Ich erinnerte mich daran, dass Elke mir zu meinem achtzehnten Geburtstag eine Kette mit einem großen Anhänger aus reinem Gold geschenkt hatte, der mir kurz darauf gestohlen wurde. Es war ein Geschenk von Hamid gewesen, das sie nach der Trennung nicht mehr haben wollte, und ich hatte kurz davon geträumt, mir hier etwas Ähnliches zu kaufen. In der Türkei ist es üblich, dass ein Bräutigam seine Braut zur Hochzeit üppig mit Goldschmuck beschenkt. Das wird von ihm erwartet, und erst jetzt wurde mir bewusst, in welche Ausgaben die Männer sich dafür stürzen müssen. Auch mein Bruder, der sich mit seiner Freundin verloben wollte, wurde ganz schweigsam angesichts der Preise. Ich dachte an Saliha, die ein Kilogramm Gold »wert« gewesen war – das sie verlor, am selben Tag wie mich, ihre Tochter.

An Nachmittag rief Mourad unseren ältesten Halbbruder an, Baris, der in die Sache mit unserem Besuch eingeweiht war.

Nun wurde es ernst. Wieder wurde erwogen, wo wir die nächsten Tage schlafen würden.

»Baris sagt«, übersetzte Mourad, »dass Mutter sehr enttäuscht wäre, wenn du nicht bei ihr schlafen würdest die paar Tage.«

Wieder schnürte die Angst mir die Kehle zu. Ich wollte auf keinen Fall allein dort bleiben.

»Was wäre«, schlug Mourad vor, »wenn wir alle mitkommen? Würdest du dich dann wohler fühlen?«

Ich hörte in mich hinein.

»Ja«, sagte ich erleichtert, »das wäre wunderbar. Würdest du mitkommen, Beate?«

»Klar«, sagte sie, »wenn ich im Haus deiner Verwandten willkommen bin, dann gerne.«

Nach einigen Telefonaten war alles geregelt. Ich atmete auf. So seltsam es klingen mag, aber mit Beate an meiner Seite fühlte ich mich sicherer.

Am nächsten Tag war es so weit. Wir trafen Baris und unsere Halbschwester Fatima, kauften so viel Gemüse, Getränke und andere Lebensmittel ein, bis wir fast das Auto nicht mehr zubekamen. Für die kleineren Geschwister Abdullah und Bediha erstanden wir noch zwei kleine Häschen, außerdem hatten wir Berge von Schokolade im Gepäck. Für meine Mutter fand ich noch einen wunderschönen Blumenstock.

»Unsere Mutter liebt Pflanzen«, meinte Fatima.

Und als es wirklich nichts mehr zu tun gab, sagte ich: »Also gut. Und jetzt will ich zu meiner Mama!«

Während wir die Ausfallstraße hinaus aufs Land fuhren, zu fünft eingezwängt in unserem kleinen Mietwagen, jeder mit einer riesigen Einkaufstasche auf dem Schoß und obendrauf dem Karton mit den Häschen, klang in mir das Lied, das ich geschrieben hatte, als klar war, dass ich die Reise nun endlich antreten würde:

Losgehn, losgehn,
Heut noch sticht dein Schiff in See.
Losgehn, oh, losgehn,
am Anfang tut's noch weh.
Denn auf jeder Reise
hängt ein Fetzen blauer Himmel rein,
keiner weiß, ob es besser wird,
aber es wird anders sein.

Das ist deine Reise
wie ein Raumschiff auf zwei Beinen ...

Ja, genauso kam ich mir vor: wie ein Raumschiff, das Äonen lang unterwegs gewesen war und sich nun im Landeanflug befand, um wieder an seinem Mutterschiff anzudocken. Über uns hing tatsächlich ein ordentlich großes Stück blauer Himmel, die Stimmung im Auto war ausgelassen. Mit meinen »neuen« Geschwistern Baris und Fatima verstand ich mich auf Anhieb gut.

Baris hat einen Job bei der Türkischen Telecom und seiner Familie ein neues Haus im Dorf gebaut. Erst vor wenigen Wochen ist Saliha aus ihrer Lehmhütte in ein »richtiges« Haus eingezogen, das ihr Sohn ihr dorthin baute, wo vorher ihr Garten war: ein Haus mit Wohn- und Badezimmer, Toilette und Küche. Dafür hat Baris einen Kredit aufgenommen, den er noch viele Jahre lang abzahlen wird. »Ein guter Sohn«, denke ich, »einer, der für seine Mutter sorgt.«

»Das ist das Dorf«, unterbricht Mourad meine Gedanken und bremst ab. »Und hier hat unsere Mutter früher gewohnt. Siehst du den Baum dort im Garten und den Brunnen? Da habe ich die ersten fünf Jahre meines Lebens verbracht.«

Hier also hing Mourads Schaukel, hier lernte er laufen, hier lief er den Hühnern seiner Tante hinterher ... Mourad gibt wieder Gas, wir biegen um eine Ecke, ein Holperweg zwischen Häusern aus Lehm, der Geruch von Ziegen, Kuhmist und Staub hängt in der Luft. Der Wagen kommt zum Stehen.

»Wir sind da«, zwitschert Fatima. Wir schälen uns aus dem kleinen Auto, ich bin darauf bedacht, dass den Häschen nichts passiert. »Wo ist die Pflanze, die ich ihr schenken will?«, fährt mir durch den Kopf.

»Mourad«, rufe ich, »die Blume ….« Ach, cool, da ist sie. Bin ich bereit? Es ist keine Zeit mehr, sich darüber Gedanken zu machen.

Und dann blicke ich endlich auf. Da steht sie. Ich kann es nicht glauben. Schlank, groß, eine stolze, hohe Gestalt. Sie trägt einen dunklen, langen schmalen Rock und ein anliegendes dunkel gemustertes T-Shirt. Ein Kopftuch. Sie ist wunderschön.

Wir gehen aufeinander zu, sie breitet die Arme aus. Und in diese Arme begebe ich mich, schlinge meine Arme um ihren aufrechten, festen, Halt bietenden Körper. Es ist, als wollte ein Ozean aus mir herausbrechen. Auf einmal weine ich ungehemmt, schluchze, Schleusen brechen auf, und ich denke, dass ich sie nie wieder schließen kann. Es ist ein Gefühl, als wäre ich jahrelang gelaufen, gerannt und nun endlich angekommen. Oft schon bin ich umarmt worden, doch nie hat es sich so angefühlt. Saliha weint nicht, sie strahlt mich an, wie es nur eine Mutter kann, und tut das Natürlichste von der Welt, sie küsst mich, mitten auf den Mund, schallend, mit einem Geräusch, das sich nach »Muak! Muak!« anhört, immer wieder, tröstende Küsse voller Annahme. Es fühlt sich überhaupt nicht fremd an, von ihr geküsst zu werden. »Mama!«, will ich sagen. »Mama!« Und ihr erzählen, was alles passiert ist in den letzten fast dreißig Jahren. Wie nach einem Ausflug, der länger dauerte als geplant.

Ich weine und wir lachen, sie trocknet mir meine Tränen mit dem Zipfel ihres Kopftuchs ab. Küsst mich wieder.

Eigentlich will ich den ganzen Tag einfach weiterweinen, alles rausspülen, bis der Ozean versiegt. Doch da sind die anderen, meine Geschwister, die ich kennenlernen möchte, der siebzehnjährige Yücel, die zwölfjährige Bediha, Abdullah, zehn Jahre alt. Und dann geht es weiter, der Moment ist vorüber, wir sind in Bewegung, und wenn ein Teil von mir auch immer noch unter dem mit Wein berankten Vorgarten in Salihas Umarmung dasteht und schluchzt wie ein Kind, so tritt der Rest von mir ins Haus, lässt sich herumführen und anfassen, beantwortet einen Berg von Fragen, packt Geschenke aus, stellt selbst Fragen, und mittendrin wundere ich mich, wundere mich, wie einfach es ist, wie wohl ich mich fühle, wie angenommen, wie froh.

26

Meine Mutter, die Wüstenkönigin

Ich habe überhaupt nicht damit gerechnet«, sagt Saliha am nächsten Morgen beim Frühstück, »dass dein Vater dich einfach mitnimmt. Alle deine Kleider waren hier, deine Puppe. Ich habe dich noch gestillt. Er sagte: ›Ich will sie schnell meinen Verwandten zeigen, die Tanten fragen nach ihr. Ich bin ganz bestimmt gleich wieder zurück.‹ Und dann kam er einfach nicht wieder ...«

Tränen steigen ihr in die Augen, laufen ihr die Wange hinunter. Sie kann nicht anders. Nach all den Jahren tut es immer noch so entsetzlich weh.

»Die Familie wollte, dass ich das Kind abtreibe, das ich in meinem Bauch hatte, Mourad. Aber mein Vater hat mir geholfen. Und dann, als er da war, kam Hamid, und als er Mourad sah, wollte er auch ihn mitnehmen. Da hab ich mich gewehrt. Schließlich haben wir verabredet, dass er ihn holen kommt, wenn er fünf Jahre alt ist.«

Sie erzählt, wie sie ihren zweiten Mann kennenlernte, der sieben Jahre jünger ist als sie und eine Ziegenherde besaß. Er spielte oft mit dem kleinen Mourad. Schließlich rief sie ihn zu sich: »Hey«, sagte sie, »du spielst immer mit meinem Sohn. Willst du mich?«

»Ja«, antwortete der Ziegenhirte.

»Dann geh zu meinen Eltern«, befahl ihm Saliha, »und bitte sie um meine Hand.«

Und so ist es geschehen. Doch nachdem Mourad in Deutschland war, bekam Saliha schwere Depressionen.

»Noch ein Jahr nachdem er ihn geholt hatte, hatte ich die

Schreie meines Sohnes im Ohr. Nachts schreckte ich auf, hatte schlimme Träume. Da brachte mich die Familie zu einem Hodscha …«

Mir läuft es kalt den Rücken hinunter, ich hatte viel zu viele seltsame Geschichten über diese Hodschas gehört. Hokuspokus, so scheint mir. Da werden Suren aus dem Koran gelesen oder auf ein Stück Papier geschrieben und in Amulette gesteckt. Oder der Hodscha taucht das Stück Papier in Wasser, und das wird dann getrunken wie ein Heilmittel. Oder der Zettel wird verbrannt, die Asche in das Wasser gerührt. Oft geht es bei diesen Dingen um Liebe, darum, dass sich ein Sohn von einer »schlechten« Frau abwenden soll oder dass die Liebe zwischen zwei Menschen erwacht. Ob der Hodscha Saliha helfen konnte?

Sie zuckt mit den Schultern. »Besser ging es mir danach nicht. Das Leid ist geblieben. Hier ist es«, sie deutet mit der Hand auf ihr Herz. »Hier steckt es drin.«

Ich habe furchtbar viele Fragen an meine Mutter, sodass ich gar nicht weiß, wo ich anfangen soll. Fragen der Art, was wer wann wieso gesagt hat und was sie wann warum gedacht hat und überhaupt – wie das alles hat sein können. Ich habe mir immer vorgestellt, all die Jahre, was ich getan hätte, wäre ich an ihrer Stelle gewesen, und war zu dem Schluss gekommen, dass ich meine Kinder nicht so kampflos aufgegeben hätte. Nun, als ich da sitze, auf der Veranda des neuen Hauses mit dem Blick über blühende Rapsfelder, in denen Mohnblüten rote Kontraste setzen, und ihr zuhöre, schäme ich mich dafür, denn ich spüre, dass ich ihr Unrecht getan habe, damals, als ich in meinem Zimmer eingesperrt saß, und dachte: »Schwach! Schwach! Schwach!«, und: »Alles Feiglinge, Drückeberger, Jasager …!« Ich höre ihr zu, fühle, wie sie litt, und denke mir, dass ich ihr gar nicht erzählen kann, wie schwer ich es hatte, denn das Einzige, mit dem sie sich trösten konnte all die Jahre, war die Meinung: In Deutschland geht es meiner Meral gut, sie wächst bei ihrem reichen Papa und ihrer deutschen Mutter auf, behütet und verwöhnt, bekommt die beste Schulbildung, die man sich denken kann, und wenigstens sie führt ein Leben auf der Sonnenseite – dafür lohnt sich mein Verzicht. Ich höre ihr zu und frage mich, ob sie die Wahrheit über meine Kindheit auch noch wird verkraften können oder ob es zu viel für sie sein wird.

Aber ich unterschätze Saliha. Außerdem weiß sie ohnehin längst Bescheid. Dass ich meinen Vater vor Gericht gebracht habe, ist auch bis zu ihr durchgedrungen. Doch um das Warum schlagen wir beide noch einen großen Bogen.

»Ihr bleibt doch noch?«, fragt sie und schaut Beate unsicher an, die deutsche Freundin und Kollegin ihrer Tochter, die sie sofort wie eine Schwester in ihrem Haus aufgenommen hat.

»Ja«, sagen wir, »wir bleiben noch, Mutter.«

Und dann ist es Zeit, das Essen vorzubereiten. Die Männer haben vor dem Haus bereits den Grill angefeuert, es gibt Spieße mit Hühnerfleisch, Hühnerherzen und Leber. Dazu machen wir Reis und Salat.

»Nein«, will meine Mutter abwehren, »du bleibst sitzen, du bist unser Gast, du brauchst nicht zu helfen.«

Aber das kommt nicht in Frage. Ich soll Gast im Haus meiner Mutter sein? Im Nu bin ich in der Küche. »Ich mache den Salat«, verkünde ich, und so geschieht es.

Ich bemerke – und es wird nicht das einzige Mal bleiben –, wie meine Mutter und Fatima mich aus den Augenwinkeln beobachten: wie ich mich schlage, ob ich weiß, was ich tun muss oder ob Kochen für mich fremdes Gebiet ist. Im Laufe dieser Tage beweise ich ihnen, dass ich das alles kann: Schließlich habe ich meine halbe Kindheit damit verbracht, Berge von Geschirr zu spülen, Tonnen von Kartoffeln zu schälen, Tiere auszunehmen, Suppen zu rühren, das komplette Haus zu putzen, zig Kinder auf einmal zu betreuen, Schuhe zu putzen, einzukaufen, Essen vorzubereiten, Tahze Fassulia, Prinic, Dolma, Couscous,

Tabule ..., schon mit elf habe ich Milchreis für meine kleinen Geschwister gekocht, und wenn mein Vater wollte, habe ich ihm ein Steak mit Pommes und Salat serviert. Besuch zu bedienen, Nüsschen in Schälchen zu bringen, Obst in hübsche, mundgerechte Stücke zu schneiden, Tee zu kochen, Tabak zu bringen, Trauben, Tuborg-Bier ... was immer meinem Vater gerade einfiel. Also sind auch Köfte Sarma und Pide, Salat oder Tee, auch der türkische Mokka, klein und heiß und schwarz, kein Problem für mich. Meine Mutter sagt: »Wie könnte es auch anders sein. Du bist ja schließlich meine Tochter!«

Und ich sehe überrascht in ihre Augen und erkenne, sie meint das wirklich ernst, sie ist stolz auf mich, und auch das ist ein völlig neues Gefühl für mich.

Als das Essen fertig ist, setzen wir uns alle um den runden, dreißig Zentimeter hohen Tisch aus Holz, Sofra genannt, den man aus der Spalte zwischen Wand und Schrank hervorholt. Jetzt ist auch Salihas zweiter Ehemann von der Arbeit mit der Ziegenherde zurückgekehrt, hoheitsvoll und müde; mit dem Recht dessen, der hart gearbeitet hat, lehnt er an der Wand und streckt ein Bein von sich, das andere hat er untergeschlagen.

»Gelenkig wie ein junges Mädchen«, denke ich, als sich Saliha auf den Boden setzt, die Beine unterschlägt. Meine Schwester Fatima beginnt, das Essen zu verteilen. Fatus, wie man sie zärtlich nennt, und ich mochten uns vom ersten Moment an.

»Findest du mich zu dick?«, war die erste Frage, die sie schon in Antakya an mich richtete, gleich als wir uns trafen. Meine Schwester ist einundzwanzig Jahre alt, zum zweiten Mal verheiratet und zum dritten Mal schwanger. Sie hat sich von ihrem ersten Mann getrennt, weil er sie jeden Tag schlug. Vor der Trennung gab es noch einen Familienrat, bei dem man dem Mann ins Gewissen redete, doch ohne Erfolg.

»Er war in eine andere verliebt«, erklärt Fatus, als sei damit alles gesagt.

Auch sie verlor ihre Tochter, die sie nach mir benannt hatte – wieder eine Meral, die ihrer Mutter weggenommen wurde. Bei einer Scheidung ist es üblich, dass der Vater die Kinder behält, und Fatus stand vor der schweren Entscheidung, sich entweder ihr Leben lang täglich verprügeln zu lassen oder ihre beiden Kinder, die kleine Meral und ihren jüngeren Bruder, aufzugeben.

»Meine Geschwister und ich wuchsen mit deiner steten, unsichtbaren Gegenwart auf«, erzählt sie mir, als wir zusammen auf dem Dach sitzen und Nüsse knacken. »Mutter hat viel von dir gesprochen. Und von Mourad.«

Fatus ist ständig um mich, und ich finde es schön, diese jüngere Schwester zu haben, die mir eher vorkommt, als sei sie die »Große«. Sie schaut mich an und fährt mir durchs Haar, und ich lege meinen Kopf in ihren Schoß. Da entdeckt sie beim Spielen mit meinem Haar meinen Undercut und erschrickt: Auf einer Seite, normalerweise verborgen durch die Wolke meines Langhaars, habe ich mir ein Stück weit das Haar am Ansatz wegrasiert.

»Wow«, sagt sie, »du hast unter deiner Mähne einen Haarschnitt wie ein Mann! Warum das denn?«

Dann entdeckt sie das kleine Loch in meinem Nasenflügel, wo ich früher einen Nasenring trug, und ich zeige ihr, dass ich einen Zahnstocher in meine Unterlippe fädeln kann, weil da früher auch mal ein Ring drinsteckte. Fatus lacht, sieht aber so aus, als wäre sie sich noch nicht sicher, wie sie das finden soll.

Dann legt sie sich die Hand auf ihren Bauch, das Kind strampelt wieder. Wird auch sie ihrem dritten Kind von der großen Schwester Meral erzählen, die in einer anderen Familie aufwächst?

»Dort hinten«, sagt Fatus und weist mit der Hand über die Dächer, »hinter dieser Baumgruppe, dort leben meine Kinder. Und ich darf nicht einmal hingehen und ihnen Guten Tag sagen. Mein früherer Mann sagt: ›Willst du, dass sie weinen, wenn du wieder gehst? Willst du sie unglücklich machen?‹ Er hat ihnen erzählt, dass ich davongelaufen bin und sie im Stich gelassen habe, weil ich einen anderen Mann liebe.«

Fatus schweigt. Eine Weile sagt keine von uns ein Wort.

»So ist das«, fährt meine Schwester dann fort. »So wird es immer sein. Die Männer schlagen die Frauen. Heute gibt es zwar Gesetze, die das verbieten. Die Männer können bestraft werden …«

»Und?«, frage ich sie. »Hast du deinen Mann angezeigt?«

Fatus schüttelt den Kopf. »Wegen der Familie. Wegen meinen Kindern. Darum habe ich es nicht getan.«

Am nächsten Morgen nach dem Frühstück beginnt alles ganz friedlich, und auf einmal geraten ausgerechnet Mourad und ich in einen fürchterlichen Streit. Es geht um die Frage, ob Saliha ihren Sohn damals auch deswegen hergeben musste, weil er in ihrer zweiten Ehe gestört hätte.

»Der Mann war eifersüchtig«, erklärt Saliha. »Ich habe Mourad zu lange gestillt. Wenn der Mann zu mir kommen wollte, war da immer schon der Junge. Das hat ihn gestört.«

»Das kann ich verstehen«, sagt zu meiner Überraschung mein Bruder. »Ich wollte das auch nicht. Ich würde kein Kind von einem anderen annehmen. Eher würde ich mich von der Frau trennen.«

Ich glaube meinen Ohren nicht zu trauen. Und raste vollkommen aus. Wie kann mein Bruder so etwas sagen? Nach allem, was er erlebt hat? Nach all dem Leid, von dem Saliha erzählt hat? Es ist der erste richtige große Streit zwischen meinem Bruder und mir, seit wir uns »wiedergefunden« haben, und das ausgerechnet vor unserer Mutter.

»Siehst du nicht«, sage ich irgendwann unter Tränen, »dass das seit Generationen in unserer Familie so weitergereicht wird? Dass es bei Fatus weitergeht? Auch sie musste ihre Kinder hergeben. Die Frauen, die geschiedene Männer heiraten, müssen schließlich auch deren Kinder annehmen, wieso dann die Männer nicht?«

»Ich will keinen Bastard, ich will eine heile Familie, mit einer Frau, die *meine* Kinder bekommt und in Liebe großzieht ...«

»Dann sollst du verflucht sein! Genau das soll dir geschehen, dass du dich in eine Frau verliebst, die ein Kind hat ...«

»Du bist eine Hexe, und ich lass mich nicht verfluchen ...«

»Von mir aus! Ich will, dass dieser Teufelskreis durchbrochen wird, verstehst du ...«

»Ich kann den Mann verstehen! Ich bin froh, dass ich nach Deutschland kam. Ich bin zufrieden mit meinem Schicksal. Ich will Frieden schließen ...«

»Es gibt aber keinen Frieden, Mourad! Nicht für mich. Ich fühle mich, als wäre ich in einer Bombe eingeschlossen. Wenn es das gäbe, eine Selbstmordattentäterin für die Sache dieser Frauen, dann wäre ich die Erste, die für sie stirbt. Ich würde dafür sterben. So wichtig ist mir das!«

Und wieder einmal fühle ich mich wie eine Ritterin in einer schimmernden Rüstung – die mich aber zu ersticken droht. Ich bin so wütend und gleichzeitig verzweifelt, dass ich nicht weiß, was ich machen soll. Beate ist es, die versucht, mir zu erklären, dass dies mein Kampf ist, nicht Mourads. Und dass ich meinen Kampf niemandem aufdrängen kann.

»Und du«, sagt sie zu meinem Bruder, »du glaubst doch nicht etwa an Hexen?«

»Doch!«, gibt er empört zurück. »Natürlich glaube ich daran, dass meine Schwester mich verfluchen kann.«

»Aber Meral liebt dich. Sie will, dass du so denkst und fühlst wie sie. Aber das kannst du natürlich nicht.«

Später schickt uns Beate aufs Dach, damit wir uns dort aussprechen und versöhnen können. Dort nehme ich meinen Fluch zurück. Natürlich will ich nicht, dass mein Bruder unglücklich wird. Doch es ist gut, in aller Ruhe mit ihm über Dinge zu sprechen, über die wir viel zu lange geschwiegen haben. Offenbar gibt es auch zwischen uns beiden Tabus. Und noch am Abend wundere ich mich darüber, dass wir ausgerechnet hier, im Haus unserer Mutter, uns dermaßen gestritten haben, wie wir das in Deutschland niemals mehr tun.

Saliha klagt über Rückenschmerzen, also frage ich sie, ob ich sie massieren darf. Sofort sagt sie Ja. Und so lerne ich ihren Körper kennen, wenigstens die Rückseite. Wenn ich es nicht wüsste, würde ich nicht glauben, dass sie acht Kinder geboren hat. Sie ist schlank, ihr Körper fest und wohlgeformt, auch ihre Brüste sind die einer jungen Frau. Keine Krampfadern an den Beinen, nur ein paar wenige Besenreiser. Ich frage sie, warum sie damals, als man mir erzählte, sie sei gestorben, ins Krankenhaus musste.

»Weil ich ständig solches Bauchweh hatte«, sagt sie. »Und dann sagte der Arzt, ich soll einfach noch zwei Kinder bekommen, dann ginge das von selber weg. Also kamen noch Bediha und Abu, und der Arzt behielt recht: Von da an hatte ich keine Bauchschmerzen mehr.«

»Du meinst«, fragte ich nach, »du hattest Probleme mit den Eierstöcken?«

»Nein, nein«, gibt sie zur Antwort, »mit den Eierstöcken war nichts. Es war Bauchweh. Mir war oft schlecht.«

Und ich denke, dass ich jetzt besser nicht mehr nachfrage, auch wenn Magenprobleme sicher nicht durch Schwangerschaften aus dem Weg geräumt werden.

Aber solche Dinge interessieren mich nun einmal. Auch die Frage, was eine Frau hier im Dorf macht, wenn sie sich mal eine Pilzinfektion einfängt, ohne Apotheke in der Nähe. Als ich meine Mutter danach frage, schaut sie mich an, und ich kann ihre Gedanken lesen. »Da kommt das Mädchen nach dreißig Jahren, und was tut sie? Fragt mich nach Pilzen.« Und doch sind solche Fragen wie Tore, die zwischen meiner Mutter, Fatus und mir Gespräche eröffnen, über das, was Frauen in ihrer Körperlichkeit ausmacht.

Schließlich wage ich es auch, eine Idee auf den Tisch zu bringen, die mich schon eine ganze Weile beschäftigt. Ich frage Saliha, ob sie dazu bereit wäre, für eine Fotoserie mit mir die Kleider zu tauschen. Tagelang habe ich darüber nachgegrübelt, wie ich das am besten vorschlage, und nun, als ich es endlich wage, sagt Saliha ganz spontan und freudig Ja.

Wir gehen in ihr Zimmer und ziehen uns aus, tauschen die Kleider, und mit jedem Stück, das wir anlegen, schlüpfen wir ein bisschen mehr in die Rolle der anderen. Jedenfalls mir geht es so.

Eine Minute später stehen wir im Rapsfeld hinter dem Haus, in der Ferne sieht man einen Gebirgszug, der schon zu Syrien gehört, wo gerade die Menschen flüchten und Frauen ihre Väter, Ehemänner und Söhne verlieren. Jetzt trägt meine Mutter Baggy Pants und mein gestreiftes Shirt mit aufgenähtem Anker-Button. Ich stehe neben ihr im langen Rock, ihrem Langarmshirt und dem Kopftuch, und wir fühlen uns beide wohl.

»Wow«, sagt Beate, die die Fotos macht. »Ihr seht toll aus. Und jede so völlig verwandelt!«

Sie hat recht. Saliha sieht mit einem Mal um zehn Jahre jünger aus, als sie ist. Ohne Scheu trägt sie ihr Haar offen und unbedeckt. Ihre einzige Sorge ist, dass die Nachbarn, wenn sie sie sähen, denken könnten: »Jetzt ist die Saliha endgültig verrückt geworden.«

Wir fühlen uns beide sehr wohl in der Rolle der anderen. Und meine Mutter ist wirklich erstaunlich mit ihrem strahlenden Lachen, ihrem kindlichen Humor (endlich weiß ich, woher ich den habe), ihren lebendigen Augen und ihrer strahlenden Jugendlichkeit.

Für mich ist dieser Kleidertausch der Beweis dafür, dass meine Mutter mich annimmt, so wie ich bin, ohne Wenn und Aber, genauso wie ich sie. Während wir im Rapsfeld stehen und für die Fotos posieren, denke ich: »Was wir hier tun, ist mehr als ein Klamottentausch. Für einige Momente bin ich sie und sie ist ich.« Und das Überraschende ist: Ich fühle mich wohl in ihrer Haut, ja, fast noch wohler, noch natürlicher als in meiner eigenen.

»Jetzt bin ich angekommen«, denke ich. »Jetzt habe ich eine Mutter.«

27

Der Segen

Und dann beschließen wir, Salihas Vater zu besuchen, nur wir Frauen: Saliha, Fatus, Bediha, Beate und ich. Mein Großvater wohnt in einem winzigen Dorf südlich von Reyhanli, direkt an der Grenze zwischen Syrien und der Türkei, auf dem Weg nach Aleppo.

»Gleich hinter dem Dorf verläuft ein Fluss«, erzählt Saliha, »und auf der anderen Seite ist Syrien.«

Auf dem Weg dahin kommen wir an einem Flüchtlingslager vorbei, und die Journalistin in mir will natürlich Fotos machen. Doch kaum halten wir an, kommt auch schon ein Wachmann angelaufen, der uns vertreibt. Meine Fotos mache ich trotzdem, aus dem fahrenden Wagen.

Ich bin sehr gespannt auf meinen Großvater. Noch immer trage ich sein Bild in mir, als ich ihn damals vor fast zwanzig Jahren auf dem Souk in Aleppo von Weitem sah, ganz in Weiß gekleidet und mit diesen strahlenden blauen Augen. Als wir uns dem Dorf nähern, fallen mir die Kinder auf; staubig und dreckverschmiert spielen sie ausgelassen mit allem Möglichen: einem kaputten Reifen, einem alten Fahrrad, mit Eseln und Pferden – es ist wie eine Zeitreise zurück in ein anderes Jahrhundert.

Mein Großvater lebt mit seiner ich weiß nicht wievielten Ehefrau, einer Hebamme, die dreißig Jahre jünger ist als er, in einem typischen arabischen Dorfhaus: Wenn man das Tor durchschreitet, das das kleine Anwesen zur Straße hin abschließt, steht man zunächst in einem großen Innenhof, und von hier aus geht es in die einzelnen Zimmer eines langgestreckten Gebäudes. Hier ist auch Platz für einen Gemüse- und Kräutergarten, eine überdachte Außenküche und den Stall mit Hühnern und Hasen. Mein Großvater ist ein angesehener Mann, ein Hadsch, das heißt, er hat die Pilgerreise nach Mekka unternommen. Und auf einmal steht er vor mir, ein eher kleiner, schlanker, unendlich würdevoller Mann, dem man sein Alter nicht ansieht. Tatsächlich sind seine Augen, die mich jetzt mit einer Mischung aus Rührung und Wachsamkeit mustern, himmelblau.

»Mein Kind«, sagt er, als er auf mich zukommt, »wir sehen uns heute zum ersten Mal.«

Und dann schließt er mich fest in seine Arme.

In einem der Zimmer sind Kissen für uns ausgebreitet, wir nehmen Platz. Und reden. Vor allem Saliha und ihr Vater tauschen sich aus, die Emotionen in ihren Stimmen nehmen zu, wieder fließen Tränen, die Vergangenheit tut weh. Ich verstehe wenig, denn sie sprechen arabisch miteinander, und diese Sprache beherrsche ich kaum. Saliha und ihr Vater rufen wieder wach, was damals geschah, als Hamid mich entführte und als er Mourad holen kam. Die Frau meines Großvaters bringt uns erfrischende Getränke und aufgeschnittene Früchte.

Irgendwann halte ich es nicht mehr aus in diesem Raum, in dem Klagen und Vorwürfe widerhallen. Gemeinsam mit Beate gehe ich hinaus in den Hof, um mich ein bisschen umzusehen, um meine Gedanken zu ordnen und um zu verarbeiten, was gerade mit mir geschieht. Ja, was geschieht mit mir?

Die Räume, durch die wir gehen, sind nach arabischer Art fast leer; es gibt kaum Möbel, hier und da ein Tischchen in einer Ecke, zusammengerollte Teppiche, mit denen man das Zimmer im Handumdrehen in einen gemütlichen Divan verwandeln kann, so wie drüben im Nachbarraum, aus denen die Stimmen meiner Mutter und ihres Vaters herübertönen. Als wir vor einer Porträtaufnahme meines Großvaters stehen bleiben, die an einer der minzfarbenen Wände hängt, frage ich Beate: »Und was jetzt? Wir könnten eigentlich wieder fahren. Jetzt hab ich meinen Großvater ja getroffen.«

Im Grunde genommen ist es doch meist der erste Eindruck, die erste Begegnung, bei der unsere wahren Gefühle sehr rein zum Ausdruck kommen, und das, was danach geschieht, verwischt diese Eindrücke nur. Ich fühle mich immer unbehaglich, wenn Menschen beisammensitzen und über Abwesende schimpfen, ich mag die Energie nicht, die dann entsteht. Sollten wir also nicht besser bald wieder fahren, ehe der Groll, den die Erzählungen aus der Vergangenheit aufrühren, den kostbaren Moment des ersten Treffens mit meinem Großvater überdeckt? Eben höre ich, wie meine Mutter und ihr Vater über meine Oma Halima schimpfen. »Sie ist gestorben«, sagt mein Großvater gerade, »aber sie wird nicht einmal von Weitem den Geruch des Paradieses wahrnehmen!« Mir tut das weh, denn Oma Halima war die einzige Frau in meiner Kindheit, die mir Liebe und Wärme schenkte.

»Vielleicht möchtest du deinen Großvater noch ein paar Sachen fragen?«, schlägt Beate vor. »Jetzt bist du hier. Wer weiß, wann du wiederkommst.«

Sie hat recht. Doch was könnte ich ihn fragen mit meinen schlechten Arabischkenntnissen?

»Vielleicht«, fährt Beate fort, »könntest du ihn um seinen Segen bitten?«

Ich fahre herum.

»Segen?«, frage ich nach. »Was heißt denn das? Was soll das sein? Ich kann doch kaum Arabisch. Wie um alles in der Welt soll ich ihn um so etwas bitten?«

Ich gehe durch den Garten, steige auf die Dachterrasse. In mir tobt ein Wirrwarr von Gefühlen. Ich blicke in die Ferne, wo hinter einem Schleier aus Dunst Antakya liegen muss. Drehe mich um und denke: »Von dort kommt deine Familie. Nomaden. Von Nomaden stammst du ab.«

Schließlich gehen wir zurück zu den anderen. Eben als ich mich hinsetze, sagt mein Großvater: »Mein Kind, du siehst deinem Vater unglaublich ähnlich.« Ich erstarre. Genau das habe ich befürchtet. Und dachte ich eben nicht selbst beim Hereinkommen, während ich versuchte, mich »unauffällig« wieder dazuzumogeln, so als sei ich gar nicht weg gewesen, dass es exakt die Bewegungen meines Vaters sind? Genau so hat mein Vater immer versucht, sich aus der Affäre zu ziehen. Mein Herz wird ganz schwer. Wird er mich jetzt ablehnen? Muss man eine Enkeltochter nicht ablehnen, die man mit dreißig Jahren zum ersten Mal sieht und die so sehr das Ebenbild des verhassten Schwiegersohnes ist?

Ich nehme meinen ganzen Mut zusammen und stelle meinem Großvater ein paar Fragen, die ich immer schon beantwortet haben wollte. Es geht um die Sitten und Gebräuche der syrischen Nomaden, unserer Vorfahren. Er beantwortet sie mir knapp und freundlich. Und dann auf einmal heißt es: »Wir fahren nach Hause.«

Kurz stehen wir noch im Hof herum. Saliha sagt zur Frau meines Großvaters: »Du hast aber schöne Blumen!«

»Willst du was haben?«, fragt die freundlich. »Sag, was du willst, und wir machen Ableger!«

Und schon schreiten sie zur Tat. Ich sehe ihre Köpfe, von ihren Tüchern verhüllt, wie sie sich gemeinsam über Beete und Blumenkübel beugen. Mein Großvater steht in einer Ecke des Hofes und sieht auf einmal alt und zerbrechlich aus in seinen schwarzen Kameltreiberhosen. Dann holt er Zeitungspapier und hilft mir ganz behutsam, die Pflanzenableger einzupacken; dabei schaut er mir immer wieder ins Gesicht, so als wollte er es sich einprägen oder vielleicht noch etwas sagen. Ich genieße es, mit ihm gemeinsam etwas zu tun; das ist schön, viel schöner als Reden.

Und dann sind alle Pflanzen eingepackt. Wir stehen vor dem

Tor in einer Runde beisammen. Keiner will den ersten Schritt tun. Aus einem spontanen Impuls heraus trete ich auf meinen Großvater zu und sage: »Ich spreche zwar kaum Arabisch und nur schlecht Türkisch, aber ich will dir sagen, dass ich sehr froh bin, dass wir uns getroffen haben.«

Wir umarmen uns. Und als wir uns wieder voneinander lösen, da geschieht es. Er legt seine Hand auf meine Schulter, und auf einmal durchfließt es mich warm und sanft. Ich höre, wie er etwas murmelt, und ich kann nicht verstehen, was er sagt, doch das ist einerlei, denn was ich fühle, sagt mir mehr, als Worte es können. Eine kleine Ewigkeit stehen wir so da, herausgelöst aus Raum und Zeit, und ich fühle eine tiefe Verbundenheit, eine Annahme über alles Trennende hinweg. Es ist der Segen, um den ich nicht bitten konnte und der mir dennoch gegeben wird, und in diesen Augenblicken schließt sich der Kreis von meinen Ahnen bis hin zu mir.

Als mein Großvater die Hand von mir nimmt und ich aufblicke, haben alle Tränen in den Augen. Keiner hat auch nur ein Wort gesprochen, alle haben gespürt, dass da etwas sehr Besonderes zwischen uns geschehen ist.

Nun können wir uns verabschieden.

»Möge es dir gut ergehen, mein Kind«, sagt mein Großvater, ehe wir ins Auto steigen. Er winkt uns noch lange nach, bis wir über die holpernde Landstraße in einer Staubwolke verschwinden.

Und dann kam der Tag, an dem wir wieder Abschied nahmen, Saliha und ich. Kein Wort, dass ich bleiben sollte, kein ernsthafter Versuch, mich zum Heiraten zu bewegen, nur ein paar scherzhafte Vorstöße in diese Richtung.

»Wenn du länger bleiben würdest«, sagte Saliha zum Beispiel eines Abends lachend, »dann würden wir jeden Tag Baklava essen.«

Sie spielte damit auf den Brauch an, dass Freier bei ihren traditionellen Besuchen stets Süßigkeiten mitbringen, um ihr Anliegen auszudrücken. Und gleichzeitig machte sie mir ein Kompliment damit, weil sie der Meinung war, ich könnte viele Bewerber haben.

»Ich mach dir lieber selbst Baklava«, sagte ich, und wir lachten wieder.

Meine Abreise nahm Saliha tapfer und gefasst hin. Fünf Tage hatten wir in ihrem Haus verbracht, das war mehr, als sie sich wohl erhofft hatte und bei Weitem mehr, als ich mir zugetraut hätte. Doch ich fühlte mich wohl bei ihr. Nicht zu Hause, aber wohl.

Sie fragte nicht, ob ich wiederkäme. Sie nahm mich einfach in ihre Arme. Dieses Mal wusste sie, wohin ich ging. Wir hatten uns wiedergefunden. Auch wenn wir uns nun wieder loslassen mussten, weil jede von uns ein eigenes Leben hat. Und unsere Leben könnten unterschiedlicher nicht sein.

EPILOG

Ich habe mich oft gefragt, was aus mir geworden wäre, hätte mich mein Vater damals bei Saliha gelassen und wäre mit Kornelia allein zurück nach Deutschland gefahren. Wie wir im Rheinland sagen: »Man weiß et nisch.« In diesem Fall wäre ich jetzt seit mindestens dreizehn Jahren verheiratet und hätte mindestens vier Kinder. Vielleicht wäre ich glücklich? Ich würde ja nichts anderes kennen. Aber vielleicht würde ich eines Tages bei einem Besuch in Antakya einen Friseurladen besuchen, in einer Zeitschrift blättern, und wenn ich auch nicht schreiben und lesen könnte, so wie Saliha, dann würde ich doch zumindest die Fotos anschauen. Was, wenn in mir die Sehnsucht nach der großen, weiten Welt erwachen würde? Würde ich vielleicht heimlich weglaufen, mich aufmachen nach Deutschland und freischaffende Künstlerin werden?

»Man weiß et nisch.«

Auf der Suche nach meiner Identität habe ich irgendwann gelernt, dass der Sinn des Lebens, allen Lebens, Entwicklung ist – und das ist spannend, aber manchmal tut es auch weh.

Wenn ich mir anschaue, was aus jedem Einzelnen geworden ist, der in dieser Geschichte vorkommt, dann muss ich sagen, dass mittlerweile doch jeder sein Leben so führt, wie er es für sich ausgewählt hat: Mein Bruder ist Sozialarbeiter und arbeitet mit jungen Immigranten, die ein ähnliches Schicksal in Schwierigkeiten geführt hat wie ihn, und das macht er richtig gut. Meine Schwester Melissa ist alleinerziehende Mutter und macht ihren Weg – auch ihr wünsche ich das Beste. Mein Vater lebt seit einigen Jahren mit seiner neuen Familie nur 150 Kilometer von Antakya in einem Fischerdorf am Meer – möge er Frieden und Ruhe finden. Elke ist lange wieder verheiratet, und soweit ich höre, geht es ihr gut. Vor Kurzem trafen wir uns bei Melissa wieder – und konnten uns ganz unbefangen begegnen. Auch Saliha führt das Leben, das ihr gefällt, und sie hat einen erwachsenen Sohn, der liebevoll für sie sorgt.

Jeder scheint zufrieden, die Zeiten der großen Dramen sind offenbar vorüber. Schade, denke ich manchmal, dass es nicht gemeinsam ging.

In mir ist kein Groll mehr, gegen nichts und niemanden. Wenn der Sinn des Lebens Entwicklung ist, dann hat auch jeder das Recht, Fehler zu machen. Ich bin froh und dankbar, dass ich heute diejenige sein kann, die ich bin, dass ich frei bin, Entscheidungen zu treffen und mein Leben so zu gestalten, wie ich es möchte.

In diesem Sommer kam ich an einem besonders heißen Tag an einem Wasserpfeifenladen vorbei. In der Auslage saß ein einsamer Kanarienvogel in einem Käfig. Die Sonne brannte auf das Schaufenster, es waren mindestens 38 Grad im Schatten. Ich sah mir den Vogel genauer an. Er hatte nur grünlich-schleimiges Wasser in seinem Näpfchen. Keine Frage, dem Vogel ging es nicht gut in dieser Hitze.

Ich betrat den Laden.

»Was kostet der Vogel da in der Auslage?«, fragte ich.

Der Ladenbesitzer, ein Neuköllner Araber, sah mich scheel an, dann lachte er.

»Der ist nicht zu verkaufen. Der gehört zur Deko.«

»Aber es ist viel zu heiß für das Tier. Der stirbt, wenn er da nicht rauskommt.«

»Na ja«, meinte der Mann, »für dreißig Euro geb ich ihn dir.«

Ich begann zu feilschen, und als ich den Preis auf die Hälfte heruntergehandelt hatte, schlug ich in den Handel ein. Der Käfig wurde geöffnet, der Mann gab mir den Vogel in die Hand.

»Was willst du denn jetzt mit dem Tier machen?«, fragte mich der Wasserpfeifenverkäufer.

»Fliegen lassen«, gab ich zur Antwort.

»Du kaufst ihm seine Freiheit«, sagte er, »doch er wird mit dem Tod dafür bezahlen ...«

Ich ging vor die Tür.

»Besser einige Tage in Freiheit leben und dann sterben«, sagte ich leise zu dem Vögelchen in meinen Händen, »als drei Wochen dahinsiechen und am Ende doch jämmerlich krepieren. Oder?«

Da zwickte mich der kleine Kerl in die Hand, trillerte, und als ich ihn in die Luft warf, stieg er wie eine gelbe Rakete auf und war im nächsten Moment verschwunden.

Und ich musste so sehr lachen, mit einer unfassbaren Freude im Herzen. Eines der alten deutschen Volkslieder kam mir wieder in den Sinn, das unser Musiklehrer uns beigebracht hatte, und das sang ich, so laut ich konnte, während ich nach Hause radelte:

Es saß ein klein wild Vögelein
auf einem grünen Ästchen.
Es sang die ganze Winternacht,
die Stimme mußt' ihm klingen.

Sing du mir mehr, sing du mir mehr,
du kleines, wildes Vögelein!
Ich will um deine Federlein
dir Gold und Seide winden.

Behalt dein Gold, behalt dein Seid',
ich will dir nimmer singen.
Ich bin ein klein wild Vögelein,
und niemand kann mich zwingen.

Komm du herauf aus tiefem Tal,
der Reif wird dich auch drücken!
Drückt mich der Reif, der Reif so kalt,
Frau Sonn wird mich erquicken.

Ich selbst saß viel zu lange in einem nach außen hin golden erscheinenden Käfig, ich weiß, was das bedeutet. Das, was nach Sicherheit aussah, war in Wirklichkeit Einschränkung und Überwachung. Freiheit oder Sicherheit, das ist immer wieder die Frage. Und müsste ich mich entscheiden zwischen diesen beiden, dann würde ich ohne zu zögern Freiheit und Selbstbestimmung wählen.

DANKE

Ich habe als Journalistin Reportagen über die verschiedensten Menschen, Geschichten, Themen und Schicksale anderer veröffentlicht. Dieses Buch ist die größte Reportage meines Lebens bisher.

Danken möchte ich all denjenigen, die mich ein Stück begleitet haben, mich haben wachsen lassen. Die mir Halt gegeben haben, als ich ihn brauchte, und die mich lehrten zu vertrauen.

Ich danke meiner Familie und allen Freunden, dass es sie gibt.

Und all denen, die vielleicht in Vergessenheit geraten, aber immer noch in meinem Herzen sind.

Folgenden Menschen möchte ich DANKEN für: eure Aufmerksamkeit, Unterstützung oder Inspiration und/oder du weißt schon warum …:

Mama 2 und 3, Ma und Pa und Oma Nene, Beate Rygiert, Daniel Mursa, Susanne Haffner, Hilde, Meriem, Leyla, Betty, Frau Wirtz, Das letzte Einhorn, dem Ginkgobaum, Strahli, Alice S., Rudi Strahl, Stefan Strahl, Rhea mit dem roten Haar, Simone, Frau Monika, Frau Tuttlies, H.S. und C.R., Fatih A., Woody, Willi, William, Veder, Yasmin, Radek, Clarke, Marisa.

Dank an Dick Nixon, Paul Trommer, Romeo und Kevin, Till, Bob, Manu, Axel S., Sommer95, Jennifer, Joyce, Daniel Steiner, Chriss Koch, Bremen und Berlin, Hamburg, Istanbul, Barcelona, Antakya, Reyhanli, Aleppo, St.Petersburg, Sabine von Ute und Sabine, Samuel, Familie Schulz, Schimanskys, Marc und Semi, Birol, Philip 1-2-3. Frau Hilling, Chris, Alexa, Ulla, Michael Fagan, Anke B., Anja Nolden. Julia, Tanja, Benni Boot, Marlene, Anna, Bambi, Ulf, Costa und Ferdi, Beate, Tanja, Baris, Bediha, Fatus, Apo, Frau Hentschel, Ramin, Roman, Gadget, Susi S., Katrin und Kathrin, Violetta, Yaneq, Flo, David Ö., Joy, Meiki, Tim v. End, Gezai, Marco S., Nina, Thorsten und Rusby, Nicola, Claus Mikosch, Joy Ogunmakin, Clemens, Konstanze, Tina Jansen-Yilmaz, Ivi, TJ., Mathis, Engin Altinova, Nazli, Mathias Klein, Lisa Brackmann, Kati K., Ken, Mafi, Daniel Steiner, ImmO, Döndü, Elli, C.W.Moss, Herrn Taskiran oder Herrn Steinbrecher, Amy, Mona, Sylvia S., Angelika Benewirts, Domes, Magoley, Neumann, Ralf, Miri, Steve, Sacha Roppes, Clint, Andreas, Sara mit und Sarah ohne H., Jens Jarisch, Yilmaz, Familie Sanal, Fatma Halla, Yüksel Hallo, Nazli, Nuri.

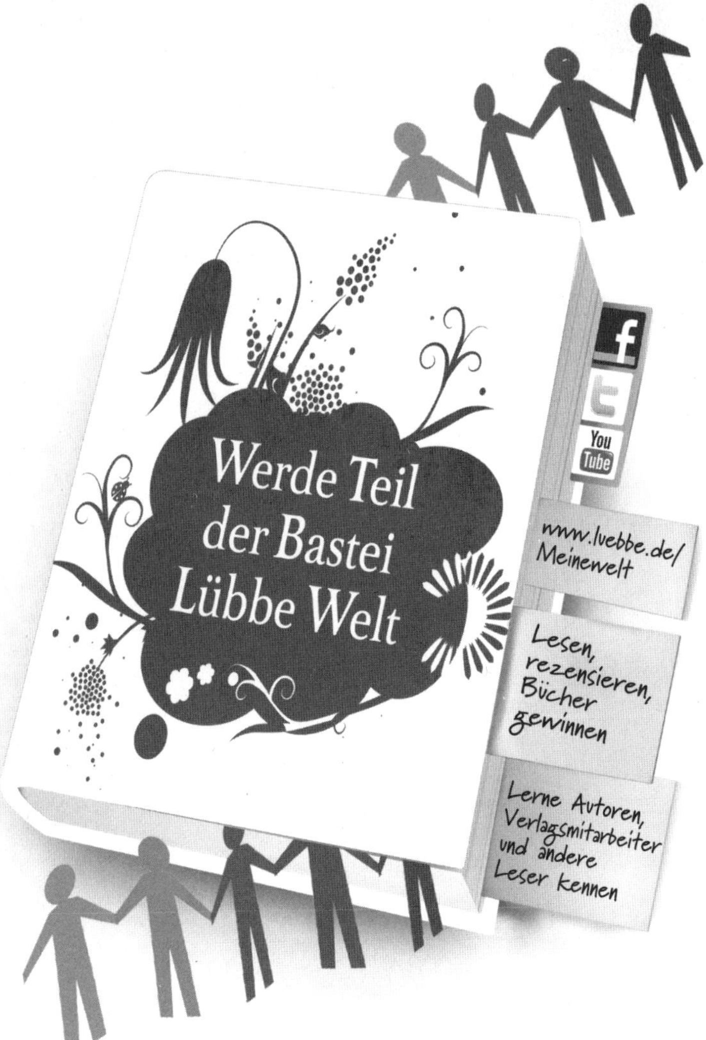
Werde Teil der Bastei Lübbe Welt
You Tube
www.luebbe.de/ Meinewelt
Lesen, rezensieren, Bücher gewinnen
Lerne Autoren, Verlagsmitarbeiter und andere Leser kennen

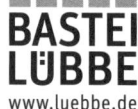